华夏国学经典 全本全注全译丛书

幼学琼林

冯国超◎译注

华夏出版社
HUAXIA PUBLISHING HOUSE

前 言

《幼学琼林》原名《幼学须知》,又名《成语考》《故事寻源》,由明末西昌人程允升编著。程允升的生平事迹不详。清代的邹圣脉对《幼学须知》作了增补,并改名为《幼学琼林》,也叫《幼学故事琼林》,简称《幼学》。

"幼学"指初入学的年幼学生。关于"琼林"的含义,邹圣脉在《新增幼学故事琼林·序》中称:"如蓝田之琬琰(wǎnyǎn),元圃(pǔ)之琳琅(línláng),能令见者宝之,各欲私为枕秘,因颜之曰'琼林'。"意即希望该书就像蓝田和元圃的美玉一样,能使见到它的人视之为珍宝,每个人都想把它秘密珍藏起来,所以称之为"琼林"。

《幼学琼林》分为四卷,每卷包括若干类(如卷一包括天文、地舆(yú)、岁时、朝廷、文臣、武职六类),共三十三类。《幼学琼林》全书接近三万字(其中程允升原文超过两万字,邹圣脉增补七千多字),与《千字文》原文一千字、《弟子规》原文一千多字、《三字经》原文一千多字等形成鲜明的对比,是中国古代著名蒙学经典中字数最多的一种。

《幼学琼林》虽然成书较晚,然而在清代和民国时期的启蒙教育中影响极大,如民国时期的蔡东藩(fān)在《绘图重增幼学故事琼林》的序言中说:"《幼学》一书……小知有余,此其所以受海内之欢迎而为一般乡塾(shú)儿童日夕披诵而不辍(chuò)者也。"

考察《幼学琼林》"受海内之欢迎"的原因,与该书以下三个方面的重要特点有密切的关系:

一、内容宏富,囊(náng)括了社会生活中各个方面的知识。《幼学琼林》共三十三类,从天文到地理,从植物到动物,从婚姻家庭到朝廷文武,从服饰饮食到技艺制作,乃至释道鬼神、医术占卜等等,凡是古代社会中已有的知识门类,该书都网罗无遗。且该书在展开论述时,大多遵循了较为统一的模式:首先介绍反映某一门类内容特点的名称、术语,然后介绍与该门类知识相关的成语和典故,中间则往往会穿插一些典型的人物故事或神话传说。

二、思想内容健康,着力弘扬中华民族积极正面的价值观。《幼学琼林》虽以介绍天文、地理、动物、植物等各门类知识为主,但在具体叙述中又往往会把为人处世的正确思想贯穿其中。概括起来,主要有以下四点:

1. 要求为善去恶。如在《人事》一节中说:"为善则流芳百世,为恶则遗臭万年。"并对历史上的各种恶行作了无情的鞭挞(tà):"弑(shì)父自立,隋杨广之天性何存;杀子媚君,齐易牙之人心奚(xī)在"(《祖孙父子》),"昏庸桀纣(jiézhòu),胡为酒池肉林"(《饮食》),"秦始皇无道,焚书坑儒"。(《文事》)

2. 提倡积极有为的人生观。如在《身体》一节中说:"老当益壮,宁知白首之心;穷且益坚,不坠青云之志。一息尚存,此志不容少懈;十手所指,此心安可自欺。"意即无论年老还是贫穷,只要生活在这个世界上,就要去为自己的理想而奋斗。至于理想的内容,则是高尚的道德和美好的名声,是轰轰烈烈的业绩:"问舍求田,原无大志;掀天揭地,方是奇才"(《地舆》),"总之饱德之士,不愿膏

梁;闻誉之施,奚图文绣?"(《贫富》)

3. 重视家庭关系,提倡夫妇和睦相处。如《夫妇》一节中说:"阴阳和而后雨泽降,夫妇和而后家道成";《鸟兽》一节中也说:"兄弟似鹡鸰(jílíng)之相亲,夫妇如鸾(luán)凤之配偶"。并举历史上宋弘和梁鸿的例子来加以说明:"不弃糟糠,宋弘回光武之语;举案齐眉,梁鸿配孟光之贤。"(《夫妇》)至于夫妇和睦的关键,作者认为在于做丈夫的要有道德、讲道义:"要知身修而后家齐,夫义自然妇顺。"(同上)这一观点是很有道理的。

4. 要求为官清廉,刚直不阿(ē)。古代中国是官本位的社会,因此《幼学琼林》中对如何做一个好官有诸多明确的要求,首先是要为人正直,以天下为己任:"李善感直言不讳,竟称鸣凤朝(zhāo)阳;汉张纲弹劾(hé)无私,直斥豺狼当道"(《文臣》),"鱼头参政,鲁宗道秉性骨鲠(gěng)"。(同上)其次就是要清廉自守:"圣人出则黄河清,太守廉则越石见(xiàn)。"(《地舆》)"岳飞背涅(niè)尽忠报国,杨震惟以清白传家。"(《人事》)因此,作者对历史上节俭自律的官员等予以了表彰:"寇莱(lái)公庭除之外,只可栽花;李文靖(jìng)厅事之前,仅容旋马"(《宫室》),"马后练服以鸣俭,共仰贤妃。"(《朝廷》)

除此之外,《幼学琼林》还讲述了交友之道,要求近善人而远恶人:"与善人交,如入芝兰之室,久而不闻其香;与恶人交,如入鲍鱼之肆,久而不闻其臭。"(《朋友宾主》)要求人们珍惜时间:"韶华不再,吾辈须当惜阴;日月其除,志士正宜待旦。"(《岁时》)要求懂得感恩,不做忘恩负义的小人:"铭心镂(lòu)骨,感德难忘;结草衔环,知恩图报。"(《人事》)等等。

三、形式活泼,不拘一格。与《千字文》每句均为四个字、《三字经》和《弟子规》每句均为三个字、《笠翁对韵》每段的格式完全一样不同,《幼学琼林》除了全文均以对仗的格式写成,在形式上并无固定的模式,而是完全根据内容的需要,随时变换表达方式。兹举一例:"兰为王者之香,菊同隐逸之士。竹称君子,松号大夫。萱(xuān)草可忘忧,屈轶(yì)能指佞(nìng)。箹筜(yúndāng),竹之别号;木樨(xī),桂之别名。明日黄花,过时之物;岁寒松柏,有节之称。"(《花木》)文字通俗易懂,内容一目了然,但读来抑扬顿挫,朗朗上口,反映了作者深厚的文字功底。

当然,从今天的眼光来看,作为一部距今已有三百多年历史的作品,《幼学琼林》中也难免会有一些不合时宜的、甚至是错误的观点,如提倡"三从",要求女子无条件服从男子;宣扬命定论,认为人的寿命长短和富贵贫贱都是由天命决定的;等等。

但是,以上内容在《幼学琼林》中只占很少的篇幅,因此,只要把它们明确指出来并作正确的分析引导,就不会造成不良的后果。

由于《幼学琼林》内容丰富,包罗万象,是系统了解中国古代文化的极佳读物,堪称"国学琼林",因此,即使在今天,它仍受到众多国学爱好者的欢迎。目前图书市场上也有各种类型的《幼学琼林》读本,但是,总体来看,它们大多只是照录原文,仅作简单的注释,很少作白话翻译;有的本子虽作了注译,但体例陈旧,并不方便读者阅读。正是为了弥补这些不足,同时也为了使读者更好地把握《幼学琼林》的内涵,我们撰作了这本《华夏国学经典·幼学琼林》。具体说来,本书主要有以下几个方面的特点:

一、本书的原文以民国九年(1920年)上海会文堂书局《绘图重增幼学故事琼林》为底本,同时参阅了光绪癸卯年(1903年)新镌(juān)本《新增幼学故事琼林》、民国时期上海锦章书局印行的《绘图增注幼学琼林》及其他较具代表性的本子。

二、因《幼学琼林》篇幅太大,本书未收录邹圣脉增补的文字。

因书中每节的文字太长，考虑到现代读者的阅读习惯，本书又把每节分为若干小段，如把《天文》一节分为六段，把《人事》一节分为二十七段，等等，分段加以注译，从而大大方便了读者在原文、注释、译文之间进行对照阅读。

  三、注释简洁、准确、客观、全面。目前出版的许多古代经典注译本有一个较为明显的通病，就是注译者作注较为随意，这种随意表现在两个方面：一是哪些字词须注，哪些字词不用注，没有统一的标准，造成一些必须加注的疑难字词常常被有意无意地回避了，这必然会给读者阅读古代经典带来很大的困难；二是注释文字较为随意，注译者常常根据自己的理解来作注，而不是依据相关工具书上的解释，这就使注释文字缺乏权威性。本书则做到逢疑难必注，不回避难题，对于迄今仍存在分歧和争议的地方，坚持实事求是的原则，或明确表示存疑，或同时列举几种有代表性的观点，以提示读者此处内容并无确解。同时，注释文字一律采用《汉语大词典》《辞海》《辞源》《古代汉语词典》等权威工具书中的解释，以避免误导读者。

  四、在白话翻译部分，尽量采用直译的做法，不作引申和发挥，并力求使译文精致、流畅。

  衷心希望广大读者能在赏心悦目的阅读中，轻松把握《幼学琼林》的内容和精髓。

冯国超
2016年9月于北京

目 录

卷一	001
一、天文	001
二、地舆	011
三、岁时	025
四、朝廷	039
五、文臣	045
六、武职	061
卷二	070
七、祖孙父子	070
八、兄弟	079
九、夫妇	085
十、叔侄	092
十一、师生	095
十二、朋友宾主	100
十三、婚姻	109
十四、女子	116

十五、外戚 …………………………… 125

十六、老幼寿诞 ……………………… 129

十七、身体 …………………………… 137

十八、衣服 …………………………… 154

卷三 …………………………………… 163

十九、人事 …………………………… 163

二十、饮食 …………………………… 195

二十一、宫室 ………………………… 204

二十二、器用 ………………………… 212

二十三、珍宝 ………………………… 222

二十四、贫富 ………………………… 230

二十五、疾病死丧 …………………… 237

卷四 …………………………………… 250

二十六、文事 ………………………… 250

二十七、科第 ………………………… 265

二十八、制作 ………………………… 272

二十九、技艺 ………………………… 280

三十、讼狱 …………………………… 286

三十一、释道鬼神 …………………… 292

三十二、鸟兽 ………………………… 304

三十三、花木 ………………………… 326

卷 一

一、天文

【题解】

本节分为六段,主要包含以下四个方面的内容:

1. 介绍了天地的形成与一些天文常识。认为天是由轻清之气构成的,地是由重浊之气构成的。天空中有日月五星,天地间有风云雷电、雨雪彩虹。

2. 讲述了与天文相关的诸多神话传说,如天上有雷神、雪神、风神等,掌管着打雷、下雪、刮风之事;月宫中有嫦娥(cháng'é),商朝大臣傅说(yuè)死后成为星神。

3. 介绍了与天文相关的众多词、成语和典故,如"七政""玄穹(qióng)""披星戴月""蜀犬吠(fèi)日""杞(qǐ)人忧天""夸父追日"等,它们是本节的重点所在。

4. 认为人类的活动与天文现象之间存在着某种神秘的联系,如孔子写成《春秋》《孝经》后,天上有赤虹下降,并化成了黄玉;东海孝妇含冤而死,当地竟整整三年不下雨;战国时的邹衍(yǎn)被诬入狱,六月天竟然下起了霜;等等。这些当然均属传说故事,反映了人们的一种迷信观念。

1.1　混沌（hùndùn）①初开，乾坤②始奠③。气之轻清上浮者为天，气之重浊下凝④者为地。日月五星⑤，谓⑥之七政⑦；天地与人，谓之三才⑧。日为众阳⑨之宗⑩，月乃⑪太阴⑫之象⑬。虹⑭名蝃蝀（dìdōng）⑮，乃天地之淫气⑯；月里蟾蜍（chánchú）⑰，是月魄⑱之精光⑲。

【注释】

①混沌：我国古代传说中指天地未分之前模糊一团的状态。
②乾坤：《周易》中的两个卦（guà）名，乾代表天，坤代表地。
③奠：定；建立。　④凝：凝结。　⑤五星：指金、木、水、火、土五颗行星。　⑥谓：称；叫作。　⑦七政：古代天文学术语，说法不一，这里指日、月和金、木、水、火、土五星。
⑧三才：三种能力最大的东西，即天、地和人。古人认为，宇宙之中，天能覆盖万物，地能承载万物，人是万物之灵，所以称之为三才。　⑨阳：我国古代哲学指存在于宇宙间所有事物中的两大对立面之一（另一面是"阴"）。如面向太阳、炎热、男子等都属阳。　⑩宗：指某一类事物中的为首者。　⑪乃：是。　⑫太阴：纯阴。阴是指存在于宇宙间所有事物中的两大对立面之一（另一面是"阳"），如背阳光的地方、寒冷、女子等都属阴。　⑬象：形象。　⑭虹：天空中出现的圆弧状彩色光带，也叫彩虹。　⑮蝃蝀：虹的别称。　⑯淫气：淫邪不正之气。　⑰蟾蜍：一种两栖动物，体形像蛙而大，多呈黑绿色，身体表面长有许多疙瘩（gēda），内有毒腺（xiàn）。俗称癞蛤蟆（làiháma）。　⑱月魄：泛指月亮。
⑲精光：光辉。

【译文】

混沌状态刚结束的时候,天和地开始形成。其中轻而清的气向上飘浮成为天,重而浊的气向下凝结成为地。日、月加上金、木、水、火、土五星,称为七政;天、地与人,称为三才。太阳是众多阳性物质的宗主,月亮是纯阴的形象。虹的别名是蝃蝀,属于天地间的淫邪不正之气;月中的蟾蜍,是月亮的光辉。

1.2 风欲起而石燕①飞,天将雨而商羊②舞。旋风名为羊角③,闪电号曰雷鞭④。青女⑤乃霜之神,素娥(é)⑥即月之号⑦。雷部⑧至捷⑨之鬼曰律令⑩,雷部推车之女曰阿香⑪。云师⑫系是丰隆⑬,雪神乃是滕六⑭。欻(xū)火⑮、谢仙⑯,俱⑰掌⑱雷火⑲;飞廉⑳、箕(jī)伯㉑,悉㉒是风神。列缺㉓乃电之神,望舒㉔是月之御㉕。

【注释】

①石燕:零陵山中一种形状像燕子的石头,传说风雨将要来临时会群起而飞,风雨结束后又变为石头。　②商羊:传说中的鸟名。只有一足,天将下雨时,它便会屈起一足跳舞。　③羊角:盘旋上升的风,因形状像羊角,故称。　④雷鞭:雷的鞭子,指闪电,因闪电的形状像鞭子,故名。　⑤青女:神话中掌管霜雪之神。　⑥素娥:即嫦(cháng)娥,神话中由人间飞入月宫的仙女。传说是后羿(yì)的妻子,因偷吃不死之药而成仙。因月亮发出白光,所以称为素娥。素:白色。　⑦号:名称。　⑧雷部:主管打雷的部门。　⑨捷:快;迅速。　⑩律令:道教称迅捷善走的神。　⑪阿香:传说中

推雷车的女子。 ⑫云师:传说中的云神。 ⑬丰隆:传说中云神的名字。 ⑭滕六:传说中雪神的名字。 ⑮欻火:传说中的雷部之神。 ⑯谢仙:传说中的雷部之神。 ⑰俱:都。 ⑱掌:主管。 ⑲雷火:雷鸣和电闪。 ⑳飞廉:传说中一种能招致大风的神鸟。 ㉑箕伯:传说中的风神。 ㉒悉:全;都。 ㉓列缺:传说中的闪电之神。 ㉔望舒:传说中为月驾车之神。 ㉕御:驾驭车马。

【译文】
将要刮风时石燕会群起而飞,天将下雨时商羊会出来舞蹈。旋风被称为羊角,闪电又叫雷鞭。青女是霜神,素娥是月亮的名称。主管打雷的部门中最快捷的鬼叫律令,该部门中负责推车的女子叫阿香。云神名叫丰隆,雪神名叫滕六。欻火、谢仙,都是掌管雷鸣和电闪的神;飞廉、箕伯,都是风神。列缺是闪电之神,望舒是为月亮驾车之神。

1.3 甘霖(lín)、甘澍(shù)①,俱②指时雨③;玄穹(qióng)④、彼苍⑤,悉⑥称上天。雪花飞六出⑦,先兆⑧丰年;日上已三竿⑨,乃⑩云⑪时晏⑫。蜀犬吠(fèi)日⑬,比⑭人所见甚⑮稀;吴牛喘月⑯,笑人畏惧过甚⑰。望切⑱者,若⑲云霓(ní)⑳之望;恩深者,如雨露之恩。参(shēn)商㉑二星,其出没不相见;牛女㉒两宿(xiù)㉓,惟㉔七夕㉕一相逢。

【注释】
①甘霖、甘澍:久旱以后所下的雨。霖:连下几天的大雨。澍:及时的雨。 ②俱:都。 ③时雨:及时雨;适时而下的

雨。　④玄穹：天的代称。玄：黑色。穹：天空。　⑤彼苍：天的代称。　⑥悉：全；都。　⑦六出：雪的别称。雪花有六个角，故称。　⑧兆：预示。　⑨三竿：指三根竹竿那样高。　⑩乃：于是；就。　⑪云：说。　⑫晏：晚；迟。　⑬蜀犬吠日：蜀地的狗看见太阳就狂叫不止，比喻少见多怪。　⑭比：比喻。　⑮甚：很。　⑯吴牛喘月：吴地的水牛见到月亮就吓得喘气，比喻因心中有疑而害怕。　⑰过甚：过分。　⑱切：急迫。　⑲若：像。　⑳云霓：云和虹。霓：一种与虹相似的彩色光环，也叫副虹。　㉑参商：参和商都属二十八宿之一，但两者相距甚远，商在东，参在西，商出参没，参出商没，永远不会在天空中同时出现。　㉒牛女：牛郎星和织女星，两星隔银河相对。据神话传说，织女是天帝的孙女，长年织造云锦，自从嫁给河西牛郎后就不再纺织。天帝责令两人分离，每年只准七夕在天河上相会一次。　㉓宿：我国古代天文学指天上某些星的集合体。　㉔惟：只。　㉕七夕：农历七月初七的晚上。传说天上的牛郎织女每年在七夕相会。

【译文】

甘霖、甘澍，都是指及时雨；玄穹、彼苍，指的都是天。六个角的雪花飘飞而下，预示着丰收之年；太阳升起已有三根竹竿那样高，是说时间已经不早了。"蜀犬吠日"即蜀地的狗看见太阳就狂叫不止，比喻一个人见识过的事情很少；"吴牛喘月"即吴地的水牛见到月亮就吓得直喘气，用来嘲笑人过于害怕。迫切地盼望，就像大旱时盼望云和虹一样；恩情深厚，就像雨露滋润万物一样。参和商二星，一出一没，永远不会在天空中同时出现；牵牛星和织女星，每年只有在农历七月初七的晚上相遇。

1.4 后羿(yì)①妻,奔月宫而为嫦娥(cháng'é)②;傅说(yuè)③死,其精神托于箕(jī)④尾⑤。披星戴月⑥,谓早夜之奔驰;沐雨栉(zhì)风⑦,谓风尘⑧之劳苦。事非有意,譬(pì)如云出无心;恩可遍施,乃⑨曰⑩阳春有脚⑪。馈(kuì)⑫物致敬⑬,曰敢⑭效⑮献曝(pù)⑯之忱(chén)⑰;托人转移⑱,曰全赖⑲回天之力⑳。感㉑救死之恩,曰再造㉒;诵㉓再生㉔之德,曰二天㉕。

【注释】

①后羿:传说是夏代有穷国的君主,擅长射箭。　②嫦娥:见1.2注⑥。　③傅说:商王武丁的大臣,相传原是傅岩地方从事版筑的奴隶。　④箕:二十八宿(xiù)之一,东方苍龙七宿之末宿。　⑤尾:二十八宿之一。　⑥披星戴月:身披星光,头顶月亮,形容早出晚归地辛勤劳动或昼夜赶路。　⑦沐雨栉风:用雨洗发,用风梳头,形容奔波劳碌(lù),不避风雨。沐:洗头发。栉:梳头发。　⑧风尘:风吹起的尘土,比喻旅途的艰辛。　⑨乃:于是;就。　⑩曰:称;叫作。　⑪阳春有脚:有脚的春天,比喻人像春天一样惠及万物。阳春:春天。　⑫馈:赠送。　⑬致敬:向人表示敬意。　⑭敢:谦辞,相当于"冒昧"。　⑮效:献出。　⑯献曝:献上晒太阳的暖和滋味。谦辞,表示所献的东西菲(fěi)薄、浅陋。　⑰忱:情意。　⑱转移:改变。　⑲赖:依靠。　⑳回天之力:扭转很难挽回的局面的力量。　㉑感:感谢。　㉒再造:重新给予生命,多用来表示对重大恩惠的感激。　㉓诵:颂扬;称道。　㉔再生:死而复生。　㉕二天:两个

天,对庇护者的感恩之辞。

【译文】

后羿的妻子飞奔到月宫,称为嫦娥;傅说死后,他的精神永远托于箕、尾二宿之间。"披星戴月"即身披星光,头顶月亮,说的是早出晚归地辛勤劳动或赶路;"沐雨栉风"即雨洗发,用风梳头,说的是旅途中的辛苦。并非有意去做某件事情,就好比没有心而飘浮的云彩;普遍地给予恩惠,就说仿佛有脚的春天一样给人带来温暖。赠送物品给别人以表示敬意,就说"敢效献曝之忱"即冒昧地献上菲薄的情意;托别人扭转局势,就说"全赖回天之力"即全靠改变天命的巨力。感谢他人的救命之恩,就说"再造"即重新给予自己生命;颂扬对方使自己死而复生的恩德,就说"二天"即仿佛有两重天在庇护自己。

1.5 势易尽者若冰山,事相悬①者如天壤②。晨星③谓④贤人⑤寥落⑥,雷同⑦谓言语相符⑧。心多过虑⑨,何异⑩杞(qǐ)人忧天⑪;事不量力⑫,不殊⑬夸父追日⑭。如夏日之可畏,是⑮谓赵盾⑯;如冬日之可爱,是谓赵衰(cuī)⑰。齐妇⑱含冤,三年不雨;邹衍(yǎn)⑲下狱,六月飞霜。父仇不共戴天⑳,子道㉑须当爱日㉒。

【注释】

①悬:距离远;差别大。　②天壤:天和地,比喻差别极大。　③晨星:清晨稀疏的星。　④谓:意思指;说的是。　⑤贤人:有品德或才能的人。　⑥寥落:稀疏;稀少。　⑦雷同:随声附和。　⑧符:相同。　⑨过虑:忧虑不必忧虑

的事。 ⑩何异：表示没有两样。 ⑪杞人忧天：杞国有个人担忧天塌下来，比喻不必要的担心和忧虑。 ⑫事不量力：做事情不能正确估计自己的力量或能力。 ⑬殊：不同。 ⑭夸父追日：夸父追赶太阳，比喻人干事情时不自量力。 ⑮是：此；这。 ⑯赵盾：即赵宣子，赵衰之子，春秋时曾任晋国执政。 ⑰赵衰：字子余，曾随晋公子重耳（即晋文公）在外流亡十九年，后助晋文公创建霸业。 ⑱齐妇：指汉代齐地的孝妇窦（dòu）氏，因被人诬陷杀死自己的婆婆而被当地太守处死。 ⑲邹衍：战国时齐国人，阴阳家的代表人物。传说曾被诬陷，关进了监狱。 ⑳不共戴天：指誓与仇敌不在同一个天底下共存，比喻有极深的仇恨。 ㉑子道：作为儿子应当遵循的道理。 ㉒爱日：儿子珍惜供养父母的时日。爱：爱惜；珍惜。

【译文】

容易消亡的势力，就像冰山一样，遇到太阳就化掉；差别大的事物，就像天和地一样相距遥远。"晨星"即清晨稀疏的星星，指的是有才德的人十分稀少；"雷同"即随声附和，指的是说出的话一模一样。心里过多地忧虑不必忧虑的事情，与"杞人忧天"即杞国人担忧天塌下来没有两样；做事情不能正确地估计自己的力量，与"夸父追日"即夸父企图追上太阳没有什么不同。像夏天的太阳一样令人敬畏，这说的是赵盾；像冬天的太阳一样令人感到可爱，这说的是赵衰。齐地的孝妇被官府冤杀，当地整整三年没有下雨；邹衍受到诬陷被关进监狱，酷热的六月竟然下起了霜。不能与杀父的仇人在同一个天底下共存，作为儿子应当珍惜供养父母的时日。

1.6　盛世黎民①,嬉(xī)游②于光天化日③之下;太平天子④,上召⑤夫⑥景星庆云⑦之祥⑧。夏⑨时大禹⑩在位,上天雨(yù)⑪金;《春秋》⑫《孝经》⑬既成⑭,赤虹化玉⑮。箕(jī)好风⑯,毕好雨⑰,比⑱庶(shù)人⑲愿欲⑳不同;风从虎㉑,云从龙㉒,比君臣会合不偶㉓。雨旸(yáng)时若㉔,系是㉕休征㉖;天地交泰㉗,斯㉘称盛世。

【注释】

①黎民:百姓;民众。　②嬉游:游乐。　③光天化日:形容太平盛世。光天:阳光照耀的白天。化日:太平的日子。　④天子:指帝王。古人认为他们的权力是上天赋予的,故称。　⑤召:招引;导致。　⑥夫:那;这。　⑦景星庆云:古代以为祥瑞的事物或征兆。景星:指德星、瑞星。庆云:五色云;祥瑞之云。　⑧祥:吉利。　⑨夏:朝代名。约公元前2070—前1600年,传说由禹(一说启)建立。　⑩大禹:古代部落联盟领袖,夏朝君主启的父亲,传说曾治服洪水。　⑪雨:下(雨、雪等)。　⑫《春秋》:我国古代的编年体史书,记述鲁国的历史。相传经过孔子的修订。　⑬《孝经》:儒家经典之一,集中论述孝的思想。通常认为是孔门后学所作。　⑭既成:已经完成;完成以后。　⑮赤虹化玉:传说孔子完成《孝经》后,赤虹从天而降,化为黄玉。　⑯箕好风:月亮经过箕星时会刮风。箕:二十八宿(xiù)之一。　⑰毕好雨:月亮离开毕星时会下雨。毕:二十八宿之一。　⑱比:比喻。　⑲庶人:平民;百姓。　⑳愿欲:志愿,欲念。　㉑风从虎:风总是跟随着虎。　㉒云从龙:云总是

伴随着龙。㉓不偶:不是偶然。 ㉔雨旸时若:下雨和晴天,四时和顺。旸:晴。若:顺;顺从。 ㉕系是:是;乃是。 ㉖休征:吉祥的征兆。休:吉利;欢乐。征:征兆。 ㉗天地交泰:《周易》中的《泰》卦(guà)上地下天,象征阴阳之气相交,万物通泰。 ㉘斯:这;这个。

【译文】

盛世时期的百姓,在阳光灿烂的日子里尽情游乐;天下太平时的帝王,能招致德星和五彩祥云的出现。夏朝的大禹在位时,天上下起了金雨;《春秋》《孝经》两本书完成以后,赤色的虹从天而降,化为黄玉。月亮经过箕星时会刮风,月亮离开毕星时会下雨,比喻百姓的愿望各不相同;风总是跟随着虎,云总是伴随着龙,比喻君臣之间合作融洽不是偶然的事。或下雨,或天晴,四时和顺,这是吉祥的征兆;天地阴阳之气相交,万物通泰,这才称得上是太平盛世。

二、地舆(yú)

【题解】

地舆即大地的意思,因大地承载万物,像车一样,故称。本节分为九段,讲述了地理方面的知识,主要包含以下三个方面的内容:

1. 指出了中华大地上的一些山川地域在历史上的不同称谓以及得名的原因,如南京又叫建业或金陵,江西又叫吴皋(gāo);河南之所以称为中州,是因为它处于华夏大地的中央。还介绍了五岳和五湖的名称。

2. 介绍了与地理有关的一些词、成语和典故的含义、用法或来历,如"海涵""河润""金城汤池""平地风波""如获石田""丸泥亦可封函关"等,这也是本节的重点所在。

3. 讲述了一些神话传说,如费长房有缩地之术,秦始皇时的神仙有驱赶石头之法,方壶、员峤(qiáo)为神仙所居之地。

2.1 黄帝①画②野③,始分都邑(yì)④;夏禹⑤治水,初奠⑥山川。宇宙⑦之江山不改,古今之称谓各殊⑧。北京原属幽燕⑨,金台⑩是其异⑪号;南京原为建业⑫,金陵⑬又是别名。浙江是武林⑭之区,原为越国⑮;江西是豫章之郡(jùn)⑯,

又曰吴皋（gāo）⑰。福建省属闽中⑱，湖广⑲地名三楚⑳。东鲁㉑西鲁，即山东山西之分；东粤（yuè）㉒西粤，乃㉓广东广西之域㉔。河南在华夏㉕之中，故曰㉖中州㉗；陕西即长安㉘之地，原为秦㉙境。四川为西蜀㉚，云南为古滇（diān）㉛。贵州省近蛮方㉜，自古名为黔（qián）㉝地。

【注释】

①黄帝：传说中我国中原各族的共同祖先。少典之子，姓公孙，因居姬（jī）水，改为姓姬。号轩辕（xuānyuán）氏。他以土为德，土为黄色，故称黄帝。　②画：划分。　③野：区域；范围。　④都邑：上古地方行政区划名，五里为邑，十邑为都。　⑤夏禹：即大禹，见1.6注⑩。　⑥奠：定；建立。　⑦宇宙：天地。　⑧殊：不同。　⑨幽燕：古称今河北北部及辽宁一带。因唐以前属幽州，战国时属燕国，故名。　⑩金台：指古代燕国首都北京。　⑪异：别的；其他的。　⑫建业：东晋及南朝宋、齐、梁、陈等帝王建都的地方，故址在今江苏南京。　⑬金陵：古地名，相当于今天的南京市及江宁县。战国时楚威王在此地设金陵邑。　⑭武林：山名，即今浙江杭州西的灵隐山。后多用来指杭州。　⑮越国：周朝诸侯国名。原在今浙江东部一带，后扩展到江苏、山东。　⑯豫章之郡：即豫章郡。豫章：郡名。楚汉之际设置，所辖（xiá）范围相当于今南昌市。汉武帝以后扩大到相当于今江西省。豫章也是古县名，范围相当于今南昌市。郡：古代的地方行政区划单位，秦朝以前比县小，从秦朝起比县大。　⑰吴皋：待考。江西在春秋战国时属吴楚两国交

界之地,此名应当与此有关。皋:岸;水边地。　⑱闽中:古郡名,秦代设置。治所在冶县(今福州市)。辖境相当于今福建以及浙江的一部分。后指福建一带。　⑲湖广:即湖广行省,元代设置。明代所辖范围相当于今湖南、湖北两省。⑳三楚:古地区名,秦汉时划分,包括东楚、西楚和南楚,因在战国时属于楚国,故名。　㉑鲁:周代诸侯国名。在今山东的西南部,建都曲阜(fù,在今山东曲阜市)。　㉒粤:古民族名,总称百粤。因广东、广西古代为百粤之地,故称广东、广西为两粤。　㉓乃:是。　㉔域:地区;区域。　㉕华夏:中国的古称,泛指中华民族。　㉖曰:称;叫作。㉗中州:这里指今河南省一带,因它处于古九州之中部而得名。　㉘长安:古代都城,汉高祖刘邦在此建都,故城在今陕西西安市西北。　㉙秦:周朝诸侯国名。战国七雄之一,在今陕西中部和甘肃东部。　㉚蜀:四川省的简称。因四川古代为蜀国,秦时设置蜀郡,三国时又在此建立蜀汉,故名。㉛滇:云南省的简称。因云南东北部在战国至汉武帝前为滇国而得名。　㉜蛮方:南方。蛮:我国古代对长江中游及其以南地区少数民族的泛称。　㉝黔:贵州省的简称。因贵州东北部在战国、秦代属黔中郡,在唐代属黔中道,故名。

【译文】

黄帝划分天下的区域,才开始区分都和邑;大禹治水,才开始确定各州的高山大河。天地间的山河没有发生变化,但古今对它们的称呼却各不相同。北京在古代属于幽州和燕国,金台是它的别称;南京在古代称为建业,金陵也是它的别名。浙江是杭州管辖的地区,在古代属于越国;江西原来称为豫章郡,又叫吴皋。福建省在秦代属于闽中郡,湖南、湖北在秦汉时又叫三楚。东鲁、西鲁,指的是山东和山西；东粤、西粤，也就是广东和广西。河南位于中国的中部，所以称为中州；陕西是长安管辖的地区，在古代属于秦国。四川又称西蜀，云南在古代称为滇国。贵州省靠近南方少数民族聚居区，自古以来称为黔地。

2.2 东岳泰山①，西岳华山②，南岳衡山③，北岳恒山④，中岳嵩山⑤，此为天下之五岳⑥。饶州⑦之鄱（pó）阳⑧，岳州⑨之青草⑩，润州⑪之丹阳⑫，鄂州⑬之洞庭⑭，苏州之太湖⑮，此为天下之五湖⑯。

【注释】

①泰山：位于山东中部，别称岱、岱宗、岱岳。　②华山：位于陕西华阴市南，以险峻著称。　③衡山：位于湖南中部。　④恒山：位于山西东北部。　⑤嵩山：位于河南登封市北。　⑥五岳：中国五大名山的总称。传说为群神所居，历代帝王多前往祭祀（jìsì）。　⑦饶州：州、路、府名。隋代置州，治鄱阳（今江西鄱阳县）。元明时改为路、府。　⑧鄱阳：即鄱阳湖，在江西北部，分南北两湖，湖水北经湖口注入长江。是中国最大的淡水湖。　⑨岳州：州、路、府名。隋代置州，治巴陵（今湖南岳阳市）。元明时期改为路、府。　⑩青草：即青草湖，又名巴丘湖，即今湖南洞庭湖东南部。一说因湖之南有青草山而得名，一说因冬春季节水浅时长满青草而得名。　⑪润州：州名。隋代设置，因州东有润浦而得名。治延陵（今镇江市）。　⑫丹阳：待考。一说在江苏镇江，又叫练塘；一说在安徽当涂博望镇南部。　⑬鄂州：州、路名。隋代改郢

(yǐng)州为鄂州,治所在江夏(今武汉市武昌)。元代改为路。　⑭洞庭:即洞庭湖,在湖南北部、长江南岸,是中国第二大淡水湖。　⑮太湖:在江苏南部,是中国第三大淡水湖。　⑯五湖:五个大湖的总称。历史上说法不一,近代一般以洞庭湖、鄱阳湖、太湖、巢(cháo)湖、洪泽湖为五湖。

【译文】

东岳泰山,西岳华山,南岳衡山,北岳恒山,中岳嵩山,这是天下的五岳。饶州的鄱阳湖,岳州的青草湖,润州的丹阳湖,鄂州的洞庭湖,苏州的太湖,这是天下的五湖。

2.3　金城汤池①,谓城池②之巩固;砺(lì)山带河③,乃④封建⑤之誓盟⑥。帝都⑦曰京师⑧,故乡曰梓(zǐ)里⑨。蓬莱(pénglái)⑩弱水⑪,惟飞仙⑫可渡;方壶⑬员峤(qiáo)⑭,乃仙子⑮所居。沧海桑田⑯,谓世事之多变;河清海晏⑰,兆⑱天下之升平⑲。

【注释】

①金城汤池:金属造的城,灌满沸水的护城河,形容城池险固。汤:开水。　②城池:城墙和护城河。后泛指城市、都邑(yì)。池:护城河。　③砺山带河:泰山变得像磨刀石一样小,黄河变得像衣带一样细。是汉高祖刘邦分封功臣时的誓词,意即除非出现上述情况,否则封爵(jué)与国不会改变。比喻封爵与国共存,传之无穷。砺:磨刀石。山:指泰山。带:衣带。河:指黄河。　④乃:是。　⑤封建:一种政治制度,君主把土地分给宗室和功臣,让他们在上面建国。　⑥誓

盟:起誓。　⑦帝都:京城;皇帝居住的地方。　⑧京师:国都;首都。　⑨梓里:故乡。　⑩蓬莱:传说中的海中仙山名。　⑪弱水:传说中的水名。此水连芥(jiè)、鸿毛都浮不起来。　⑫仙:神话或道教信仰中长生不老并且神通广大的人。　⑬方壶:传说中的海中仙山,也叫方丈山。　⑭员峤:传说中的海中仙山名。　⑮仙子:仙人。　⑯沧海桑田:大海变成农田,农田变成大海,比喻世事变化巨大。　⑰河清海晏:黄河水清,大海平静,比喻天下太平。河:黄河。晏:平静。　⑱兆:预示。　⑲升平:太平。

【译文】

"金城汤池"即金属打造的城,灌满沸水的护城河,形容城池十分坚固;"砺山带河"即除非泰山变得像磨刀石一样小,黄河变得像衣带一样窄,否则封爵与国不会改变,这是分封宗室与功臣时所说的誓言。皇帝居住的地方称为京师,故乡称为梓里。蓬莱和弱水,只有神仙才能到达或渡过;方壶和员峤,是神仙居住的地方。"沧海桑田"即大海变成农田,农田又变成大海,用来比喻世事多变;"河清海晏"即黄河水清,大海平静,预示着天下将要太平。

2.4　水神曰①冯(píng)夷②,又曰阳侯③;火神曰祝融④,又曰回禄(lù)⑤。海神曰海若⑥,海眼曰尾闾(lǘ)⑦。望人包容⑧,曰海涵⑨;谢人恩泽⑩,曰河润⑪。无系累⑫者,曰江湖散人⑬;负⑭豪气⑮者,曰湖海之士⑯。

【注释】

①曰:称;叫作。　②冯夷:河神名。传说通过服食成为水

仙。一说是轩辕(xuānyuán)之子,曾任水官,死后为河神。　③阳侯:传说中的波神。据传本为陵阳国侯,溺(nì)水死后为波神,能掀起大波浪。　④祝融:高辛氏时的掌火之官,相传死后为火神。　⑤回禄:传说中的火神名。　⑥海若:传说中的北海之神。后也泛指海神。　⑦尾闾:传说中海底泄漏海水的地方。　⑧包容:宽容;容忍。　⑨海涵:比喻人的肚量宽宏。后常用作敬辞,表示请人原谅或宽容。　⑩恩泽:古代称帝王或官吏给予臣民的恩惠。　⑪河润:给人恩泽,就像河水浸润土地,比喻施恩泽予人。　⑫系累:束缚。　⑬江湖散人:唐代陆龟蒙的别号。陆龟蒙字鲁望,长洲(今江苏吴县)人。曾任湖、苏二郡(jùn)从事。后隐居松江甫里,人们称之为江湖散人。　⑭负:具有。　⑮豪气:豪迈的气概。　⑯湖海之士:意气豪放的人。士:对人的美称。

【译文】

水神名叫冯夷,又叫阳侯;火神名叫祝融,又叫回禄。海神名叫海若,大海的孔眼叫尾闾。希望别人宽容自己,叫海涵;感谢他人的恩惠,叫河润。无牵无挂的人,称为江湖散人;有豪迈气概的人,称为湖海之士。

2.5　问舍求田①,原无大志;掀天揭地②,方③是奇才。凭空④起事,谓之平地风波⑤;独立⑥不移,谓之中流砥(dǐ)柱⑦。黑子⑧弹丸⑨,极言⑩至⑪小之邑(yì)⑫;咽喉⑬右臂,皆⑭言要害⑮之区。

【注释】

①问舍求田:购屋买田,指只求个人小利,没有远大志向。舍:房屋。　②掀天揭地:翻天覆地,形容变化巨大而彻底。　③方:才。　④凭空:没有根据地。　⑤平地风波:比喻突然发生的意外变故或纠纷。风波:风浪,比喻纠纷、骚乱等。　⑥独立:独自站立。　⑦中流砥柱:黄河激流中的砥柱山,比喻坚强的、能起支柱作用的人或集体。中流:水流的中央。砥柱:山名。在今河南三门峡,处于黄河中流。因在激流中矗立如柱,故名。　⑧黑子:人体上的黑痣(zhì),比喻土地狭小。　⑨弹丸:弹弓发射时使用的石丸、铁丸或泥丸。　⑩极言:指夸大其词。这里指夸张的说法。　⑪至:极;最。　⑫邑:城市;都市。　⑬咽喉:咽和喉,比喻形势十分险要的交通孔道。　⑭皆:都。　⑮要害:比喻关键的或重要的部位。

【译文】

一个人只关心购房买田,说明本来就没有大的志向;能够做出惊天动地的事业,才称得上是奇才。无缘无故产生事端,称为平地风波;独自挺立,坚定不移,叫作中流砥柱。黑子、弹丸,是对极小之城的夸张说法;咽喉、右臂,指的都是要害的地方。

2.6　独立①难持②,曰③一木焉④能支⑤大厦;英雄自恃⑥,曰丸泥⑦亦⑧可封⑨函关⑩。事先败而后成,曰失之东隅(yú)收之桑榆⑪;事将成而终止,曰为山⑫九仞(rèn)⑬功亏一篑(kuì)⑭。

【注释】

①独立:孤立无所依靠。　②持:维系。　③曰:称;叫作。　④焉:怎么;哪里。　⑤支:撑;架起。　⑥自恃:自负;过分自信而骄傲自满。恃:依赖;倚仗。　⑦丸泥:一点泥丸,比喻用极少的力量防守险要之地。　⑧亦:也。　⑨封:封闭,堵塞。　⑩函关:即函谷关,有古函谷关和新函谷关。古函谷关在今河南灵宝市东北王垛村;新函谷关在今河南新安东,汉武帝时设置。　⑪失之东隅收之桑榆:比喻这个时候失败了,但另一个时候得到了补偿。东隅:东方日出的地方,指早晨。桑榆:西方日落的地方,指傍晚。因日落时太阳的余晖(huī)照在桑树、榆树的树梢上,故称。　⑫为山:堆山;筑山。　⑬仞:周代以八尺、汉代以七尺为一仞。　⑭功亏一篑:比喻做一件大事却因为最后缺少条件或只差最后一点努力而没有成功。亏:缺少;短少。篑:盛土的竹筐。

【译文】

孤立无援,难以维系,叫作"一木焉能支大厦"即一根木头怎么能支撑整座大厦;英雄自负,称为"丸泥亦可封函关"即可以用一点泥丸封锁住函谷关。事情先遭受失败而后来取得成功,叫作"失之东隅收之桑榆";事情即将成功却停了下来,叫作"为山九仞功亏一篑"即堆筑九仞高的山,因为缺少最后一筐土而未能成功。

2.7　以蠡(lí)测海①,喻人之见②小;精卫衔石③,比人之徒劳④。跋涉⑤谓⑥行路艰难,康庄⑦谓道路平坦。硗(qiāo)地⑧曰不毛之地⑨,美田曰膏腴(yú)⑩之田。得物无所用⑪,曰如获石田⑫;为学已大成,曰诞登道岸⑬。

【注释】

①以蠡测海:用瓢(piáo)来测量海的大小,比喻以浅陋之见揣测事物。蠡:瓢,用来舀(yǎo)水或撮取面粉等的器具。 ②见:见识;见解。 ③精卫衔石:指精卫口中衔着石头试图把海填平。精卫:传说中的一种鸟,据说是炎帝的女儿,因在海中淹死,化身为鸟。 ④徒劳:白白地耗费力气。 ⑤跋涉:爬山蹚(tāng)水,形容长途奔波。 ⑥谓:说。 ⑦康庄:四通八达的大道。 ⑧硗地:土质坚硬贫瘠(jí)的地。 ⑨不毛之地:不长庄稼的地方,泛指贫瘠、荒凉的土地或地带。 ⑩膏腴:肥沃。 ⑪无所用:没有什么用处。 ⑫石田:多石而不能耕种的地,比喻无用之物。 ⑬诞登道岸:登上了大道的彼岸。诞:发语词。

【译文】

"以蠡测海"即用小小的瓢来测量海的大小,比喻人的见识极小;"精卫衔石"即精卫口中衔着石头来填海,比喻人白白地耗费力气。跋涉一词用来形容行路艰难,康庄一词指道路十分平坦。硗地指的是不长庄稼的地方,美田指的是肥沃的田地。得到的东西没有什么用处,就说"如获石田"即像得到石头很多、没法耕种的田;从事学业取得了很大的成就,就说"诞登道岸"即登上了大道的彼岸。

2.8 淄渑(zī shéng)之滋味①可辨,泾(jīng)渭之清浊②当分。泌(bì)水乐(liáo)饥③,隐居不仕④;东山高卧⑤,谢职⑥求安。圣人⑦出则黄河清,太守⑧廉⑨则越石⑩见

(xiàn)⑪。美俗曰仁里⑫,恶俗曰互乡⑬。里⑭名胜母⑮,曾子⑯不入;邑(yì)⑰号朝(zhāo)歌⑱,墨翟(dí)⑲回车。

【注释】

①淄渑之滋味:指淄水和渑水的味道不同。淄:水名,即今山东的淄河。渑:古水名,在今山东。　②泾渭之清浊:泾河水清,渭河水浊,泾河的水流入渭河时,两条河水清浊分明,不相混合。泾:泾河,发源于宁夏,流至陕西与渭河汇合。渭:渭河,发源于甘肃,流经陕西,注入黄河。　③泌水乐饥:观看流动的泉水,仿佛可以充饥。泌水:泉水流动的样子;一说是水名。乐饥:疗饥;充饥。乐:通"疗"。　④仕:做官。　⑤东山高卧:指东晋的谢安辞官不做,隐居东山,朝廷屡诏不应。东山:山名,在浙江上虞西南。　⑥谢职:辞职。谢:辞去官职。　⑦圣人:有极高品德和智慧的人。　⑧太守:本为一郡(jùn)的最高行政长官,明清时专指知府。　⑨廉:做人清白,不贪污。　⑩越石:即越王石,相传在福州南海边,常常隐没在云雾中,只有廉洁的太守才能见到它。⑪见:同"现",指显现。　⑫仁里:有仁德的邻里。⑬互乡:地名,不知确切位置。据《论语·述而》载,互乡地方的人很难互相沟通。　⑭里:居住的地方。　⑮胜母:古地名。从文字看,似含有胜过母亲的意思。　⑯曾子:孔子弟子,姓曾,名参(shēn),字子舆(yú),鲁国南武城(今嘉祥)人。以孝著称。　⑰邑:国都;旧都。　⑱朝歌:商朝都城,故址在今河南淇(qí)县。从文字看,有早晨唱歌的意思。朝:早晨。　⑲墨翟:即墨子,春秋战国之际的思想家,墨家学派的创始人,主张兼爱,反对战争、音乐和繁文缛(rù)节。

【译文】

淄水和渑水的味道可以辨别；泾水清澈（chè），渭水混浊，两者应该分清。观看流湍的泉水，仿佛可以充饥，从而甘愿隐居山林，不去当官；在东山高卧不出，辞掉官职，以求平安。圣人出现，黄河就会变清；太守清廉，越石就会显现。风俗淳厚的地方称为仁里，风俗败坏的地方称为互乡。有一个地方名叫胜母，曾子就拒绝进入；朝歌是商朝的都城，墨翟到了那里，赶紧掉转车头返回。

2.9 击壤①而歌，尧帝②黎民③之自得④；让畔⑤而耕，文王⑥百姓之相推⑦。费长房⑧有缩地之方⑨，秦始皇⑩有鞭石⑪之法。尧有九年之水患，汤⑫有七年之旱灾。商鞅（yāng）⑬不仁⑭而阡（qiān）陌⑮开，夏桀（jié）⑯无道⑰而伊⑱洛⑲竭⑳。道不拾遗㉑，由㉒在上㉓有善政；海不扬波㉔，知中国有圣人㉕。

【注释】

①击壤：一种古老的投掷活动。壤是一种木制的形状像鞋的东西，投掷时，先把一壤斜插地上，再拿手中的壤从远处向地上的壤投掷，投中者为胜。　②尧帝：传说中的上古帝王，号陶唐氏，名放勋。他通过禅（shàn）让的方法把帝位传给了舜。　③黎民：百姓；民众。　④自得：自己感到得意或舒适。　⑤让畔：古代传说由于圣王的德化，种田人互相谦让，在田界处让对方多占有土地。畔：田地的界限。　⑥文王：即周文王。商末周族领袖。姓姬（jī），名昌，商纣（zhòu）时为西伯。统治期间国势强盛，为周武王灭商打下了基础。

⑦相推:互相推让。推:让;辞让。　⑧费长房:东汉汝南(治今河南平舆〔yú〕)人。据传能隐形唤雨、乘杖而行、变化身形等。　⑨缩地之方:指术士能把远地变为近地的法术。　⑩秦始皇:即嬴(yíng)政。我国历史上的第一位皇帝,秦王朝的建立者。　⑪鞭石:传说秦始皇造石桥,想渡海去看日出的地方。当时有一位神仙把石头赶下海,当有石头行动不够快时,神仙便用鞭子击打,石头上常常流出血来。　⑫汤:又称武汤、武王、天乙、成汤。原为商族领袖,后推翻夏朝,建立商朝。　⑬商鞅:战国时卫国人,公孙氏,名鞅,人称卫鞅。后封于商邑(yì),故称商鞅。秦孝公时在秦国主持变法,取得很大成效。　⑭仁:对人友爱,有同情心。　⑮阡陌:田地间纵横交错的小路。阡:田地间南北方向的小路。陌:田地间东西方向的小路。　⑯夏桀:夏朝的末代君主,相传是个暴君。　⑰无道:不行正道;做坏事。　⑱伊:水名,即伊河。洛河的支流,在河南西部。　⑲洛:水名,即洛河。分北洛河和南洛河,北洛河在陕西北部,南洛河流经河南入黄河。　⑳竭:干涸。　㉑道不拾遗:路上有别人遗失的东西,没有人捡取据为己有。形容社会安定,风气良好。　㉒由:表示原因。　㉓上:指帝王、尊长或地位高的人。　㉔海不扬波:海面平静,不起波浪。原指圣人出世临朝,天下呈现祥和之气。后比喻天下太平,没有战乱。　㉕圣人:有极高品德和智慧的人。

【译文】

一边击壤一边唱歌,尧帝时代的百姓自得其乐;耕地时在田界处让对方多占土地,周文王时代的民众互相谦让。费长房有把远地变为近地的方术,秦始皇时的神仙有用鞭子驱赶石头的方法。尧时有长达九年的水患，汤时有持续七年的旱灾。商鞅不施仁政，打开了原来的田疆地界；夏桀不行正道，导致伊水和洛水干涸。路上有别人遗失的东西，没有人捡取据为己有，是因为统治者实施了好的政策；海面平静，不起波浪，由此可知中国出了圣人。

三、岁时

【题解】

岁时指一年四季。本节分为十一段,主要包含以下四个方面的内容:

1. 介绍了一年中的众多节日,如元旦、元宵节、中和节、清明节、端午节、重阳节等,反映了中国古代人们生活之丰富多彩。同时也说明了一些节日的来源,如端午节是为了纪念屈原,重阳节与汉时桓(huán)景登山避灾有关,等等。

2. 说明了诸多时间词的含义,如翌(yì)日指明日,畴昔指前日,昧爽指黎明,初一称死魄,初二称旁死魄。其中有不少词现在已很少使用。

3. 介绍了一些词、成语和典故,如"朝(zhāo)三暮四""焚膏继晷(guǐ)""虚延岁月""丰年玉""荒年谷",它们的实质内涵并不是用来说明某个时间,作者是根据其中包含了时间词,才把它们归入"岁时"。

4. 介绍了东方、西方、南方、北方、中央五方之神的名字以及他们与八卦(guà)方位、五行、春夏秋冬四季的关系,它们大多属于中国古代的神话传说。

3.1 爆竹①一声除旧②,桃符③万户更新④。履端⑤是初一元旦⑥,人日⑦是初七灵辰⑧。元日⑨献君以椒花颂⑩,为祝遐(xiá)龄⑪;元日饮人以屠苏酒⑫,可除疠(lì)疫⑬。新岁⑭曰王春⑮,去年曰客岁⑯。

【注释】

①爆竹:用人工制作的能爆裂发声的东西。制作时,用纸把火药卷起来,埋上引线,再把两头密封。也叫炮仗、爆仗。 ②旧:指旧年,新年的前一年。 ③桃符:旧俗过年时在大门上挂的两块画着神荼(shēnshū)、郁垒(lǜ)两位门神或题着门神名字的桃木板,据说能避邪。 ④更新:除去旧的,换成新的。 ⑤履端:正月初一。 ⑥元旦:新年的第一天。原指正月初一,现指公历一月一日。 ⑦人日:正月初七。 ⑧灵辰:正月初七。因正月初七是人日,人是万物之灵,故称。 ⑨元日:即元旦,正月初一。 ⑩椒花颂:晋代刘臻(zhēn)的妻子陈氏曾在正月初一献《椒花颂》,后用来指新年祝词。 ⑪遐龄:长寿。 ⑫屠苏酒:古代在正月初一喝的一种酒,据说可使人不得瘟疫。 ⑬疠疫:瘟疫。 ⑭新岁:新年。岁:年。 ⑮王春:指阴历新春。 ⑯客岁:去年。客:过去的。

【译文】

爆竹声响,宣告旧的一年已经过去,千家万户都换上了新的桃符。履端指的是正月初一、元旦,人日指的是正月初七。正月初一把《椒花颂》献给尊长,以祝贺长寿;正月初一请人喝屠苏酒,可除去瘟疫。新年叫作王春,去年称为客岁。

3.2 火树银花①合,指元宵②灯火之辉煌;星桥铁锁开③,谓④元夕⑤金吾⑥之不禁。二月朔(shuò)⑦为中和节⑧,三月三为上巳辰⑨。冬至百六⑩是清明,立春五戊⑪为春社⑫。寒食节⑬是清明前一日,初伏日⑭是夏至第三庚⑮。四月乃是麦秋⑯,端午⑰却为蒲(pú)节⑱。

【注释】

①火树银花:形容灿烂的灯火或焰火。火树:比喻辉煌的灯火。银花:指灯。　②元宵:农历正月十五日夜晚。　③星桥铁锁开:指护城河上的桥开锁放行。星桥:这里指护城河上的桥。　④谓:说。　⑤元夕:旧称农历正月十五日为上元节,这一夜称为元夕。　⑥金吾:古代官名。负责皇帝大臣警卫、仪仗以及掌管治安等的武官。　⑦朔:农历每月初一时,地球上看不到月光,这种月相叫朔。　⑧中和节:唐德宗贞元五年,下诏以二月初一为中和节。　⑨上巳辰:魏晋以后,以农历三月三日为上巳节。辰:日子。　⑩百六:一百零六天。　⑪五戊:立春、立秋后的第五个戊日。戊:天干的第五位,用来指一旬(十天)中的第五天。　⑫春社:古代在春耕前祭祀(jìsì)土神,以祈求丰收。社:指祭祀土神。　⑬寒食节:在清明节前一天或两天。　⑭初伏日:夏至后的第三个庚日是初伏第一天。　⑮庚:天干的第七位,用来表示一旬(十天)中的第七天。　⑯麦秋:收割麦子的时候,一般是在夏季。　⑰端午:我国传统节日,农历五月五日。　⑱蒲节:端午节。因人们在端午节把菖(chāng)蒲叶挂在门上,用来辟(bì)邪,故称。蒲:菖蒲,多年生草本植物,生长在水边,有香味,有剑一样狭长的叶子。

【译文】

"火树银花合",指的是元宵节的灯火十分辉煌;"星桥铁锁开",是说元宵节晚上护城河上的桥允许人们通行。二月初一是中和节,三月初三是上巳节。冬至过后一百零六天是清明节,立春后第五个戊日是春耕前祭祀土神的日子。寒食节在清明节的前一天,夏至后的第三个庚日是初伏第一天。四月份是收割麦子的时候,端午节又叫蒲节。

3.3 六月六日,节名天贶(kuàng)①;五月五日,节号天中②。端阳竞渡③,吊④屈原⑤之溺(nì)水⑥;重九⑦登高⑧,效桓景⑨之避灾。五戊⑩鸡豚(tún)⑪宴社⑫,处处饮治聋之酒⑬;七夕⑭牛女⑮渡河,家家穿乞巧⑯之针。中秋月朗,明皇⑰亲游于月殿;九日⑱风高⑲,孟嘉⑳帽落于龙山㉑。秦人岁终祭(jì)神曰腊㉒,故至今以十二月为腊;始皇㉓当年御讳㉔曰政,故至今读正月为征。

【注释】

①天贶:宋真宗于大中祥符四年下诏,因六月六日天书再降,定为天贶节。贶:赐予。 ②天中:唐宋以来以农历五月五日午时为天中节,即后来的端午节。 ③端阳竞渡:在端午节举行龙舟比赛。端阳:端午。 ④吊:祭奠死者或慰问死者家属。 ⑤屈原:名平,字原。战国时楚国贵族,曾任左徒、三闾(lú)大夫等职。后遭奸人陷害,屡被放逐,自投汨(mì)罗江而死。作品有《离骚》《天问》《九歌》等。 ⑥溺水:淹没在水中。 ⑦重九:即重阳,农历九月初九,我国的

传统节日。因有两个"九",故称。　⑧效:模仿。　⑨桓景:据传是东汉人,曾跟随费长房学道,费长房劝他在九月九日带全家人登高以躲避灾祸。　⑩五戊:立春、立秋后第五个戊日。戊:天干的第五位,用来指一旬(十天)中的第五天。　⑪豚:小猪,也泛指猪。　⑫社:土地神,也指祭祀(sì)土地神的地方、日子、祭礼。　⑬治聋之酒:传说在社日喝酒可以治疗耳聋。　⑭七夕:农历七月初七的晚上。传说天上的牛郎织女每年在七夕相会。　⑮牛女:见1.3注㉒。　⑯乞巧:旧时的一种风俗。传说牛郎织女七夕相会,届时,妇女在院子里陈设瓜果,向织女星祈祷(qídǎo),希望能提高她们的刺绣缝纫(rèn)技巧。　⑰明皇:即唐玄宗李隆基。在位前期,政治清明,经济繁荣,史称"开元盛世"。后期任用奸佞(nìng),导致安史之乱,唐朝从此衰落。　⑱九日:指农历九月九日。　⑲风高:风大。　⑳孟嘉:字万年,晋代江夏郡(jùn,郡治今湖北云梦)人。桓温镇荆州时,任征西参军,深得桓温器重。　㉑龙山:山名,在今湖北江陵西北。　㉒腊:古代在农历十二月里合祭众神的祭祀。　㉓始皇:即秦始皇嬴(yíng)政。见2.9注⑩。　㉔御讳:皇帝的名字。御:与皇帝有关的。讳:须避忌隐讳的事物。

【译文】

六月六日是天贶节,五月五日是天中节。端午节举行龙舟比赛,是为了纪念屈原投江身亡;重阳节去登山,是模仿当年桓景爬到山上去躲避灾祸。立春、立秋后第五个戊日杀鸡宰猪举行宴会,祭祀土神,各个地方都喝能治耳聋的酒;七月初七牛郎织女渡天河相会,家家户户都用线穿针以乞求智巧。中秋月明之夜,唐明皇亲自进入月宫游览;重阳节风大,孟嘉在龙山游玩时帽子被风吹落。

秦朝人把年底祭祀神灵称为"腊",所以人们至今仍把十二月称为腊月;当年秦始皇的名字叫政,为了避讳,所以人们至今仍然读"正月"的"正"为"征"。

3.4 东方之神曰太皞(hào)①,乘震②而司③春,甲乙属木④,木则旺于春,其色青,故春帝曰青帝⑤。南方之神曰祝融⑥,居离⑦而司夏,丙丁属火⑧,火则旺于夏,其色赤,故夏帝曰赤帝⑨。西方之神曰蓐(rù)收⑩,当兑⑪而司秋,庚辛属金⑫,金则旺于秋,其色白,故秋帝曰白帝⑬。北方之神曰玄冥⑭,乘坎⑮而司冬,壬癸属水⑯,水则旺于冬,其色黑,故冬帝曰黑帝⑰。中央戊己属土⑱,其色黄,故中央帝曰黄帝⑲。

【注释】

①太皞:传说中的古帝名,即伏羲氏,我国古代传说中的人物。据传他教民结网,从事渔猎畜牧,又创作八卦(guà)。也叫庖(páo)牺、庖羲。秦汉阴阳家以五帝配四时五方,认为太皞以木德称王天下,所以与东方相配,为掌管春天之神。　②震:八卦之一,卦形为☳,根据"文王八卦方位图",位于东方。　③司:主管;执掌。　④甲乙属木:古代以十天干配五行,甲乙与木相配。　⑤青帝:传说中的五位天帝之一,是位于东方的司春之神。又称苍帝、木帝。　⑥祝融:帝喾(kù)时的火官,后尊为火神,掌管南方。　⑦离:八卦之一,卦形为☲,根据"文王八卦方位图",位于南方。　⑧丙丁属火:古代以十天干配五行,丙丁与火相配。　⑨赤帝:即祝融。

⑩蓐收：传说中的神名，掌管秋天万物的收藏。　⑪兑：八卦之一，卦形为☱，根据"文王八卦方位图"，位于西方。　⑫庚辛属金：古代以十天干配五行，庚辛与金相配。　⑬白帝：传说中的五位天帝之一，是主管西方之神。　⑭玄冥：神名。指北方之神。　⑮坎：八卦之一，卦形为☵，根据"文王八卦方位图"，位于北方。　⑯壬癸属水：古代以十天干配五行，以壬癸与水相配。　⑰黑帝：传说中的五位天帝之一，古代指北方之神。　⑱戊己属土：古代以十天干配五行，以戊己与土相配。　⑲黄帝：传说中的五位天帝之一，指中央之神。

【译文】

东方的神名叫太皞，处于震位，负责掌管春天，甲和乙与木相配，树木在春天生长旺盛，木呈青色，所以把春帝称为青帝。南方的神名叫祝融，处于离位，负责掌管夏天，丙和丁与火相配，火在夏天最旺盛，火呈红色，所以把夏帝称为赤帝。西方的神名叫蓐收，处于兑位，负责掌管秋天，庚和辛与金相配，金在秋天最旺盛，金呈白色，所以把秋帝称为白帝。北方的神名叫玄冥，处于坎位，负责掌管冬天，壬和癸与水相配，水在冬天最旺盛，水呈黑色，所以把冬帝称为黑帝。戊和己位于中央，与土相配，土呈黄色，所以把中央帝称为黄帝。

3.5　夏至①一阴生②，是以天时③渐短；冬至④一阳生⑤，是以日晷（guǐ）⑥初长。冬至到而葭（jiā）灰飞⑦，立秋至而梧⑧叶落。

【注释】

①夏至：二十四节气之一，在6月21日或22日。这一天北半球白天最长，夜间最短。　②一阴生：古人以《周易》六十四卦(guà)中的某些卦与节气相配，与夏至相配的是《姤(gòu)》卦，卦形为☰，《姤》卦从《乾》卦演变而来，《乾》卦的卦形是☰，表示最底下的一个阳爻(yáo)变成了阴爻，所以称为一阴生。　③天时：指白天。　④冬至：二十四节气之一，在12月21、22或23日。这一天北半球白天最短，夜间最长。　⑤一阳生：古人以《周易》中的《复》卦与冬至相配，《复》卦的卦形是☰，由《坤》卦演变而来，《坤》卦的卦形是☰，表示最底下的一个阴爻变成了阳爻，所以称为一阳生。　⑥日晷：我国古代利用太阳投射的影子来测定时刻的装置，由晷盘和晷针两部分组成。　⑦葭灰飞：古人把芦苇膜烧成灰，放入律管中，置于密室内，当某一节候到来，相应律管中的灰会自动飞出。　⑧梧：梧桐，落叶乔木，叶子掌状分裂，开黄绿色花。

【译文】

夏至时阴气开始产生，所以夏至以后白天渐渐变短；冬至时阳气开始产生，所以冬至后日晷上显示白天开始变长。冬至到来，相应的律管中的芦苇灰就会自动飞出；一到立秋，梧桐叶就开始凋(diāo)落。

3.6　上弦①谓月圆其半，系②初八九；下弦③谓月缺其半，系廿二三。月光都尽谓之晦(huì)④，三十日之名；月光复苏⑤谓之朔(shuò)⑥，初一日之号；月与日对谓之望⑦，十五日之称。初一是死魄⁸，初二旁死魄⁹，初三哉生明⁽¹⁰⁾，十六始生魄⁽¹¹⁾。

【注释】

①上弦：农历每月初七或初八，在地球上看月亮呈D形，这种月相叫上弦。　②系：是。　③下弦：农历每月22或23日，在地球上看月亮呈⊃形，这种月相叫下弦。　④晦：农历每月的最后一天。　⑤复苏：回复。　⑥朔：农历每月初一时，地球上看不到月光，这种月相叫朔。　⑦望：农历每月十五日（有时是十六或十七日），太阳从西方落下去的时候，月亮正好从东方升起，地球上看见圆形的月亮，这种月相叫望。　⑧死魄：旧时称月亮有光的部分为明，无光的部分为魄。农历每月初一后月明逐渐增加，月魄逐渐减少，称为死魄。　⑨旁死魄：农历每月初二的月相。也借指农历每月初二。　⑩哉生明：指农历每月初三或初二日，此时月亮开始有光。　⑪生魄：农历每月十五（有时是十六或十七日）后月明逐渐减少，月魄逐渐增加，称为生魄。

【译文】

上弦指的是月亮圆了一半，时间在农历每月的初八、初九；下弦指的是月亮缺了一半，时间在农历每月的二十二、二十三。月亮彻底消失称为晦，时间在农历每月的最后一天；月亮开始出现称为朔，时间在农历每月的初一；月亮从东方升起时，太阳正好从西方落下，这种月相称为望，时间在农历每月的十五日。农历每月初一后月明逐渐增加，称为死魄；初二的月相称为旁死魄；初三月亮开始有光，称为哉生明；十六后月魄开始增加，称为生魄。

3.7 翌(yì)日①、诘朝(jiézhāo)②,皆言明日;谷旦③、吉旦④,悉⑤是良辰⑥。片晌(shǎng)⑦即谓片时⑧,日曛(xūn)⑨乃云日暮⑩。畴昔⑪、曩(nǎng)⑫者,俱前日⑬之谓;黎明、昧爽⑭,皆将曙⑮之时。

【注释】

①翌日:明天。 ②诘朝:清晨。也指明日。 ③谷旦:吉日。谷:善。 ④吉旦:吉祥的日子。 ⑤悉:全;都。 ⑥良辰:美好的日子。 ⑦片晌:一会儿。片:微少;简短的。 ⑧片时:片刻,极短的时间。 ⑨曛:日落时的余光。 ⑩日暮:傍晚;天色晚。 ⑪畴昔:往日;从前。 ⑫曩:先时;以前。 ⑬前日:往日;前些日子。 ⑭昧爽:拂晓;黎明。昧:暗;昏暗。爽:明亮。 ⑮曙:天刚亮。

【译文】

翌日、诘朝,指的都是明天;谷旦、吉旦,指的都是美好的日子。片晌是指极短的时间,日曛是指傍晚。畴昔、曩者,指的都是前些日子;黎明、昧爽,都是指天快要亮的时候。

3.8 月有三浣(huàn)①:初旬②十日为上浣,中旬十日为中浣,下旬十日为下浣;学足三余③:夜者日之余,冬者岁之余,雨者晴之余。

【注释】

①三浣:唐代规定官吏每十天休息沐浴一次,每月分为上浣、中浣、下浣,后来作为上旬、中旬、下旬的别称。浣:洗。

②旬:十天为一旬,一个月分为上、中、下三旬。　③三余:指三个空闲时间。

【译文】

一个月分为三浣:上旬十天称为上浣,中旬十天称为中浣,下旬十天称为下浣;学习要充分利用三个空闲时间:夜晚是白天的空闲时间,冬天是一年的空闲时间,雨天是晴天的空闲时间。

3.9　以术①愚②人,曰朝(zhāo)三暮四③;为学求益④,曰日就月将⑤。焚膏继晷(guǐ)⑥,日夜辛勤;俾(bǐ)⑦昼作夜,晨昏⑧颠倒。自愧无成,曰虚延岁月⑨;与人共语,曰少叙⑩寒暄(xuān)⑪。可憎者,人情冷暖⑫;可厌者,世态炎凉⑬。

【注释】

①术:手段;计谋。　②愚:蒙蔽;欺骗。　③朝三暮四:早上三个橡子,晚上四个橡子。本来比喻通过某种手段来欺骗愚蠢的人,后用来比喻反复无常。　④为学求益:学习求得进步。　⑤日就月将:每天有成就,每月有进步,形容积少成多,不断进步。　⑥焚膏继晷:点燃灯烛来接替日光照明,形容夜以继日地刻苦学习或努力工作。膏:灯油。晷:日影。　⑦俾:使。　⑧晨昏:早晨和晚上。　⑨虚延岁月:指白白地让时间过去。虚:徒然;白白地。延:时间向后推移。　⑩少叙:稍谈;随便谈谈。　⑪寒暄:指问候起居冷暖。　⑫人情冷暖:指别人失意时对他冷淡,别人得意时对他亲热的世俗情态。　⑬世态炎凉:看到别人有钱有势就

去巴结,无钱无势就疏远冷淡。炎凉:热情和冷淡。

【译文】

用手段来欺骗别人,叫作朝三暮四;学习求得进步,叫作日就月将。焚膏继晷,说的是日夜辛勤工作或勤奋学习;俾昼作夜,指的是把白天和黑夜颠倒顺序。为自己一事无成而感到惭愧,就说虚延岁月;与别人交谈,称为少叙寒暄。令人憎恶的,是在别人失意时对他冷淡,在别人得意时对他亲热;令人讨厌的,是看到别人有钱有势就去巴结,无钱无势就疏远冷淡。

3.10　周末①无寒年,因东周②之懦弱;秦③亡无燠(yù)岁④,由嬴(yíng)氏⑤之凶残。泰阶星⑥平曰泰平⑦,时序⑧调和⑨曰玉烛⑩。岁歉⑪曰饥馑(jǐn)⑫之岁,年丰曰大有⑬之年。唐德宗⑭之饥年,醉人为瑞⑮;梁惠王⑯之凶岁⑰,野莩(piǎo)⑱堪怜⑲。

【注释】

①周末:周朝末年。　②东周:公元前770—前256年。自周平王迁都洛邑(yì,在今河南洛阳市西)起,到周赧(nǎn)王时被秦灭亡止。　③秦:秦朝,公元前221—前206年,秦始皇嬴政所建。　④燠岁:温暖的年份。燠:暖;热。　⑤嬴氏:指秦王朝。　⑥泰阶星:古星座名,即三台。因上台、中台、下台共六颗星两两并排而斜上,像阶梯,故名。古人认为,泰阶星平则天下太平。　⑦泰平:太平,社会安宁和平。泰平即泰阶星平的意思。　⑧时序:季节的次序。　⑨调和:协调,和谐。　⑩玉烛:指四时之气和畅。比喻太

平盛世。古人认为君主德美如玉,可致四时祥和之气,故称。　⑪歉:收成不好。　⑫饥馑:庄稼收成极差或颗粒无收。　⑬大有:丰收。是《周易》六十四卦(guà)之一,象征大、多,故称。　⑭唐德宗:即李适。在位期间天灾人祸不断,人民生活困苦。　⑮醉人为瑞:唐德宗时因闹饥荒,无人酿(niàng)酒,偶尔见到有喝醉酒的人,便视作祥瑞。　⑯梁惠王:即魏惠王,名䓨(yīng)。在位期间,因秦国日益强大,迫使他把国都从安邑迁到大梁。　⑰凶岁:凶年;荒年。　⑱野莩:野外饿死的人。莩:通"殍(piǎo)",饿死的人。　⑲堪怜:令人可怜。堪:可;能。

【译文】

周朝末年没有寒冷的年份,因为东周的统治过于懦弱;秦朝灭亡时没有温暖的年份,因为秦朝的统治十分凶残。泰阶星出现在同一水平线上称为太平,季节的次序协调称为"玉烛"即四时之气和畅。收成不好的年份叫作饥馑之岁,丰收的年份叫作大有之年。唐德宗时的饥荒之年,人们把喝醉酒的人看作祥瑞;梁惠王时的灾荒年份,野外的饿死之人令人可怜。

3.11　丰年玉①,荒年谷②,言人品之可珍;薪(xīn)如桂③,食如玉④,言薪米之腾贵⑤。春祈(qí)秋报⑥,农夫⑦之常规;夜寐(mèi)夙(sù)兴⑧,吾人⑨之勤事⑩。韶华⑪不再,吾辈⑫须当惜阴⑬;日月⑭其除⑮,志士⑯正宜⑰待旦⑱。

【注释】

①丰年玉:丰收之年用于庆贺的美玉,比喻天下太平时的人

才。　②荒年谷:灾荒之年的谷子,比喻乱世时匡时救世的人才。　③薪如桂:柴火像桂一样贵,形容柴火的价格昂贵。薪:柴。　④食如玉:粮食像玉一样贵。　⑤腾贵:昂贵;物价上涨。　⑥春祈秋报:春天祭(jì)神祈求丰收,秋天祭神报答丰收。　⑦农夫:务农的人。　⑧夜寐夙兴:晚睡早起。寐:入睡。夙:早。　⑨吾人:我辈;我们。　⑩勤事:尽心尽力于职事。　⑪韶华:美好的青年时代。　⑫吾辈:我辈;我们。　⑬阴:日影,引申指时间。　⑭日月:时间;时光。　⑮除:去除;去掉。　⑯志士:有远大志向的人。　⑰宜:应该。　⑱待旦:等待天亮,这里比喻有紧迫感。

【译文】

丰年玉,荒年谷,比喻一个人的品格非常可贵;薪如桂,食如玉,指的是柴火和米的价格十分昂贵。春天祭神祈求丰收,秋天祭神表示答谢,这是农民通常的做法;晚睡早起,这是我们尽心尽力于自己的工作。美好的青年时代一去不会再有,我们应当珍惜光阴;时间不停地流逝,有远大志向的人应当有紧迫感。

四、朝廷

【题解】

朝廷是君主时代君主听政的地方,也指以君主为首的中央统治机构。本节分为四段,主要包含以下三个方面的内容:

1. 介绍了与君主政治相关的一些名称、术语,如皇帝又称天子,他是天下之主,皇帝即位称为龙飞,皇帝的话称为纶(lún)音;皇帝的妻子称为皇后,皇后住在椒房之中,皇后的命令称为懿(yì)旨;准备继位的皇子称为太子,太子住在青宫里;辅佐皇帝的有宗藩(fān)、诸侯以及众多大臣。

2. 列举了发生在君主政治时代的几个著名的例子,如帝尧因为道德高尚而受到赞誉,汉武帝登嵩山时听到了三呼万岁之声,周朝的姜后因为有德而被称为哲后。

3. 说明了理想的政治体制应该是"官天下",即让贤能的人担任帝王;帝王治国的最高原则是"以德行仁"即凭借道德、实施仁义。

4.1 三皇①为皇,五帝②为帝。以德行仁③者王④,以力假仁⑤者霸⑥。天子⑦天下⑧之主,诸侯⑨一国之君。官天下⑩,

乃以位⑪让贤⑫；家天下⑬，是以位传子。陛（bì）下⑭，尊称天子；殿下⑮，尊重宗藩（fān）⑯。

【注释】
①三皇：传说中远古时期的帝王，通常指伏羲、燧（suì）人、神农。也指天皇、地皇、人皇。皇：君主。　②五帝：传说中远古时代的帝王，通常指黄帝、颛顼（zhuānxū）、帝喾（kù）、唐尧、虞舜。帝：君主。　③以德行仁：凭借道德，实施仁义。　④王：王道，儒家提出的一种以仁义治理天下的主张。　⑤以力假仁：依靠武力，假借仁义。　⑥霸：霸道，指用武力统治。　⑦天子：指帝王。古人认为他们的权力是上天赋予的，故称。　⑧天下：古时指中国范围内的全部土地；全国。　⑨诸侯：古代帝王所分封的各国君主。　⑩官天下：以天下为公有。官：公；公有。　⑪位：指天子之位。　⑫贤：有品德或才能的人。　⑬家天下：指帝王把国家作为自己一家的私产，世代相传。　⑭陛下：帝王宫殿的台阶之下，后作为对帝王的尊称。　⑮殿下：殿阶之下，后用来称诸侯王、皇太后、皇太子等。　⑯宗藩：天子分封的宗室诸侯。因其拱卫王室，犹如藩篱（lí），故称。

【译文】
伏羲、燧人、神农三皇是皇，黄帝、颛顼、帝喾、唐尧、虞舜五帝是帝。凭借道德、实施仁义称为王道，依靠武力、假借仁义称为霸道。天子是天下的主人，诸侯是一国的君主。以天下为公有，就把帝位让给贤能的人；以天下为一家的私有财产，就把帝位传给儿子。陛下，是对天子的尊称；殿下，是对宗室诸侯的尊称。

4.2 皇帝即位①曰龙飞②,人臣③觐(jìn)君④曰虎拜⑤。皇帝之言,谓之纶(lún)音⑥;皇后之命,乃称懿(yì)旨⑦。椒房⑧是皇后所居,枫宸(chén)⑨乃人君所莅(lì)⑩。天子尊崇⑪,故称元首⑫;臣邻⑬辅翼⑭,故曰股肱(gōng)⑮。

【注释】

①即位:开始成为帝王、皇后或诸侯。　②龙飞:比喻帝王兴起或即位。　③人臣:臣子,君主时代的官吏或民众。　④觐君:朝见君主。　⑤虎拜:指大臣朝拜天子。　⑥纶音:帝王的诏令。　⑦懿旨:古代称皇后、皇太后或皇妃、公主等的命令。　⑧椒房:指后妃居住的宫室。因汉代皇后所居的宫殿中用花椒子和泥涂壁,故称。　⑨枫宸:宫殿。因汉代宫廷中多植枫树,宸为众星之主的北极星所居,故称。　⑩莅:临视;治理。　⑪尊崇:尊敬推崇。　⑫元首:头,指君主。　⑬邻:近。　⑭辅翼:辅佐;辅助。　⑮股肱:大腿和胳膊(gēbo),比喻左右辅助得力的人。

【译文】

当上皇帝称为龙飞,臣子朝见君主称为虎拜。皇帝说的话,称为纶音;皇后的命令,称为懿旨。椒房是皇后居住的地方,枫宸是君主处理政事的地方。天子受到人们的尊敬推崇,所以称为元首;臣子在旁边辅佐,所以叫作股肱。

4.3 龙之种①,麟(lín)之角②,俱誉宗藩(fān)③;君之储④,国之贰⑤,皆称太子⑥。帝子⑦爰(yuán)⑧立⑨青宫⑩,

帝印乃是玉玺(xǐ)⑪。宗室⑫之派⑬,演⑭于天潢(huáng)⑮;帝胄(zhòu)⑯之谱⑰,名为玉牒(dié)⑱。前星⑲耀彩⑳,共祝太子以千秋㉑;嵩岳㉒效灵㉓,三呼天子以万岁。

【注释】

①龙之种:指帝王的子孙。　②麟之角:麒(qí)麟的角,比喻天子分封的宗室诸侯兴盛。　③宗藩:天子分封的宗室诸侯。因其拱卫王室,犹如藩篱(lí),故称。　④君之储:即储君,指已被确定为继承皇位的人,多指太子。　⑤国之贰:即国之储贰,指太子。　⑥太子:封建时代君主的儿子中被预定继承君位的人。　⑦帝子:帝王之子。　⑧爰:于是;就。　⑨立:设置;建立。　⑩青宫:古代指太子居住的东宫。　⑪玉玺:皇帝所用的玉印。　⑫宗室:与君主同一宗族的人。　⑬派:江河的支流,这里指宗室的支派。　⑭演:水长流。　⑮天潢:天池,指皇族、帝王后裔(yì)。潢:积水池。　⑯帝胄:皇族。　⑰谱:按照事物的类别或系统编成的表册、书籍。　⑱玉牒:皇族的谱系。　⑲前星:天上的太子星,指太子。　⑳耀彩:发出彩色的光芒。　㉑千秋:千年,对人寿辰的敬辞。　㉒嵩岳:即嵩山。见2.2注⑤。　㉓效灵:即显灵,迷信指神鬼现出形象、发出声音或使人感到威力。效:显示;呈现。

【译文】

龙种,麟角,都是对宗室诸侯的赞誉之辞;储君,储贰,指的都是太子。帝王之子居住在青宫,玉玺指的是皇帝之印。宗室的支派,发源于皇室;皇族的谱系,称为玉牒。太子星光彩闪耀,人们共同祝愿太子千岁;嵩山神灵显现,人们听到三次呼喊万岁的声音。

4.4 神器①大宝②,皆言帝位;妃嫔(pín)③媵(yìng)④嫱(qiáng)⑤,总是宫娥(é)⑥。姜后⑦脱簪(zān)⑧而待罪⑨,世称哲后⑩;马后⑪练服⑫以鸣俭⑬,共仰⑭贤妃。唐放勋⑮德配昊(hào)天⑯,遂动华(huà)⑰封⑱之三祝⑲;汉太子⑳恩覃(tán)㉑少(shào)海㉒,乃兴㉓乐府㉔之四歌㉕。

【注释】

①神器:代表国家政权的实物,如玉玺(xǐ)、宝鼎之类。借指帝位、政权。　②大宝:指帝位。　③妃嫔:帝王的妾侍。妃位于皇后之下,嫔位于妃之下。　④媵:陪嫁的人。　⑤嫱:古代宫廷里的女官。　⑥宫娥:宫女,在宫廷里服役的女子。　⑦姜后:周宣王的王后。　⑧簪:簪子,别住发髻(jì)使不散乱的一种首饰,条状,用金属、玉石等制成。　⑨待罪:等待处置。　⑩哲后:贤明的王后。　⑪马后:汉明帝的皇后,马援的小女儿。识大体,持身以礼。　⑫练服:素色的衣服。　⑬鸣俭:表示俭朴。　⑭仰:敬慕;敬佩。　⑮唐放勋:即尧帝。见2.9注②。　⑯昊天:苍天。昊:广漠的天宇。　⑰华:地名。华州,在今陕西华县。　⑱封:看守边疆的人。　⑲三祝:三个祝愿,包括长寿、富有、多生儿子。　⑳汉太子:指汉明帝刘庄。光武帝刘秀第四子。在位期间重视农业,社会安定。　㉑覃:深。　㉒少海:即海。古代以皇帝比大海,以太子比少海。　㉓兴:作。　㉔乐府:诗体名。　㉕四歌:指乐府歌曲四章。

【译文】

神器大宝,说的都是帝王之位;妃嫔媵嫱,指的都是宫中的女子。姜后为了劝谏(jiàn)周宣王而摘下头上的簪子等候处置,世人都称赞她为"哲后"即贤明的王后;马皇后身穿素色的衣服以表示俭朴,人们都敬仰这位贤惠的妃子。帝尧的道德可以与苍天相配,从而有了华地守卫边疆之人的三个祝愿;东汉太子刘庄的恩德像海一样深,于是乐府为他作了歌曲四章。

五、文臣

【题解】

文臣指古代政府中的文职官吏。本节分为十一段,主要包含以下两个方面的内容:

1. 介绍了古代中央政府和地方政府的机构设置、官员的名称和别称。如帝王之下为三公,宰相为百官之长,中央政府分为吏部、户部、礼部、兵部、刑部、工部等六部;地方政府的官职有刺史、州牧、郡(jùn)宰、知县等;不同的官职又有诸多别称,如知府又称郡侯、邦伯,知县又称廌(zhì)史、台谏(jiàn),等等。

2. 列举了中国历史上众多因实施德政而名垂青史的官员,如周朝的召(shào)伯、汉朝的萧何、三国时的孔明、唐时的李善感、宋代的司马光等。

5.1 帝王有出震①向离②之象,大臣有补天浴日③之功。三公④上应三台⑤,郎官⑥上应列宿(xiù)⑦。宰相⑧位居台铉(xuàn)⑨,吏部⑩职掌铨(quán)衡⑪。吏部天官⑫大冢(zhǒng)宰⑬,户部⑭地官⑮大司徒⑯,礼部⑰春官⑱大宗伯⑲,

兵部⑳夏官㉑大司马㉒,刑部㉓秋官㉔大司寇㉕,工部㉖冬官㉗大司空㉘。

【注释】

①出震:指帝王像太阳出来一样。震:指八卦(guà)中的震卦,在方位上处于东方,是太阳出来的位置,故称。　②向离:指帝王面向南治理国家。离:指八卦中的离卦,属火,位于南方,帝王在与大臣相处时,常面向南而坐,故称。　③补天浴日:古代神话传说,女娲(wā)曾炼石补天,羲和曾在甘渊洗太阳。比喻力挽世运,功勋卓著。　④三公:古代三种最高官衔的合称。如周朝以太师、太傅、太保为三公。　⑤三台:星名。也称三能。属太微垣(yuán),共六颗星。　⑥郎官:指侍郎、郎中等官职。　⑦列宿:众星宿。特指二十八宿。　⑧宰相:我国古代辅佐君主掌管国事的最高官员的通称。　⑨台铉:三台星和鼎,比喻所处位置极其重要。铉:鼎耳,代指鼎。　⑩吏部:古代中央政务机构六部之一,主管官吏任免、考核、升降、调动等事。　⑪铨衡:考核、选拔人才。　⑫天官:官名。《周礼》分设六官,以天官冢宰居首,统御百官。后也指吏部尚书。　⑬冢宰:周代官名。六卿之首,也叫太宰。后也指吏部尚书。　⑭户部:古代中央政务机构六部之一,主管全国土地、户籍、赋税、财政收支等事务。　⑮地官:古代六官之一。后也指户部尚书。　⑯大司徒:官名。周朝时为六卿之一,称为地官大司徒。后也作为户部尚书的别称。　⑰礼部:官署名。隋唐以后为六部之一,管理国家的典章制度、祭祀(jìsì)、学校、科举和接待四方宾客等事。

⑱春官：古官名。后作为礼部的别称。　⑲大宗伯：周代官名，春官之长。后作为礼部尚书的别称。　⑳兵部：古代中央政务机构六部之一，主管全国武官选用和兵籍、军械、军令等事宜。　㉑夏官：官名。周代设置六官，以司马为夏官。后作为兵部的别称。　㉒大司马：官名。明清时作为兵部尚书的别称。　㉓刑部：古代中央政务机构六部之一，掌管刑法、狱讼等事。　㉔秋官：周代的六官之一，掌管刑狱。　㉕大司寇：周代的六官之一，称秋官大司寇。清代作为刑部尚书的别称。　㉖工部：古代中央政务机构六部之一，掌管各项工程、工匠、屯田、水利、交通等政令。　㉗冬官：周代的六官之一，掌管工程制作。后作为工部的通称。　㉘大司空：官名。明清时作为工部尚书的别称。

【译文】

帝王好比太阳从东方的震位出来，面向南方的离位治理国家；大臣有女娲补天、羲和浴日一样的功劳。三公与天上的三台星相对应，郎官与天上的星宿相对应。宰相居于三台星和鼎一样重要的位置，吏部负责掌管人才的考核和选拔。吏部尚书又叫天官、大冢宰；户部尚书又叫地官、大司徒；礼部又叫春官，礼部尚书又叫大宗伯；兵部又叫夏官，兵部尚书又叫大司马；刑部又叫秋官，刑部尚书又叫大司寇；工部又叫冬官，工部尚书又叫大司空。

5.2　都宪①中丞②，都御史③之号；内翰④学士⑤，翰林院⑥之称。天使⑦誉称行人⑧，司成⑨尊称祭（jì）酒⑩。称都堂⑪曰大抚台⑫，称巡按⑬曰大柱史⑭。方伯⑮、藩（fān）侯⑯，左右布政⑰之号；宪台⑱、廉宪⑲，提刑按察⑳之称。

【注释】

①都宪：明代都察院、都御史的别称。　②中丞：东汉以后指御史台的长官。明清时期用作对巡抚的称呼。　③都御史：明清时期都察院的长官。　④内翰：唐宋时期称翰林。翰林指唐宋时翰林院的官员或清代翰林院的属官。　⑤学士：官名。南北朝后为掌管文学撰述之官。明代设翰林院学士及翰林院侍读、侍讲学士。　⑥翰林院：官署名。是翰林学士工作的地方。翰林学士在唐宋时负责撰拟有关任命将相等的文告。　⑦天使：天子的使者。　⑧行人：使者的通称。　⑨司成：官名，也叫大司成。掌管国子监。后作为祭酒的别称。　⑩祭酒：官名。隋唐以后称国子监祭酒，是国子监的主管官。　⑪都堂：明代对都察院长官都御史、副都御史、佥（qiān）都御史的称呼。也称派遣到外省的总督、巡抚。　⑫抚台：明清时期巡抚的别称。　⑬巡按：明代巡按御史的简称。都察院专门派遣的御史。　⑭柱史：指御史。　⑮方伯：殷周时代的一方诸侯之长。后泛指地方长官。明清时期的布政使均称方伯。　⑯藩侯：即藩王，历代封建王朝所分封的诸侯国、王国之王，以及有辖（xiá）地之封王。因为起屏藩帝室的作用，故名。此处似应作"藩司"或"藩台"。　⑰布政：即布政使。明宣德后设左、右布政使，为一省的最高行政长官。清代权力减小，专管一省的财赋和人事。　⑱宪台：汉魏以来御史台的别称。后世也作为地方官吏对知府以上长官的尊称。　⑲廉宪：廉访使的俗称。宋元时代的职官名。主管监察事务。　⑳提刑按察：指提刑按察使，即按察使。始设于唐代，是监察官。清代负责一省的刑名按劾（hé）之事。

【译文】

都宪、中丞,是对都御史的称呼;内翰、学士,是对翰林的称呼。天使是对使者的美称,司成是对祭酒的尊称。称都堂为大抚台,称巡抚为大柱史。方伯、藩侯,是对左右布政使的称呼;宪台、廉宪,是对提刑按察使的称呼。

5.3 宗师①称为大文衡②,副使③称为大宪副④。郡(jùn)侯⑤、邦伯⑥,知府⑦名尊;郡丞⑧、贰侯⑨,同知⑩誉美。郡宰⑪、别驾⑫,乃称通判⑬;司理⑭、廌(zhì)史⑮,赞美推官⑯。刺史⑰、州牧⑱,乃知州⑲之两号;廌史、台谏(jiàn)⑳,即知县㉑之尊称。

【注释】

①宗师:明清时对提督学道、提督学政的尊称。 ②文衡:旧指判定文章高下以取士的权力。 ③副使:正使或公使的副手。 ④大宪副:待考。一说指提刑按察使的副手。 ⑤郡侯:一郡之长;知府。 ⑥邦伯:指刺史、知州等一州的长官。 ⑦知府:明清时期指府一级的行政长官,管辖(xiá)州县。 ⑧郡丞:郡守的副职,帮助郡守处理事务。 ⑨贰侯:古代州郡长官的副职。 ⑩同知:元明清时指副长官。 ⑪郡宰:待考。一说指一郡的主宰。 ⑫别驾:汉代作为刺史的佐史。因刺史巡视辖境时,别驾乘驿(yì)车随行,故名。宋朝在诸州设通判,职责与别驾近似,故后世称通判为别驾。 ⑬通判:宋初始设于各州府,地位略次于州府长官。明清时设于各府,分管粮运及农田水利方面的事务。

⑭司理:司理参军的简称。宋代设于各州,掌管狱讼。
⑮廌史:待考。廌:通"豸(zhì)",指獬(xiè)豸,古代传说中的异兽,能辨曲直,见人争斗就用角去顶坏人。古代执法者常头戴獬豸冠。　⑯推官:自唐至清初设置的官职,掌管司法事务。　⑰刺史:汉武帝时分全国为十三部(州),每部设刺史。本为监察官性质,官位低于郡守。后权力增大,位居郡守之上。宋代、清代则作为知州的别称。　⑱州牧:西汉成帝时,改刺史为州牧,后废置不定。清代往往作为知州的别称。　⑲知州:宋代派朝臣为州一级的地方行政长官,称"权知某军州事",意即暂时主持本军本州事务,简称知州。明清时作为州的长官。　⑳台谏:唐宋以负责纠弹之御史为台官,以职掌建言的给事中、谏议大夫等为谏官。清代统归都察院,不再分职权。　㉑知县:明清时期指一县的长官。

【译文】

"宗师"即提督学道、提督学政,称为大文衡;正使的副手称为大宪副。郡侯、邦伯,是对知府的尊称;郡丞、贰侯,是对同知的美称。郡宰、别驾,是对通判的称呼;司理、廌史,是对推官的美称。刺史、州牧,是对知州的两种称呼;廌史、台谏,是对知县的尊称。

5.4　乡宦(huàn)①曰乡绅②,农官③曰田畯(jùn)④。钧座⑤、台座⑥,皆称仕宦⑦;帐下⑧、麾(huī)下⑨,并美武官。秩官⑩既分九品⑪,命妇⑫亦有七阶⑬:一品曰夫人,二品亦夫人,三品曰淑人,四品曰恭人,五品曰宜人,六品曰安人,七品曰孺(rú)人。妇人受封曰金花诰(gào)⑭,状元⑮报捷⑯曰紫泥封⑰。

【注释】

①乡宦:退休后居住乡里的官宦。　②乡绅:乡间的绅士。　③农官:鼓励农耕的官员。　④田畯:即田啬(sè)夫,古代的地方小吏,掌管税赋、徭(yáo)役及农事等。　⑤钧座:对长官的尊称。　⑥台座:指宰相之位,也作为称呼对方的敬辞。　⑦仕宦:官员。　⑧帐下:指将帅的部下。　⑨麾下:对将帅的敬称。　⑩秩官:常设之官。　⑪九品:古代官吏的等级。从一品到九品,共分九等。在每一等中又分正、从品,共分十八等。　⑫命妇:封建时代受封号的妇人。　⑬阶:官阶;品级。　⑭金花诰:在金花绫(líng)罗纸上书写的帝王封赠的命令。诰:帝王对臣子下达的命令。　⑮状元:科举时代的一种称号,元代以后指殿试一甲(第一等)第一名。　⑯报捷:报告胜利的消息。　⑰紫泥封:用紫泥加封、泥上盖印的信。指皇帝的诏书。因普通的信用泥封,皇帝的诏书则用紫泥来封,故称。

【译文】

退休后居住在乡里的官宦称为乡绅,鼓励农耕的官称为田畯。钧座、台座,都是对官员的称呼;帐下、麾下,都是对武官的美称。官员分为九品,受封号的妇人也有七个品级:一品称为夫人,二品也称为夫人,三品称为淑人,四品称为恭人,五品称为宜人,六品称为安人,七品称为孺人。妇人受到帝王的封赠称为金花诰,宣布考取状元的诏书称为紫泥封。

5.5　唐玄宗①以金瓯(ōu)②覆宰相③之名,宋真宗④以美珠钳(qián)⑤谏(jiàn)臣⑥之口。金马玉堂⑦,羡翰林⑧之声价⑨；朱幡(fān)⑩皂盖⑪，仰⑫郡(jùn)守⑬之威仪⑭。台辅⑮曰紫阁⑯明公⑰，知府⑱曰黄堂⑲太守⑳。府尹㉑之禄(lù)㉒二千石㉓，太守之马五花骢(cōng)㉔。

【注释】

①唐玄宗：即李隆基。见3.3注⑰。　②金瓯：金盆、金盂(yú)之类。　③宰相：我国古代辅助君主掌管国事的最高官员的通称。　④宋真宗：即赵恒，宋太宗赵炅(jiǒng)之子。在位期间崇信佛道，广建宫观寺庙。　⑤钳：限制；约束。　⑥谏臣：直言规劝之臣。　⑦金马玉堂：金马门和玉堂署，是汉朝学士待诏的地方，后用来称翰林院或翰林学士。　⑧翰林：指翰林院的官员。翰林院见5.2注⑥。　⑨声价：名誉身价。　⑩朱幡：红色的旗幡。为地位尊贵者所用。　⑪皂盖：古代官员所用的黑色篷(péng)伞。　⑫仰：敬慕；敬佩。　⑬郡守：郡的长官。　⑭威仪：大臣的仪仗、扈(hù)从。　⑮台辅：三公宰辅之位。这里指宰相之位。　⑯紫阁：唐代曾改中书省为紫微省、中书令为紫微令，故称宰相府第为紫阁。　⑰明公：旧时对有名位者的尊称。　⑱知府：明清时期指府一级的行政长官，管辖(xiá)州县。　⑲黄堂：古代太守衙(yá)中的正堂，借指太守。　⑳太守：本为一郡的最高行政长官，明清时专指知府。　㉑府尹：一般指京畿(jī)地区的行政长官。也泛指太守。　㉒禄：古代称官吏的薪俸(xīnfèng)。　㉓二千石：汉代内自九卿郎将、外至郡守尉的俸禄等级。有中二千石、二千石、比二千石三个等级。　㉔五花骢：即五花马。唐代把骏马的鬃(zōng)毛修成五瓣(bàn)，称为五花马或五

花。骢:青色和白色相间的马。一说指五马,汉代太守所乘的车用五马驾辕(yuán),故指太守的车马。

【译文】

唐玄宗把写有准备任命的宰相名字的纸用金盆扣住,宋真宗送给规劝之臣美丽的珍珠以防止他反对自己封禅(shàn)泰山。"金马玉堂"即金马门和玉堂署,用来羡慕翰林的名誉身价;"朱幡皂盖"即红色的旗幡黑色的篷伞,用来对郡守的仪仗表示敬重。宰相被称为紫阁明公,知府被称为黄堂太守。府尹的俸禄是二千石,太守所骑的马称为五花骢。

5.6 代天①巡狩(shòu)②,赞称巡按③;指日④高升,预贺官僚⑤。初到任曰下车⑥,告致仕⑦曰解组⑧。藩垣(fānyuán)⑨屏翰⑩,方伯⑪犹古诸侯⑫之国;墨绥(shòu)⑬铜章⑭,令尹⑮即古子男⑯之邦⑰。太监⑱掌阉(yān)门⑲之禁令⑳,故曰阉宦(huàn)㉑;朝臣皆搢笏(jìnhù)于绅间㉒,故曰搢绅㉓。

【注释】

①天:天子;帝王。 ②巡狩:指天子出行视察。 ③巡按:明代巡按御史的简称。都察院专门派遣的御史。 ④指日:不日,指为期不远。 ⑤官僚:官吏,旧时政府工作人员的总称。 ⑥下车:指初即位或到任。 ⑦致仕:辞去官职。 ⑧解组:即解印绶,指辞免官职。 ⑨藩垣:藩篱(lí)和垣墙,泛指屏障。也比喻卫国的重臣。 ⑩屏翰:屏障和辅翼,比喻国家的重臣。 ⑪方伯:殷周时代的一方诸

侯之长。后泛指地方长官。明清时期的布政使均称方伯。
⑫诸侯:古代帝王所分封的各国君主。　⑬墨绶:结在印纽上的黑色丝带。作为县官及其职权的象征。　⑭铜章:铜制的印章。　⑮令尹:县、府等地方行政长官。　⑯子男:子爵(jué)和男爵。古代诸侯五等爵位(公、侯、伯、子、男)的第四和第五等。　⑰邦:古代诸侯的封国,后泛指国家。　⑱太监:即宦官,我国封建时代阉割后在宫廷中侍奉帝王及其家属的男子。　⑲阁门:指宫门。　⑳禁令:禁止从事某项活动的法令或命令。　㉑阉宦:即宦官,通称太监。　㉒搢笏于绅间:把笏插在腰带间。搢:插。笏:古代大臣上朝面见君主时君臣手中所拿的用来记事的狭长板子,用玉、象牙或竹片制成。绅:古代仕宦和儒者腰间所围的大带。　㉓搢绅:代指仕宦或儒者。

【译文】

代天巡狩,是对巡按的称誉之辞;指日高升,是对官员的预先祝贺。刚到任就职称为下车,辞去官职称为解组。"藩垣屏翰"即藩篱垣墙和屏障辅翼,用来形容布政使像古代的诸侯国一样保护朝廷;"墨绶铜章"即印纽上的黑色丝带和铜制的印章,用来指县令管辖(xiá)的地方相当于古代子爵和男爵的封国。太监掌管宫门的禁令,所以称为阉宦;朝中大臣都把朝笏插在腰带间,所以称为搢绅。

5.7　萧曹①相②汉高③,曾为刀笔吏④;汲黯(jí'àn)⑤相汉武⑥,真是社稷(jì)臣⑦。召(shào)伯⑧布文王⑨之政,尝舍⑩甘棠⑪之下,后人思其遗爱⑫,不忍伐其树;孔明⑬有王佐⑭

之才,尝隐草庐⑮之中,先主⑯慕其令名⑰,乃三顾⑱其庐。

【注释】

①萧曹:指萧何和曹参,两人在西汉初期担任丞相。　②相:辅助。　③汉高:即汉高祖刘邦,西汉王朝的建立者。字季,沛县(今属江苏)人。　④刀笔吏:指掌管文案的官吏。　⑤汲黯:字长孺(rú),西汉濮(pú)阳(今河南濮阳西南)人。汉武帝时任主爵(jué)都尉,位列九卿。好直言劝谏(jiàn),不能容人之过。　⑥汉武:即汉武帝刘彻。西汉皇帝,在位期间采用"独尊儒术"的政策,多次出击匈奴,取得一系列胜利。　⑦社稷臣:指一身系国家安危的重臣。　⑧召伯:即召公奭(shì),姓姬(jī),名奭。因食邑(yì)于召,故称召公。曾辅佐周武王灭商。周成王时任太保,负责治理陕以西的地方。　⑨文王:即周文王。见2.9注⑥。　⑩舍:止息。　⑪甘棠:即棠梨,杜梨的古称。落叶乔木,叶子长圆形或菱形,开白色花。果实也叫杜梨,球形。　⑫遗爱:指留于后世而被人追怀的德行、恩惠、贡献等。　⑬孔明:即诸葛亮,字孔明,琅玡(lángyá)阳都(今山东沂〔yí〕南县南)人。东汉末年辅佐刘备建立蜀国,任丞相。治事谨慎,善于用兵。　⑭王佐:辅佐君主成就王业。　⑮草庐:简陋的草屋。　⑯先主:指刘备。蜀汉昭烈帝。字玄德,涿郡(zhuōjùn)涿县(今河北涿州)人。在诸葛亮等人的辅佐下建立蜀汉政权。　⑰令名:美好的声誉。　⑱顾:访问;拜访。

【译文】

萧何和曹参是汉高祖刘邦的得力助手,他们曾经是掌管文案的官吏;汲黯辅佐汉武帝,称得上是身系国家安危的重臣。召公奭推行周文王的德政,曾经在一棵甘棠树下处理政事,后人思念他的恩德,不忍心把甘棠树砍掉;诸葛亮有辅佐君主成就王业的大才,他曾经隐居在简陋的草屋中,刘备仰慕他美好的声誉,于是三次到他居住的草屋去请他。

5.8 鱼头参政①,鲁宗道②秉性③骨鲠(gěng)④;伴食宰相⑤,卢怀慎⑥居位⑦无能。王德用⑧,人称黑王相公⑨;赵清献⑩,世号铁面御史。汉刘宽⑪责民,蒲(pú)鞭⑫示辱;项仲山⑬洁己⑭,饮马⑮投钱。

【注释】

①鱼头参政:指宋代的鲁宗道。因"鲁"字的上半是"鱼"字,鲁宗道又曾任参知政事,故称。 ②鲁宗道:字贯之,亳(bó)州谯(qiáo,今安徽亳县)人。宋仁宗时任参知政事,为人刚直,遇事敢言。 ③秉性:性格。 ④骨鲠:比喻刚直。 ⑤伴食宰相:指唐代的卢怀慎,他掌枢密时事事推让,不敢做主,故称。伴食:陪同进食。 ⑥卢怀慎:滑州灵昌(今河南滑县)人。曾任监察御史、黄门侍郎等职。 ⑦居位:居官任职。 ⑧王德用:字元辅,赵州(今河北赵县)人。宋仁宗时曾任同中书门下平章事、枢密使等。 ⑨黑王相公:因王德用身材魁梧,面黑,故称。相公:指官吏。旧时也用作对男子的敬称。 ⑩赵清献:即赵抃(biàn),字阅道,衢(qú)州西安(今浙江衢县)人。宋神宗时任参知政事。曾任殿中侍御史,弹劾(hé)不避权贵,人称"铁面御史"。死后谥(shì)清献。 ⑪刘宽:字文饶,弘农华阴(今属陕西)人。汉桓帝时

曾任尚书令、南阳太守等职。汉灵帝时官至太尉。以温厚仁恕著称。　⑫蒲鞭：以蒲草为鞭。　⑬项仲山：汉代安陵人。为人廉洁。　⑭洁己：使自己行为端正，符合规范。　⑮饮马：给马喝水。

【译文】

鲁宗道天性刚直，被称为鱼头参政；卢怀慎身居高位而没有能力，被称为伴食宰相。王德用，被人们称为黑王相公；赵清献，世人称他为铁面御史。汉代的刘宽以蒲草为鞭责罚有过错的民众，以使对方感到羞耻；项仲山严格要求自己，在河中给马饮水也向河中投钱。

5.9　李善感①直言不讳②，竞③称鸣凤朝（zhāo）阳④；汉张纲⑤弹劾（hé）⑥无私，直斥豺狼当道⑦。民爱邓侯⑧之政，挽之不留；人嫌谢令⑨之贪，推之不去。

【注释】

①李善感：唐高宗时任御史。　②直言不讳：直截了当地说出来，没有丝毫顾忌。　③竞：争着；争相。　④鸣凤朝阳：凤凰在太阳初升时鸣叫，比喻贤臣遇到明君。　⑤张纲：字文纪，犍（qián）为武阳（今四川彭山）人。汉顺帝时任司徒府属吏。后出任广陵太守。　⑥弹劾：对违法失职或职务上犯罪的官吏采取揭发或追究法律责任的行为。　⑦豺狼当道：比喻暴虐奸邪的人掌握权柄。　⑧邓侯：即邓攸，字伯道，晋代平阳襄陵（今山西临汾东南）人。曾任吴郡（jùn）太守，刑政清明，受到百姓拥戴。　⑨谢令：晋时吴郡太守，邓攸的前任，为官贪婪。

【译文】

李善感说话直截了当,人们争相称此为"鸣凤朝阳"即凤凰在太阳初升时鸣叫;汉代的张纲无私地弹劾奸臣,直接斥责他们为"豺狼当道"即奸邪的人掌握权柄。邓攸任吴郡太守时刑政清明,受到民众的爱戴,离任时老百姓挽留他,他就偷偷离开;邓攸的前任谢令为官贪婪,受到人们的憎恶,老百姓想让他离开吴郡,却无法做到。

5.10　廉范①守②蜀郡(jùn)③,民歌五袴④;张堪⑤守渔阳⑥,麦穗两岐⑦。鲁恭⑧为中牟(mù)⑨令,桑下有驯雉(zhì)⑩之异;郭伋(jí)⑪为并(bīng)州⑫守,儿童有竹马⑬之迎。鲜于子骏⑭,宁⑮非一路⑯福星⑰;司马温公⑱,真是万家生佛⑲。

【注释】

①廉范:字叔度,京兆杜陵(今陕西西安)人。汉明帝时曾任云中太守。后又任武都、蜀郡等地太守。　②守:担任太守。　③蜀郡:郡名。古蜀国地,战国时秦国设置。治成都(今四川成都市)。　④民歌五袴:老百姓唱歌称现在有五条裤子。　⑤张堪:字君游,南阳宛(今河南南阳)人。东汉光武帝时曾任蜀郡太守、渔阳太守。　⑥渔阳:郡名。战国时燕国设置。秦汉时治渔阳(今北京市密云西南)。　⑦两岐:两支,指一根麦茎上生两个麦穗。　⑧鲁恭:字仲康,扶风平陵(今陕西咸阳)人。曾任中牟令,政绩为一州之最。后历任光禄(lù)勋、司徒等职。　⑨中牟:县名。在河南郑州市东部、黄河南岸。　⑩驯雉:顺服的野鸡。雉:野鸡。　⑪郭伋:字

细侯,扶风茂陵(今陕西兴平)人。王莽、光武帝时均曾任并州牧。 ⑫并州:汉武帝设置的十三刺史部之一,东汉时治晋阳(今山西太原市西南)。 ⑬竹马:儿童游戏时当马骑的竹竿。 ⑭鲜于子骏:即鲜于侁(shēn),字子骏,阆(làng)州(今四川阆中)人。宋哲宗时任左谏(jiàn)议大夫。 ⑮宁:难道;岂。 ⑯路:宋代指行政大区。 ⑰福星:指木星。古代称木星为岁星,所在的地方主福,故称。后比喻能给大家带来幸福、希望的人。 ⑱司马温公:即司马光,字君实,北宋陕州夏县(今属山西)涑(sù)水乡人,世称涑水先生。曾任尚书左仆射(yè)兼门下侍郎等职。主持编纂《资治通鉴》。死后赠温国公。 ⑲生佛:活佛。也比喻有恩德的官吏。

【译文】

廉范担任蜀郡太守,老百姓唱歌称现在有了五条裤子;张堪担任渔阳太守,一根麦茎中长出两个麦穗。鲁恭担任中牟令,有桑树下出现顺服的野鸡的奇异之事;郭伋担任并州太守,众儿童骑着竹马来迎接他。鲜于侁难道不是一方百姓的福星吗,司马光真是万家民众的活佛。

5.11 鸾(luán)凤①不栖②枳(zhǐ)棘③,羡仇(qiú)香④之为主簿⑤;河阳⑥遍种桃花,乃潘岳⑦之为县官。刘昆⑧宰⑨江陵⑩,昔日反风⑪灭火;龚遂⑫守⑬渤海⑭,令民卖刀买牛。此皆德政⑮可歌,是以令名⑯攸著⑰。

【注释】

①鸾凤:鸾鸟和凤凰。 ②栖:鸟在树上或巢(cháo)中停

留、停宿。　③枳棘:枳木和棘木。因多刺而被称为恶木。　④仇香:即仇览,字季智,一名香,陈留考城(今河南兰考)人。曾任蒲(pú)亭长,治理有方。　⑤主簿:官名。负责文书簿籍等。　⑥河阳:古县名。治今河南孟州市西。　⑦潘岳:字安仁,晋代荥(xíng)阳中牟(今属河南)人。曾任河阳县令,在县中种满桃李,一时传为美谈。　⑧刘昆:字桓公,陈留东昏(今河南兰考)人。东汉光武帝时历任江陵令、侍中、弘农太守。　⑨宰:这里指担任县令。　⑩江陵:旧县名。在今湖北中部偏南、长江沿岸。　⑪反风:使风改变方向。　⑫龚遂:字少卿,西汉山阳南平阳(今山东邹县)人。曾任渤海太守。　⑬守:指担任太守。　⑭渤海:待考。　⑮德政:指有仁德的政治措施或政绩。　⑯令名:美好的声誉。　⑰攸著:显著。攸:助词,无义。

【译文】

鸾鸟和凤凰不会在枳木和棘木上栖息,这是称赞主簿仇香前程远大;河阳县种满桃花,这是潘岳担任县令时所做的事情。刘昆担任江陵县令时,曾求神改变风向来灭火;龚遂担任渤海太守时,命令民众把刀卖掉来买牛。以上都是值得歌颂的德政,所以这些官员的美名十分显著。

六、武职

【题解】

武职即武官的职务。本节分为六段,主要包含以下三个方面的内容:

1. 列举了中国历史上众多著名的军事人物及他们的事迹,如姜太公、孙膑(bìn)、吴起、韩信、卫青、冯异、范仲淹等。

2. 介绍了古代军中武官的设置,如都督、总兵、参将、千户、百户之类,以及这些官职的不同名称,如都督又称大镇国,总兵又称大总戎,百户又称百宰。

3. 介绍了一些与军事有关的字词、成语和典故,如"弑(shì)""征""对垒""奔北""辕(yuán)门""胆破心寒""风声鹤唳(lì)"等,并说明了它们的含义和用法。

6.1 韩①柳②欧③苏④,固文人之最著;起⑤翦(jiǎn)⑥颇⑦牧⑧,乃武将之多奇⑨。范仲淹⑩胸中具数万甲兵⑪,楚项羽⑫江东⑬有八千子弟。孙膑(bìn)⑭吴起⑮,将略⑯堪夸;穰苴(ránjū)⑰尉缭(wèiliáo)⑱,兵机⑲莫测。

【注释】

①韩:指韩愈,字退之,唐代河阳(今属河南)人。也称韩昌黎、韩文公。曾任刑部侍郎、吏部侍郎等职。被列为"唐宋八大家"之首。　②柳:指柳宗元,字子厚,唐代河东解(xiè)县(今山西运城解州镇)人,世称柳河东。曾任监察御史里行、柳州刺史,故又称柳柳州。列入"唐宋八大家"。　③欧:指欧阳修,字永叔,号醉翁,晚年又号六一居士,北宋时吉州吉水(今属江西)人。曾任枢密副使、参知政事等职。列入"唐宋八大家"。　④苏:指苏轼(shì),字子瞻,号东坡居士,北宋时眉山(今属四川)人。曾任杭州知州、礼部尚书等职。列入"唐宋八大家"。一说指三苏,即苏轼与父亲苏洵(xún)、弟弟苏辙(zhé)。　⑤起:指白起,又称公孙起,战国时郿(méi,今陕西眉县)人。善用兵,秦昭王时任大良造,因功封武安君。　⑥翦:指王翦,战国时频阳东乡(今陕西富平东北)人。擅长用兵,为秦王政攻灭赵、燕、楚等国。　⑦颇:指廉颇,战国时赵国名将。曾任上卿,因功封信平君,代相国。　⑧牧:指李牧,战国末年赵国将领。善用兵,因功封武安君。　⑨奇:指奇兵或奇谋。　⑩范仲淹:字希文,北宋时苏州吴县(今属江苏)人。曾任参知政事,提倡改革。在任延州知州时,治军严整,西夏人对他十分畏服。　⑪甲兵:披甲的士兵。也指军队。　⑫项羽:也叫西楚霸王、楚霸王,名籍,下相(今江苏宿迁西南)人。秦朝灭亡后,自立为西楚霸王。楚汉战争中被刘邦打败,自刎(wěn)而死。　⑬江东:长江在芜(wú)湖市、南京市之间作西南南、东北北流向,通常称自此以下的长江南岸地区为江东。　⑭孙膑:战国时齐国阿(ē,今山东阳谷东北)人。因被处以去掉膝盖骨的膑刑,故称孙膑。

齐威王时任军师,指挥齐军两次大败魏军。 ⑮吴起:战国时卫国左丘(今山东定陶西)人。善用兵,先后在鲁、魏任将,屡建战功。后到楚国任令尹。 ⑯将略:用兵的谋略。 ⑰穰苴:即田穰苴。齐景公时任大司马,史称司马穰苴。精通兵法。 ⑱尉缭:战国中期军事家,曾与魏惠王讲论用兵取胜的策略。 ⑲兵机:用兵的机谋。

【译文】

韩愈、柳宗元、欧阳修、苏轼,当然是文人中最著名的;白起、王翦、廉颇、李牧,则是武将中多奇谋的。范仲淹的胸中藏有数万军队,西楚霸王项羽手下有江东八千子弟兵。孙膑和吴起作战的谋略值得夸赞,司马穰苴和尉缭用兵的机谋神妙莫测。

6.2 姜太公①有《六韬(tāo)》②,黄石公③有《三略》④。韩信⑤将⑥兵,多多益善⑦;毛遂⑧讥众,碌(lù)碌⑨无奇。大将曰干城⑩,武士曰武弁(biàn)⑪。都督⑫称为大镇国⑬,总兵⑭称为大总戎⑮。都阃(kǔn)⑯即是都司⑰,参戎⑱即是参将⑲。千户⑳有户侯㉑之仰㉒,百户㉓有百宰㉔之称。以车为户曰辕(yuán)门㉕,显揭㉖战功曰㉗露布㉘。

【注释】

①姜太公:即姜尚,姓吕,名望,字子牙。俗称姜太公。曾辅佐周武王灭商。周成王时封为齐侯。 ②《六韬》:兵书。旧题吕望(即姜太公)撰。后人大多认为是战国晚期至秦汉之间的作品。分为文韬、武韬、龙韬、虎韬、豹韬、犬韬六卷。 ③黄石公:即圯(yí)上老父。传说他曾把《太公兵法》传授给

张良。　　④《三略》：也称《黄石公记》《黄石公三略》。兵书。旧题黄石公撰。今人研究大约为西汉末隐士所著。全书分上略、中略、下略三卷。　　⑤韩信：西汉军事家。淮阴(今江苏淮安市西南)人。善于用兵，曾辅佐刘邦打败项羽。先后封齐王、楚王。　　⑥将：带领。　　⑦多多益善：越多越好。益：更加。　　⑧毛遂：战国时平原君门下的食客。曾迫使楚王同意出兵救赵国。　　⑨碌碌：平庸无能的样子。　　⑩干城：比喻捍卫者。　　⑪武弁：武官。　　⑫都督：古代的军事长官。　　⑬镇国：意为安定国家。　　⑭总兵：官名。指镇守一方的武官。　　⑮总戎：统帅。清代称总兵为总戎。　　⑯都阃：待考。一说是都司的俗称。　　⑰都司：明代都指挥使司的简称。属省级指挥机关，掌一方之军政。清代指官名，属武职正四品。　　⑱参戎：明清时期对参将的俗称。　　⑲参将：武官名。明代的地位次于副总兵，清代次于副将。　　⑳千户：武官名。宋元明设置，掌兵千人。　　㉑户侯：待考。　　㉒仰：敬慕。这里指尊称。　　㉓百户：官名。元代始置，是百户所的长官。明代为正六品，掌兵一百一十二人。　　㉔百宰：待考。　　㉕辕门：古代军营的门。把两辆车仰起，车辕相对以表示门，称为辕门。　　㉖显揭：显现揭示。　　㉗曰：有的本子作"为"。　　㉘露布：不缄(jiān)封的文书。也指布告、通告。

【译文】

　　姜太公写作《六韬》，黄石公写作《三略》。韩信带领军队，人越多越好；毛遂讥讽身边的众同伴，说他们平庸无能。大将称为干城，武士叫作武弁。都督又称为大镇国，总兵又称为大总戎。都阃就是都司，参戎就是参将。千户被尊称为户侯，百户被称为百宰。

把车辆仰起搭成门称为辕门,宣告战功的文书称为露布。

6.3
下杀上谓之弑(shì)①,上伐②下谓之征③。交锋④为对垒⑤,求和曰求成⑥。战胜而回,谓之凯旋⑦;战败而走⑧,谓之奔北⑨。为君⑩泄恨⑪,曰敌忾(kài)⑫;为国救难,曰勤王⑬。胆破⑭心寒,比⑮敌人慑(shè)伏⑯之状;风声鹤唳(lì)⑰,惊士卒败北⑱之魂。

【注释】

①弑:古代指臣子杀死君主或子女杀死父母。　②伐:征讨;攻打。　③征:讨伐,出兵攻打敌人或叛逆。　④交锋:锋刃相接,指双方交战。　⑤对垒:两军交战。垒:阵地上的防御工事。　⑥求成:请求和平。　⑦凯旋:战胜归来。　⑧走:逃跑。　⑨奔北:败逃。　⑩君:国君;君主。　⑪泄恨:发泄内心的愤恨。　⑫敌忾:抵抗所愤恨的敌人。　⑬勤王:当君主的统治受到威胁而动摇时,臣子起兵救援。　⑭胆破:胆为之破裂,形容极其惊慌。　⑮比:比喻。　⑯慑伏:即慑服,因畏惧而屈服。　⑰风声鹤唳:刮风的声音和鹤的鸣叫,形容极为疑惧或自相惊扰。唳:鹤鸣叫。　⑱败北:败逃。

【译文】

在下位的臣子杀死君主或子女杀死父母,叫作弑;居于上位的人讨伐处于下位的人,叫作征。双方交战称为对垒,请求和平称为求成。战胜归来,称为凯旋;战败逃走,称为奔北。替君主发泄愤恨,叫作敌忾;拯救危难中的国家,叫作勤王。"胆破心寒"即胆为之破裂,心中感到寒冷,用来比喻敌人因畏惧而屈服的样子;"风声鹤唳"即刮风的声音和鹤的鸣叫都以为是追兵,形容士卒败逃时惊慌失措的样子。

6.4 汉冯异①当论功,独立大树下,不夸己绩;汉文帝②尝劳军③,亲幸④细柳营⑤,按辔(pèi)徐行⑥。苻(fú)坚⑦自夸将广⑧,投鞭可以断流;毛遂⑨自荐才奇,处囊(náng)⑩便当脱颖⑪。

【注释】

①冯异:字公孙,颖(yǐng)川父城(今河南宝丰)人。东汉名将,官至大司马。是刘秀的佐命功臣二十八将之一。　②汉文帝:即刘恒。汉高祖刘邦的儿子。统治期间,国家开始出现富庶(shù)景象。　③劳军:慰劳军队。　④幸:封建时代称帝王亲临。　⑤细柳营:古地名。在今陕西咸阳市西南渭河北岸。汉文帝时曾在此地驻军以防备匈奴。　⑥按辔徐行:指扣紧马缰(jiāng)绳使马缓慢前行。辔:驾驭牲口用的嚼(jiáo)子和缰绳。徐:缓慢。　⑦苻坚:字永固,又名文玉,略阳临渭(今甘肃秦安东南)氐(dī)人。晋穆帝时自立为大秦天王,逐渐统一北中国。后率大军进攻东晋,在淝(féi)水被击败。　⑧广:多。　⑨毛遂:见6.2注⑧。　⑩囊:口袋。　⑪脱颖:锥(zhuī)子上部的环儿露出来,比喻人的才能全部显露出来。颖:锥子把儿上的环。

【译文】

汉代的冯异每当大家谈论功劳时,就一个人站在大树下,不夸耀自己的战绩;汉文帝曾经去慰劳军队,亲自前往细柳营,让驾车的人扣紧马缰绳缓慢前行。苻坚夸耀自己手下将领众多,说把大家手中的马鞭投入长江就可以阻断水流;毛遂推荐自己有独特的才能,称自己就像锥子一样,只要放入袋子里就可以使锥子上部的环儿露出来。

6.5 羞与哙(kuài)①等伍②,韩信③降作淮阴④;无面⑤见江东⑥,项羽⑦羞归故里⑧。韩信受胯(kuà)下之辱⑨,张良⑩有进履之谦⑪。卫青⑫为牧猪之奴,樊哙为屠狗之辈⑬。

【注释】

①哙:指樊哙,秦末汉初沛县(今属江苏)人。初以屠狗为业,后随刘邦起义。汉朝建立后封舞阳侯,曾任左丞相。 ②伍:同伙;同伴。 ③韩信:见6.2注⑤。 ④淮阴:即淮阴侯,韩信降级后的爵(jué)位。 ⑤无面:没有脸;感到羞耻。 ⑥江东:见6.1注⑬。 ⑦项羽:见6.1注⑫。 ⑧故里:故乡;家乡。 ⑨胯下之辱:比喻人处于困境中时所遭受的屈辱。胯:腰部两侧到大腿之间的部位。 ⑩张良:字子房,传为城父(今安徽亳〔bó〕州市东南)人。是汉高祖刘邦重要的谋臣。汉朝建立后封留侯。 ⑪进履之谦:指张良耐心地为一位老人捡鞋并帮他穿上。履:鞋。 ⑫卫青:字仲卿,西汉河东平阳(今山西临汾西南)人。本为平阳公主家奴。因击匈奴有功,封长平侯,官至大将军。 ⑬辈:某一范围或类型的人。

【译文】

韩信从楚王降为淮阴侯,称自己羞于与樊哙等人为伍;项羽垓(gāi)下兵败后不愿意回到家乡,称自己无脸见江东父老。韩信曾经遭受从别人胯下爬过去的耻辱,张良曾耐心地为一位老人穿鞋。卫青曾经做过牧猪的奴仆,樊哙曾经以屠狗为业。

6.6 求士①莫求全②,毋③以二卵④弃干城之将⑤;用人如用木,毋以寸朽弃连抱⑥之材。总之君子⑦之身⑧,可大可小;丈夫⑨之志,能屈能伸⑩。自古英雄,难以枚举⑪;欲详⑫将略⑬,须读武经⑭。

【注释】

①士:官员;将领。　②求全:追求完美无缺。　③毋:不要。　④卵:动物下的蛋。　⑤干城之将:指御敌立功的将领。干:盾牌。　⑥连抱:臂挽着臂合抱,多形容树木粗大。　⑦君子:指地位高的人或人格高尚的人。　⑧身:功名;事业。　⑨丈夫:成年男子。　⑩能屈能伸:能弯曲也能伸展,指人在不得志的时候能忍耐,在得志的时候能施展才干、抱负。　⑪枚举:一一列举。　⑫详:了解;知悉。　⑬将略:用兵的谋略。　⑭武经:兵书。也专指"武经七书",包括《孙子兵法》《吴子》《六韬(tāo)》《司马法》《三略》《尉缭(wèiliáo)子》《李卫公问对》等七种兵书。

【译文】

求人才时不要追求完美,不要像卫侯那样,虽然苟变有军事才能,但因为他曾吃过百姓两个鸡蛋就不用他;用人就像用木材一样,不要因为上面有小小的朽烂之处就把整根粗大的木材都抛弃。总之,君子的事业,可大可小;男子汉想要实现自己的志向,必须能屈能伸。从古至今的英雄人物,多得难以一一列举;想要了解用兵的谋略,必须认真阅读兵书。

卷 二

七、祖孙父子

【题解】

本节分为六段,讲述祖孙父子等之间的关系,主要包含以下三个方面的内容:

1. 讲述了处理家庭关系的一些重要原则,包括父亲要威严,子女要卑顺;作为家长,要有包容之心,即所谓"不痴不聋,不作阿家阿翁";作为子女,要继承父辈的事业,对于父辈的不足,要勇于纠正。

2. 介绍了与祖孙父子关系相关的诸多字词、成语和典故,如"充闾(lǘ)""跨灶""绍箕裘(jīqiú)""具庆下""肯构肯堂""椿萱(xuān)并茂""凤毛济美"等,并说明了它们的含义和用法。

3. 列举了历史上父(或母)慈子孝的一些著名例子,如仲郢(yǐng)母和丸教子、老莱(lái)子戏彩娱亲、王羲之弄孙自乐;鞭挞(tà)了隋炀(yáng)帝杀父自立、齐易牙杀子媚君的卑鄙行径。

7.1　何谓五伦①？君臣、父子、兄弟、夫妇、朋友;何谓九族②？高③、曾④、祖⑤、考⑥、己身、子、孙、曾⑦、玄⑧。始祖⑨曰鼻祖⑩,远孙⑪曰耳孙⑫。父子创造⑬,曰肯构肯堂⑭;父子俱贤⑮,曰是父是子⑯。祖称王父⑰,父曰严君⑱。父母俱存,谓之椿萱(xuān)ⁱ⁹并茂;子孙发达²⁰,谓之兰桂²¹腾芳²²。

【注释】

①五伦:五种伦理关系。也称五常。伦:人伦,人与人之间的关系,特指封建礼教规定的尊卑长幼的关系及相应的行为准则。　②九族:以自己为本位,上推至四世之高祖,下推至四世之玄孙为九族。　③高:指高祖父,爷爷的爷爷。④曾:指曾祖父,父亲的爷爷。　⑤祖:即祖父,爷爷。⑥考:指父亲。　⑦曾:指曾孙,儿子的孙子。　⑧玄:指玄孙,孙子的孙子。⑨始祖:最早的祖先。　⑩鼻祖:始祖;初祖。鼻:创始;开端。　⑪远孙:指很远的孙辈。⑫耳孙:泛指远代子孙。　⑬创造:制造;建造。　⑭肯构肯堂:愿意建房屋,愿意打地基,比喻儿子能继承父业。肯:愿意。构:建房子。堂:打地基。　⑮贤:有品德或才能的。⑯是父是子:这个父亲和这个儿子,指父亲和儿子一样都有贤德。是:此;这。　⑰王父:祖父。　⑱严君:指父亲。⑲椿萱:指父母。椿:大椿,传说寿命极长,故代指父亲。萱:萱草,指母亲。　⑳发达:兴盛;兴旺。　㉑兰桂:兰和桂,两者皆有异香,比喻子孙。　㉒腾芳:香气传播。这里比喻兴旺发达。腾:传扬。

【译文】

什么叫五伦?就是君臣、父子、兄弟、夫妇、朋友这五种伦理关系;什么叫九族?指的是高祖父、曾祖父、祖父、父亲、自身、儿子、孙子、曾孙和玄孙。最早的祖先称为鼻祖,远代子孙称为耳孙。父亲和儿子共同建造,叫作"肯构肯堂",即愿意建房屋,愿意打地基;父亲和儿子都有贤德,叫作"是父是子",即这样的父亲和这样的儿子。祖父也称王父,父亲也称严君。父亲和母亲都健在,叫作"椿萱并茂",即椿树和萱草都很茂盛;子孙兴旺发达,叫作"兰桂腾芳",即兰和桂散播着香气。

7.2 桥木①高而仰②,似父之道③;梓(zǐ)木④低而俯,如子之卑。不痴⑤不聋,不作阿家⑥阿翁⑦;得亲⑧顺亲⑨,方⑩可为人为子。盖⑪父愆(qiān)⑫,名为干蛊(gǔ)⑬;育义子⑭,乃曰螟蛉(mínglíng)⑮。

【注释】

①桥木:木名。　②仰:指物体面朝着上方。　③道:事理;规律。　④梓木:落叶乔木,叶子卵形,开淡黄色花。　⑤痴:呆傻;愚笨。　⑥阿家:丈夫的母亲。　⑦阿翁:丈夫的父亲。　⑧得亲:得到父母的欢心。亲:指父母。　⑨顺亲:顺从父母。　⑩方:才。　⑪盖:遮盖;覆盖。　⑫愆:罪过;过失。　⑬干蛊:纠正父亲的弊病。干:匡正;纠正。蛊:弊病。　⑭义子:没有血缘关系而收认为儿子的人。　⑮螟蛉:一种绿色的小虫。古人误以为蜾蠃(guǒluǒ)不产子,喂养螟蛉为子,故用来比喻义子。

【译文】

桥木高大挺拔,好像父亲的样子;梓木低而俯顺,就像儿子一样恭敬。不装傻不装聋,没法做公公婆婆;得到父母的欢心,顺从父母,才能做人做儿子。掩盖父亲的过失,叫作干蛊;养育义子,称为螟蛉。

7.3 生子当如孙仲谋①,曹操②羡孙权之语;生子须如李亚子③,朱温④叹存勖(xù)之词。菽(shū)水⑤承欢⑥,贫士养亲⑦之乐;义方⑧是训,父亲教子之严。绍⑨箕裘(jīqiú)⑩,子承父业;恢⑪先绪⑫,子振⑬家声⑭。具庆下⑮,父母俱存;重庆下⑯,祖父⑰俱在。

【注释】

①孙仲谋:即孙权,字仲谋,吴郡(jùn)富春(今浙江富阳)人。三国时孙吴政权的建立者。　②曹操:字孟德,沛国谯(qiáo)县(今安徽亳〔bó〕州)人。东汉末年曾任丞相,后封魏王。　③李亚子:即后唐庄宗李存勖,小名李亚子。沙陀(tuó)族首领李克用的长子,先世为陇(lǒng)右金城(今甘肃兰州)人。后唐政权的建立者。　④朱温:即后梁太祖,后名晃,宋州砀(dàng)山(今属安徽)人。先参加黄巢(cháo)起义,后背叛起义,代唐称帝。国号大梁,史称后梁。　⑤菽水:豆和水,指晚辈对长辈的供养。　⑥承欢:指侍奉父母。　⑦亲:父母;父或母。　⑧义方:做人的正道,后多指家教。　⑨绍:承继。　⑩箕裘:比喻祖上的事业。箕:簸(bò)箕。裘:皮衣。　⑪恢:扩大;弘扬。　⑫先绪:祖先的功业。　⑬振:显扬。　⑭家声:家族世传的声名美誉。　⑮具庆下:指父母都健在。　⑯重庆下:指祖父母、父母都健在。　⑰祖父:指祖父母和父母。

【译文】

生出的儿子应当像孙仲谋,这是曹操美慕孙权而说的话;生出的儿子应该像李亚子,这是朱温赞叹李存勖而说的话。用豆和水侍奉父母使感到欢喜,这是贫穷的人赡(shàn)养父母获得的快乐;用做人的正道来训导,这是父亲对子女的严格教育。绍箕裘,指的是儿子继承父亲的事业;恢先绪,指的是儿子显扬家族世传的声名美誉。具庆下,指的是父母都健在;重庆下,指的是祖父母和父母都健在。

7.4 燕翼①贻(yí)谋②,乃称③裕后④之祖;克⑤绳⑥祖武⑦,是称象贤之孙⑧。称人有令子⑨,曰麟(lín)趾⑩呈祥⑪;称宦(huàn)⑫有贤郎⑬,曰凤毛⑭济美⑮。弑(shì)⑯父自立,隋杨广⑰之天性何存;杀子媚⑱君⑲,齐易牙⑳之人心奚(xī)㉑在。分甘㉒以娱目㉓,王羲之㉔弄孙㉕自乐;问安㉖惟点颔(hàn)㉗,郭子仪㉘厥(jué)㉙孙最多。

【注释】

①燕翼:燕子庇护其子,比喻善为后代子孙谋划。 ②贻谋:指父祖对子孙的训诲。 ③称:称赞;赞扬。 ④裕后:为后人造福。 ⑤克:能够。 ⑥绳:继承。 ⑦祖武:先人的遗迹、事业。武:步武,足迹。 ⑧象贤之孙:能够效法先贤的子孙。象:效法。 ⑨令子:好儿子。用于称赞他人的儿子。 ⑩麟趾:麟足,麒(qí)麟的脚,比喻子孙昌盛。 ⑪呈祥:呈现祥瑞。 ⑫宦:官;官职。 ⑬郎:对他人之子的敬称。 ⑭凤毛:凤凰的羽毛,比喻他人有才能像父辈的子孙。 ⑮济美:指在以前的基础上使美好的东西发扬光大。 ⑯弑:古代指臣子杀死君主或子女杀死父母。 ⑰杨广:即隋炀(yáng)帝,弘农华阴(今属陕

西)人,隋文帝的次子。初封晋王,后杀隋文帝自立为帝。在位期间,开掘运河,大兴土木,并发动对高丽的战争,使民不聊生。　⑱媚:巴结;有意讨好别人。　⑲君:国君;君主。⑳易牙:齐桓公时的大臣,曾把自己的儿子烹煮后给齐桓公吃。㉑奚:哪里。　㉒分甘:把美味的食物分给别人,比喻慈爱、关切等。甘:美味的食物。　㉓娱目:悦目,愉悦眼目。㉔王羲之:字逸少,琅玡(lángyá)临沂(yí,今属山东)人。官至右军将军、会稽内史,人称王右军。其书法博采众长,自成一家,对后世影响极大。　㉕弄孙:逗玩孙儿。　㉖问安:问候尊长起居。　㉗点颔:点头。颔:下巴颏(kē)。㉘郭子仪:华州郑县(今陕西华县)人。安史之乱时,他收复长安、洛阳,又击退吐蕃(bō)。曾任太尉、中书令。唐德宗时被尊为"尚父"。　㉙厥:他的。

【译文】

"燕翼贻谋",即善于把好的谋划传给后代子孙,这是赞美为后人造福的祖先;"克绳祖武",即能够继承先人的事业,这是称赞效法先贤的子孙。称赞别人有好儿子,就说麟趾呈祥;称赞官员有贤能的儿子,就说凤毛济美。隋朝的杨广杀死父亲后自立为帝,他的善良天性在哪里;齐国的易牙把儿子杀死后烹煮成食物献给齐桓公,他的人心又在哪里。王羲之把美味的食物分给儿孙以愉悦眼目,这是他逗玩孙儿而自得其乐;当孙子们前来问候起居时,郭子仪只是点头而已,这是因为他的孙子太多了。

7.5　和丸①教子,仲郢(yǐng)②母之贤;戏彩娱亲③,老莱(lái)子④之孝。毛义⑤捧檄(xí)⑥,为亲⑦之存;伯俞⑧泣杖⑨,因母之老。慈母望子,倚门倚闾(lú)⑩;游子⑪思亲,陟岵(zhìhù)⑫陟屺(qǐ)⑬。爱无差等⑭,曰兄子如邻子;分⑮有相同,曰吾翁⑯即若⑰翁。

【注释】

①和丸:指唐代柳仲郢的母亲把熊胆和成丸,让他晚上读书时吃了提神。　②仲郢:即柳仲郢,字谕(yù)蒙,京兆华原(今陕西铜川市耀州区东南)人。曾任京兆尹、天平军节度使等。　③戏彩娱亲:指老莱子身穿五色斑斓(lán)的衣服,在父母面前像孩童一样戏闹,以使他们高兴。　④老莱子:东周时的隐士。　⑤毛义:东汉时庐江人,以孝著称。　⑥檄:文体名。古代官府用于征召、晓谕、声讨的文书。　⑦亲:指母亲。　⑧伯俞:即韩伯俞,汉朝人。　⑨泣杖:母亲用杖责罚时哭泣。　⑩倚门倚闾:形容父母盼儿女归来的迫切心情。闾:里巷的大门。　⑪游子:离家远游的人。　⑫陟岵:登上多草木的山,指思念父亲。陟:从低处向高处走。岵:多草木的山。　⑬陟屺:登上不长草木的山,指思念母亲。屺:不长草木的山。　⑭差等:等级;差别。　⑮分:名分;位分。　⑯翁:父亲。　⑰若:你(的)。

【译文】

柳仲郢的母亲十分贤惠,她把熊胆和成丸,让儿子晚上读书时吃了提神;老莱子十分孝顺,他穿上五色斑斓的衣服像孩童一样戏闹,以让父母高兴。毛义装出高兴的样子接受任命的文书,是因为他的母亲还健在;韩伯俞在母亲用杖打他时哭泣不止,是因为他发现母亲已老,打他时没有以前那样有力气。慈祥的母亲盼望儿子归来,就说"倚门倚闾",即倚着家门或里巷的大门等你回来;离家远游的人思念父母,就说"陟岵陟屺"即登上多草木的山远望父亲或登上不长草木的山远望母亲。爱没有差别,就说兄长的儿子与邻居的儿子一样;名分完全相同,就说我的父亲就是你的父亲。

7.6 长男①为主器②,令子③可克家④。子光前⑤曰充闾(lú)⑥,子过父⑦曰跨灶⑧。宁馨(xīn)⑨、英畏⑩,皆是羡人之儿;国器⑪、掌珠⑫,悉是称人之子。可爱者,子孙之多,若螽(zhōng)斯⑬之蛰(zhé)蛰⑭;堪⑮羡者,后人之盛,如瓜瓞(dié)⑯之绵绵⑰。

【注释】

①长男:长子,排行最大的儿子。 ②主器:指太子,也泛指人的长子。古代国君的长子主宗庙的祭(jì)器,故称。器:祭器。 ③令子:好儿子。用于称赞他人的儿子。 ④克家:承担家事。也指继承家业。 ⑤光前:指功业远胜前人。 ⑥充闾:光大门户。闾:里巷的大门。 ⑦过父:超过父亲。 ⑧跨灶:指儿子胜过父亲。 ⑨宁馨:即宁馨儿,对小孩的美称。 ⑩英畏:待考。一说指英俊可畏。 ⑪国器:旧指有能力治国的人才。 ⑫掌珠:即掌上明珠,指极受父母钟爱的儿女。 ⑬螽斯:昆虫,绿色或褐(hè)色,触角呈丝状,善于跳跃。 ⑭蛰蛰:众多的样子。 ⑮堪:能;可以。 ⑯瓜瓞:比喻子孙繁衍(yǎn),相继不绝。瓞:小瓜。 ⑰绵绵:连续不断的样子。

【译文】

长子负责宗庙的祭器,好儿子能继承家业。儿子的功业胜过前人,叫作充闾;儿子超过父亲,叫作跨灶。宁馨、英畏,都是羡慕别人的儿子有出息;国器、掌珠,都是称赞他人的儿女。令人欢喜的,是子孙像螽斯那样众多;令人羡慕的,是后代子孙像瓜瓞那样繁衍不绝。

八、兄弟

【题解】

本节分为四段,讲述了兄弟相亲的重要性,主要包含以下三个方面的内容:

1. 指出"世间最难得者兄弟",兄弟关系比朋友关系还重要,因此,要求人们珍惜这难得的兄弟关系。

2. 介绍了一些与兄弟关系相关的成语、典故及其含义,如"玉昆金友""棠棣（dì）竞秀""兄弟阋（xì）墙""天生羽翼"等。

3. 列举了历史上处理兄弟关系的一些典型例子,正面的有东汉时的元方、季方兄弟被称为难（nán）兄难弟,东汉时的荀氏兄弟被称为八龙,宋朝皇帝赵匡胤（yìn）为弟弟灼艾分痛；反面的有西汉的汉文帝与其兄弟淮南厉王互相争斗,三国时魏国皇帝曹丕试图把弟弟曹植处死；值得深思的则是西周时周公的兄弟发动叛乱,周公被迫东征,大义灭亲。

8.1　天下无不是①底②父母,世间最难得者兄弟。须贻（yí）③同气④之光,毋⑤伤手足⑥之雅⑦。玉昆金友⑧,羡兄弟之俱贤⑨;伯埙（xūn）仲篪（chí）⑩,谓声气⑪之相应。兄弟既翕(xī)⑫,谓之花萼(è)⑬相辉⑭;兄弟联芳⑮,谓之棠棣(dì)⑯竞秀⑰。患难相顾⑱,似鹡鸰(jílíng)⑲之在原⑳;手足分离,如雁行㉑之折翼㉒。

【注释】

①是:正确。 ②底:的。 ③贻:遗留。 ④同气:有血缘关系的亲属,指兄弟姐妹。 ⑤毋:不要。 ⑥手足:比喻兄弟。 ⑦雅:交情;情谊。 ⑧玉昆金友:兄弟的美称。玉昆:即昆玉,昆仑山的美玉,用作对别人兄弟的美称。金友:益友;良友。 ⑨贤:有品德或才能的。 ⑩伯埙仲篪:大哥吹埙,小弟吹篪,比喻兄弟和睦。伯、仲:古代以伯、仲、叔、季表示兄弟之间的顺序。埙:一种吹奏乐器,椭圆形,有一至十几个音孔,多用陶土烧制而成。篪:古代一种竹管乐器,形状像笛子,有八个孔。 ⑪声气:声音气息,指朋友间共同的志趣和爱好。 ⑫翕:和合;聚合。 ⑬花萼:花的组成部分之一,由若干萼片组成,包在花瓣(bàn)外面。因萼和花同生一枝,且有保护花瓣的作用,故用来比喻兄弟或兄弟间和睦友爱的情谊。 ⑭辉:照耀;映射。 ⑮联芳:指共同有美誉。 ⑯棠棣:木名,即郁李,一种灌木类植物。因《诗经·小雅》中有《常(也作"棠")棣》一诗,用来讲述兄弟友爱,故后以"棠棣"指兄弟。 ⑰竞秀:争相开花。秀:花卉(huì)开花。 ⑱顾:照顾。 ⑲鹡鸰:鸟,体小,尾巴较长,生活在水边。种类较多。因《诗经·小雅·常棣》中有"脊令(即'鹡鸰')在原,兄弟急难"一句,故后以"鹡鸰"比喻兄弟。 ⑳原:宽广平坦之地。 ㉑雁行:大雁飞行。因

《礼记·王制》中有"兄之齿雁行"（意即与兄辈同行要并行稍后）一句,故后用"雁行"比喻兄弟。　　㉒折翼:折断翅膀。

【译文】

天下没有不正确的父母,世上最难得的是兄弟关系。要保留兄弟间的恩情,不要伤了兄弟间的情谊。"玉昆金友"即昆仑山美玉般的良友,是美慕兄弟都很贤能;"伯埙仲篪"即大哥吹埙,小弟吹篪,指的是声音气息互相应合。兄弟间和睦地聚在一起,叫作"花萼相辉"即花和萼互相辉映;兄弟同时有美誉,叫作"棠棣竞秀"即棠棣争相开花。患难时互相照顾,就像原野上的鹡鸰;兄弟相分离,就像飞行的大雁折断了翅膀一样。

8.2 元方①、季方②俱盛德③,祖太丘④称为难(nán)弟难兄⑤;宋郊⑥、宋祁(qí)⑦俱中元⑧,当时人号为大宋小宋。荀氏兄弟⑨,得八龙之佳誉;河东伯仲⑩,有三凤之美名。

【注释】

①元方:即陈纪,字元方,颍(yǐng)川许(今河南许昌)人。东汉名士。汉献帝时任大鸿胪(lú)。　　②季方:即陈谌(chén),字季方。陈纪的弟弟。　　③盛德:品德高尚。　　④太丘:即陈寔(shí),字仲弓。曾任太丘县长。后隐居不仕。　　⑤难弟难兄:做弟弟不容易,做哥哥也不容易。　　⑥宋郊:即宋庠(xiáng),初名郊,字公序,安州安陆(今属湖北)人。宋仁宗时获进士第一名,曾任宰相。　　⑦宋祁:字子京,宋郊的弟弟。曾任翰林学士等职。　　⑧中元:高中,科举考试被录取。　　⑨荀氏兄弟:指东汉时荀淑的八个儿子。荀淑字

季和,颖川颖阴(今河南许昌)人。汉安帝时曾任郎中、当涂长等。 ⑩河东伯仲:指唐代的薛收和他的族兄薛德音、侄子薛元敬。河东:古地区名。战国、秦汉时指今山西西南部,唐以后指山西全省。伯仲:指兄弟。

【译文】

元方、季方都有高尚的道德,祖父陈太丘称他们为难弟难兄;宋郊和宋祁都考中了进士,当时的人称他们为大宋小宋。东汉荀淑的八个儿子有"八龙"的美称,唐代河东的薛收、薛德音、薛元敬有"三凤"的美名。

8.3 东征①破斧②,周公③大义灭亲④;遇贼争死,赵孝⑤以身代弟。煮豆燃萁(qí)⑥,谓其相害⑦;斗(dǒu)粟尺布⑧,讥其不容⑨。兄弟阋(xì)墙⑩,谓兄弟之斗狠⑪;天生羽翼⑫,谓兄弟之相亲。

【注释】

①东征:指周朝初年,周公的弟弟管叔、蔡叔联合武庚发动叛乱,周公率兵东征,平定叛乱。 ②破斧:战斧破损,比喻战争付出的代价。 ③周公:周初政治家。姓姬(jī),名旦。周文王的儿子,周武王的弟弟。曾协助周武王灭商。相传他制礼作乐,为周朝建立了一套典章制度。 ④大义灭亲:为了维护正义,用国法制裁违反国家和人民利益的亲人。这里指周公东征胜利后,杀死管叔,放逐蔡叔。 ⑤赵孝:字长平,沛国蕲(qí,今安徽宿州)人。他的弟弟赵礼被饥饿的人群抓住,准备杀死后作为食物,赵孝表示愿意以身代弟。汉明帝时任谏

(jiàn)议大夫、卫尉等职。　　⑥萁：豆子的秸(jiē)秆。⑦相害：自相残害。　　⑧斗粟尺布："一尺布，尚可缝；一斗粟，尚可舂(chōng)"的略语，意即一尺布可以缝成衣服共同来穿，一斗粟可舂后共同食用。　　⑨不容：不能相容。⑩阋墙：在墙内争斗。阋：争吵；争斗。　　⑪斗狠：以狠争胜，指斗殴(ōu)。　　⑫天生羽翼：比喻团结友爱的兄弟。羽翼：鸟类的翅膀。

【译文】

周公东征，经过艰苦的战斗，最终平定叛乱，并为了国家利益杀死发动叛乱的弟弟管叔；赵孝的弟弟被强盗抓住，面临生命危险，赵孝主动要求代替弟弟去死。"煮豆燃萁"即燃烧豆子的秸秆来煮豆，指的是兄弟之间互相残害；"斗粟尺布"即一斗粟舂后可共同食用，一尺布缝成衣服可共同来穿，用来讽刺兄弟之间不能相容。兄弟阋墙，指的是兄弟间互相斗殴；天生羽翼，是指兄弟间团结友爱。

8.4　姜家①大被以同眠，宋君②灼艾③而分痛。田氏④分财，忽瘁(cuì)⑤庭前之荆树⑥；夷⑦齐⑧让国⑨，共采首阳⑩之蕨薇(juéwēi)⑪。虽曰安宁之日，不如友生⑫；其实凡今⑬之人，莫如兄弟。

【注释】

①姜家：指东汉时的姜肱(gōng)与弟弟仲海、季江。兄弟三人常常睡在一起，上盖大被。　　②宋君：指宋太祖赵匡胤(yìn)。宋朝的建立者。公元960年发动陈桥兵变后称帝，先后攻灭了后蜀、南汉、南唐等国。　　③灼艾：烧艾绒熏(xūn)

灸人体的一定穴位。　④田氏：指汉代的田真与弟弟田庆、田广三人。因他们准备分家，堂前的一棵紫荆树突然死去。　⑤瘁：枯槁；憔悴(qiáocuì)。　⑥荆树：指紫荆，落叶乔木或灌木，叶圆心形，春天开红紫色花。　⑦夷：指伯夷，相传姓墨胎氏，名允，字公信，商朝末年孤竹国(今河北龙南)人，是孤竹国君的长子。　⑧齐：指叔齐，伯夷的弟弟，名致，字公达。　⑨让国：推让国君之位。指孤竹君想把君位传给叔齐，叔齐把它让给伯夷，伯夷因不愿接受而逃走，叔齐也跟着逃走。　⑩首阳：山名。在今山西永济市南，即雷首山。⑪蕨薇：蕨与薇，都是野菜。蕨是多年生草本植物，嫩叶可食。薇也是多年生草本植物，古书上指巢(cháo)菜。　⑫友生：朋友。　⑬凡今：如今；当今。

【译文】

姜肱兄弟三人盖着大被子睡在一起，宋太祖在给弟弟赵光义做艾灸时同时灸自己以分担痛苦。田真三兄弟要分家，庭前的紫荆树突然枯槁；伯夷和叔齐推让国君之位，并一起在首阳山采蕨和薇当食物。虽然说平安无事的时候，兄弟不如朋友亲密；其实当今的人中，最亲密的还是兄弟。

九、夫妇

【题解】

本节分为五段,讲述了夫妻相处之道,主要包含以下三个方面的内容:

1. 论述了夫妻结合正如阴阳和合使万物得以生长,夫妻关系是家庭关系的基础。处理好夫妻关系的根本,在于丈夫要注重道德修养,因为"身修而后家齐,夫义自然妇顺"。

2. 介绍了与夫妻关系相关的一些词、成语和典故,如"结发""续弦""如鼓瑟(sè)琴""河东狮吼""不弃糟糠"等,并说明了它们的含义和用法。

3. 列举了历史上夫妻关系和睦的一些典型例子,如梁鸿与孟光举案齐眉,郤(xì)缺夫妻相敬如宾,张敞为妻画眉;称赞了一些贤惠的妻子,如鲍宣之妻"提瓮出汲(jí)",齐御之妻"窥御激夫",董氏为夫守贞。对那些不顾夫妻情义的人和行为则明确予以谴责,如"可怪者买臣之妻,因贫求去","杀妻求将,吴起何其忍心!"

9.1 孤阴①则不生,独阳②则不长,故天地配以阴阳③;男以女为室④,女以男为家⑤,故人生偶⑥以夫妇。阴阳和⑦而后雨泽⁸降,夫妇和而后家道⁹成。

【注释】
①孤阴:只有阴没有阳。　②独阳:只有阳没有阴。
③阴阳:我国古代哲学指宇宙中贯通物质和人事的两大对立面。　④室:妻子。　⑤家:丈夫。　⑥偶:婚配。
⑦和:和谐;协调。　⑧雨泽:雨水。　⑨家道:成家之道。指家庭赖以成立与维持的规则和道理。

【译文】
只有阴而没有阳,事物就不会产生;只有阳而没有阴,事物就不会生长,所以天地间以阴阳相配;男子以女子为妻子,女子以男子为丈夫,所以人人都要结成夫妻。阴与阳和谐协调,雨水才会落下;夫和妻和谐协调,家庭之道才会确立。

9.2　夫谓妻曰拙荆①,又曰内子②;妻称夫曰槁砧(gǎozhēn)③,又曰良人④。贺人娶妻曰荣偕(xié)⑤伉俪(kànglì)⑥,留物与妻曰归遗(wèi)⑦细君⑧。受室⑨即是娶妻,纳宠⑩谓人娶妾⑪。正妻⑫谓之嫡(dí)⑬,众妾谓之庶(shù)⑭。称人妻曰尊夫人,称人妾曰如夫人⑮。

【注释】
①拙荆:谦称自己的妻子。　②内子:称自己的妻子。
③槁砧:妇女称丈夫的隐语。古代判处死刑,有罪的人垫草伏于砧板上,用铁(fū)斩杀,因铁与夫同音,故称。　④良人:古代女子对丈夫的称呼。　⑤偕:谐和。　⑥伉俪:夫

妻。　⑦归遗:赠送。归:通"馈(kuì)",赠送。遗:馈赠。
⑧细君:妻的通称。　⑨受室:娶妻子。　⑩纳宠:纳妾;娶妾。　⑪妾:旧时男子娶的妻子以外的女子。　⑫正妻:嫡妻,相对于妾而言。　⑬嫡:正妻。　⑭庶:宗族的旁支。　⑮如夫人:原指同于夫人,后用来称妾。

【译文】

丈夫称妻子为拙荆,又称内子;妻子称丈夫为稾砧,又称良人。祝贺别人娶妻子就说荣偕伉俪,把东西留给妻子叫作归遗细君。受室就是娶妻子,纳宠指别人娶妾。正妻称为嫡,各位妾称为庶。称他人的妻子为尊夫人,称他人的妾为如夫人。

9.3　结发①系是初婚,续弦②乃是再娶。妇人重婚③曰再醮(jiào)④,男子无偶⑤曰鳏(guān)居⑥。如鼓⑦瑟(sè)琴⑧,夫妇好合⑨之谓;琴瑟不调⑩,夫妻反目⑪之词。牝(pìn)鸡司晨⑫,比妇人之主事;河东狮吼⑬,讥男子之畏妻。杀妻求将,吴起⑭何其忍心⑮;蒸藜(lí)出妻⑯,曾子⑰善全⑱孝道⑲。

【注释】

①结发:原指成婚。据古礼,新婚之夜,男左女右共髻(jì)束发,故称。后也指原配。　②续弦:指再次娶妻。因古代以琴瑟比喻夫妻,丧妻称为断弦,故以续弦指再娶。　③重婚:再次结婚。　④再醮:指女子再嫁。古代行婚礼时,父母给子女酌(zhuó)酒的仪式称为醮,故以再婚为再醮。
⑤偶:配偶。　⑥鳏居:指独身无妻子。鳏:成年无妻或丧

妻的人。　⑦鼓：弹奏（乐器）。　⑧瑟琴：瑟与琴，比喻夫妻间感情和谐。因《诗经·小雅·常棣（dì）》中有"妻子好合，如鼓瑟琴"的说法，故有此喻。　⑨好合：情投意合。⑩调：协调。　⑪反目：夫妻不和。也泛指翻脸、不和。⑫牝鸡司晨：母鸡报晓，旧时贬喻女性掌权。牝鸡：母鸡。司晨：指雄鸡报晓。　⑬河东狮吼：比喻凶悍易妒的妻子发怒。河东：见8.2注⑩。　⑭吴起：见6.1注⑮。　⑮忍心：狠心。　⑯蒸藜出妻：孔子弟子曾参（shēn）因为妻子蒸藜羹（gēng）不熟而把她休掉。藜：一年生草本植物，嫩叶可食用，也叫灰菜、灰藋（diào）；有的本子作"梨"。出妻：休弃妻子。⑰曾子：见2.8注⑯。　⑱全：成全。　⑲孝道：以孝为本的理法规范。

【译文】

结发指的是初次结婚，续弦指的是再次娶妻。妇女再次结婚叫作再醮，成年男子没有配偶叫作鳏居。如鼓瑟琴，说的是夫妻情投意合；琴瑟不调，指夫妻不和。"牝鸡司晨"即母鸡报晓，比喻女子掌权；"河东狮吼"即河东地区的狮子吼叫，用来讥嘲男子害怕妻子。吴起为了担任鲁国的将领而杀死自己的齐国妻子，多么狠心；曾子因为妻子蒸藜羹不熟而把她休掉，可以说是善于成全孝道。

9.4　张敞①为妻画眉，媚态②可哂（shěn）③；董氏④对夫封发⑤，贞节⑥堪⑦夸。冀⑧郤（xì）缺⑨夫妻，相敬如宾⑩；陈仲子⑪夫妇，灌园⑫食力⑬。不弃糟糠⑭，宋弘⑮回光武⑯之语；举案齐眉⑰，梁鸿⑱配孟光⑲之贤。苏蕙（huì）⑳织回文㉑，乐昌㉒分破镜㉓，是夫妇之生离㉔；张瞻炊臼梦㉕，庄子㉖鼓盆歌㉗，是夫妇之死别㉘。

【注释】

①张敞：字子高，西汉河东平阳(今山西临汾西南)人。曾任京兆尹、太原太守等。　②媚态：巴结、讨好别人的姿态。这里指取悦妻子的姿态。　③哂：讥笑。　④董氏：指唐代贾直言的妻子，姓董。　⑤封发：把头发包封起来。　⑥贞节：指女子不失身、不改嫁的道德。　⑦堪：能；可以。　⑧冀：古国名。在今山西河津市，春秋时为晋所并，作为郤氏食邑(yì)。　⑨郤缺：春秋时晋国人。因先人食采邑于郤、冀，所以叫冀缺、郤缺或郤成子。晋成公时任中军元帅，执晋政。　⑩相敬如宾：形容夫妻互相尊敬像对待宾客一样。　⑪陈仲子：即陈仲，战国时齐国人，一称田仲，名子终，号於(yú)陵子仲。以廉洁闻名于世。　⑫灌园：浇灌园圃(pǔ)。也比喻从事田园劳动，退隐家居。　⑬食力：靠劳动生活。　⑭糟糠：酒滓(zǐ)、谷皮等粗劣的食物。也称曾经共患难的妻子。　⑮宋弘：字仲子，京兆长安(今陕西西安)人。光武帝刘秀时任太中大夫、大司空。　⑯光武：指光武帝刘秀。东汉王朝的建立者。字文叔，南阳蔡阳(今湖北枣阳西南)人。　⑰举案齐眉：把托盘举得与眉毛的高度相齐。案：古代的木托盘。　⑱梁鸿：字伯鸾(luán)，东汉时扶风平陵(今陕西咸阳)人。博学，隐居不仕。　⑲孟光：梁鸿的妻子。长相丑陋，很贤惠。　⑳苏蕙：字若兰，晋代始平(今陕西兴平西)人。善辞赋。　㉑回文：指回文诗。按一定方式排列、回环往复均可读的诗。　㉒乐昌：指乐昌公主，南朝陈后主的妹妹，太子舍人徐德言的妻子。　㉓破镜：把镜子分为两半。

㉔生离：很难再见的离别。　㉕张瞻炊臼梦：商人张瞻梦见在石臼中做饭。做饭应在釜(fǔ，即锅)中，今在臼中做，说明无釜，釜与妇谐音，故认为此梦为失去妇(即妻子)之兆。后以"炊臼"比喻丧妻。　㉖庄子：名周，宋国蒙(今河南商丘东北)人。战国时道家的代表人物，主要思想保存在《庄子》一书中。　㉗鼓盆歌：敲着瓦缶(fǒu)唱歌。　㉘死别：永久的离别。

【译文】

张敞给妻子画眉，这种取悦妻子的姿态让人讥笑；董氏在丈夫面前把头发包封起来，她的贞节值得夸赞。郤缺和他的妻子互相尊敬，像对待宾客一样；陈仲子和他的妻子通过自己灌溉园圃来谋生。不抛弃曾经共患难的妻子，这是宋弘回答光武帝的话；把托盘举得与眉毛的高度相齐，这是梁鸿所娶的贤惠妻子孟光的举动。苏蕙在锦上织回文诗，乐昌公主分得半块镜子，这说的是夫妻分别后很难再见；张瞻梦见在石臼中做饭，庄子敲着瓦缶唱歌，这说的是夫妻之间永久别离。

9.5　鲍宣之妻①，提瓮②出汲(jí)③，雅④得顺从之道；齐御⑤之妻，窥⑥御激⑦夫，可称内助⑧之贤。可怪者买臣⑨之妻，因贫求去，不思覆水难收⑩；可丑⑪者相如之妻⑫，夤(yín)夜⑬私奔，但⑭识丝桐有意⑮。要知身修⑯而后家齐⑰，夫义⑱自然妇顺⑲。

【注释】

①鲍宣之妻：姓桓，名少君。出身富贵，不嫌鲍宣贫穷，受到称

赞。鲍宣:字子都,渤海高城(今河北盐山东南)人。汉哀帝时任司隶校尉等职。　②瓮:汲水用的陶制盛器,口小腹大。　③汲:从低处往上打水。　④雅:甚;很。　⑤齐御:齐国的一个驾驭车马的人。御:驭手;驾驭车马的人。　⑥窥:从夹缝、小孔或隐蔽处偷看。也泛指观看。　⑦激:激发;激励。　⑧内助:指妻子。　⑨买臣:即朱买臣,字翁子,西汉吴县(今属江苏)人。出身贫困。汉武帝时任会稽太守、主爵(jué)都尉等。　⑩覆水难收:泼出去的水难以再收回来。　⑪丑:羞耻;惭愧。　⑫相如之妻:指司马相如的妻子卓文君。蜀中富人卓王孙的女儿,丈夫死后与司马相如私奔。相如:指司马相如,字长卿,西汉蜀郡(jùn)成都(今属四川)人。工辞赋。汉武帝时以中郎将身份出使西南夷。　⑬夤夜:深夜。　⑭但:只。　⑮丝桐有意:指司马相如所弹的琴曲中有追求卓文君之意。丝桐:指琴。古人削桐木为琴,练丝为弦,故称。　⑯身修:身心得到修养。　⑰家齐:家庭得到治理。　⑱义:正义,公正合宜的道理或行为。　⑲顺:服从;依从。

【译文】

鲍宣的妻子出身富贵,却提着水罐亲自去汲水,十分符合女子的顺从之道;齐国宰相晏婴的马车夫的妻子,看到丈夫不恰当的表现后激励丈夫,称得上是贤内助。应该受到责怪的是朱买臣的妻子,因为看到丈夫贫穷就与他离婚,却不想想泼出去的水难以收回;应该感到羞愧的是司马相如的妻子卓文君,她深夜与司马相如私奔,只想到司马相如的琴声中对自己有追求之意。要知道只有先把身心修养好,家庭才能得到治理;丈夫持守正义,妻子自然就会和顺。

十、叔侄

【题解】

本节分为两段,是《幼学琼林》中篇幅最短的一节,主要包含以下两个方面的内容:

1. 介绍了对叔父、侄子的不同称呼,如诸父、亚父都是称叔父,犹子、比儿、兰玉都是称侄子,竹林用来指叔侄关系;吾家龙文、吾家千里驹(jū)则是在特殊场合下对侄儿的称呼。

2. 列举了历史上发生在叔侄间的几则故事,如晋代的邓伯道为了保护侄儿而舍弃自己的儿子,唐代的柳公绰(chuò)对待叔父像亲生父亲一样,唐代卢迈的侄儿像亲生儿子一样对待卢迈,说明了道义比亲情更为重要的道理。

10.1 曰诸父①,曰亚父②,皆叔父③之辈;曰犹子④,曰比儿⑤,俱侄儿⑥之称。阿大⑦、中郎⑧,道韫(yùn)⑨雅称⑩叔父;吾家龙文⑪,杨素⑫比美⑬侄儿⑭。乌衣⑮诸郎君⑯,江东⑰称王谢⑱之子弟;吾家千里驹(jū)⑲,苻(fú)坚⑳羡㉑苻朗㉒为侄儿。

【注释】

①诸父：伯父和叔父。　②亚父：敬称，表示仅次于父亲。　③叔父：通称父亲的弟弟。　④犹子：指侄子。　⑤比儿：侄儿。　⑥侄儿：弟兄或其他同辈男性亲属的儿子。　⑦阿大：指谢尚，东晋名臣谢安叔父谢鲲（kūn）的儿子，因谢鲲只生此一子，故称。　⑧中郎：指谢安的二哥谢据，因老二居中，故称。　⑨道韫：即谢道韫，谢安的侄女。　⑩雅称：美称。　⑪龙文：骏马名，比喻才华出众的子弟。　⑫杨素：应作杨昱（yù），字元晷（guǐ），弘农华阴（今属陕西）人。北魏时曾任黄门侍郎、徐州刺史等职。　⑬比美：媲（pì）美，指美好的程度相当。　⑭侄儿：这里指杨愔（yīn），字遵彦，弘农华阴（今属陕西）人。北齐时曾任尚书令，封王。　⑮乌衣：指乌衣巷。地名。在今南京市秦淮河南。三国吴时在此置乌衣营，以士兵皆穿乌衣而得名。东晋时王、谢等显贵望族都住在这里。后称王、谢两族的子弟为"乌衣郎"。　⑯郎君：通称贵家子弟。　⑰江东：见6.1注⑬。　⑱王谢：六朝望族王氏、谢氏的并称。　⑲千里驹：少壮的骏马，比喻能力强的少年人才。　⑳苻坚：见6.4注⑦。　㉑羡：羡慕。　㉒苻朗：字元达，苻坚从兄之子。曾任青州刺史、员外散骑侍郎等。

【译文】

诸父、亚父，都是对伯父或叔父的称呼；犹子、比儿，都是对侄子的称呼。阿大、中郎，是谢道韫对叔父的美称；"吾家龙文"即我家的骏马，是杨昱对侄儿杨愔的赞美之词。乌衣郎，是江东人对王、谢两族子弟的称呼；吾家千里驹，是苻坚对侄子苻朗的称美之词。

10.2 竹林①,叔侄之称;兰玉②,子侄之誉。存侄弃儿,悲伯道③之无后④;视叔犹父,羡⑤公绰(chuò)⑥之居官⑦。卢迈⑧无儿,以侄而主身之后⑨;张范⑩遇贼,以子而代侄之生。

【注释】

①竹林:比喻叔侄关系。因"竹林七贤"中的阮籍和阮咸为叔侄关系,故有此喻。　②兰玉:芝兰玉树,比喻优秀的子弟。　③伯道:即邓攸。见5.9注⑧。　④无后:没有后代。邓攸曾为保全侄子而抛弃儿子,之后便没有再生孩子。　⑤羡:羡慕。　⑥公绰:即柳公绰,字起之,唐时京兆华原(今陕西铜川市耀州区东南)人。官至兵部尚书。　⑦居官:做官。　⑧卢迈:字子玄,范阳(今河北涿〔zhuō〕州)人。唐德宗时曾任宰相。　⑨身之后:即身后、死后。　⑩张范:字公仪,河内修武(今河南获嘉)人。曹操时任议郎。

【译文】

竹林,是对叔侄的称呼;兰玉,是对子侄的美称。邓伯道为了救侄子而抛弃儿子,令人叹息的是他竟然绝了后;柳公绰身居高位,对待叔父就像对待父亲一样。卢迈没有儿子,他认为侄子会像儿子一样处理他的死后之事;张范遇到盗贼,提出用儿子来换取侄子的性命。

十一、师生

【题解】

本节分为三段,讲述了关于师生关系的知识,主要包含以下两个方面的内容:

1. 介绍了反映师生关系或与古代教学相关的一些词、成语和典故,如教馆指在私塾(shú)教书,又称为设帐、振铎(duó)、糊口、舌耕;教师称为西宾;教师的工资称为束脩(xiū);未能在某人门下当学生,就称为宫墙外望;等等。

2. 列举了中国历史上一些著名的老师,如孔子、马融、杨震、贺循。介绍了几位尊师好学的学生,如汉代的苏章,负笈(jí)千里去拜师;宋代的游酢(zuò)和杨时,大雪天站在老师程颐的门前等待他睡觉醒来。

11.1 马融①设绛(jiàng)帐②,前授生徒③,后列女乐④;孔子⑤居杏坛⑥,贤人⑦七十,弟子⑧三千。称教馆⑨曰设帐⑩,又曰振铎(duó)⑪;谦教馆曰糊口⑫,又曰舌耕⑬。师曰西宾⑭,师席⑮曰函丈⑯;学⑰曰家塾(shú)⑱,学俸(fèng)⑲曰束脩(xiū)⑳。

【注释】

①马融:字季长,东汉扶风茂陵(今陕西兴平)人。曾任武都太守、南阳太守等职。精通经学,门徒多达千人。　②绛帐:红色的帐帷(wéi)。　③生徒:学生,门徒。　④女乐:以歌舞为业的女子。　⑤孔子:春秋时期思想家、教育家,儒家学说的创始人。名丘,字仲尼,鲁国陬邑(zōuyì,今山东曲阜〔fù〕)人。自汉以后,他的学说被奉为正统的统治思想,他也被尊为圣人。　⑥杏坛:相传为孔子聚徒讲学的地方。　⑦贤人:有品德或才能的人。　⑧弟子:学生。　⑨教馆:在私塾教书。馆:旧时指私塾。　⑩设帐:指设馆授徒。　⑪振铎:摇铃。古代布施政教时,摇铃以提醒众人。指从事教职。铎:有舌的大铃。　⑫糊口:勉强维持生活。　⑬舌耕:旧时指以授徒讲学谋生。　⑭西宾:指私塾教师。旧时宾位在西,故称。　⑮席:座位;席位。　⑯函丈:原指讲学者与听讲者座席之间相距一丈。后指讲学的座席。　⑰学:学校。　⑱家塾:私塾,中国旧时家族、宗教或教师自己设立的教学机构。　⑲学俸:旧时称教师的薪(xīn)水。　⑳束脩:十条干肉。古代入学时敬师的礼物。后也指学生给老师的酬金。脩:干肉。

【译文】

马融设置红色的帐帷,前面教授学生,后面陈列歌舞的女子;孔子在杏坛上讲学,有三千名学生,其中品德或能力出众的有七十人。在私塾中教书称为设帐,又称为振铎;谦称自己在私塾中教书为糊口,又叫舌耕。老师称为西宾,老师的座席称为函丈;学校称为家塾,学生给老师的酬金称为束脩。

11.2 桃李①在公②门,称人弟子③之多;苜蓿(mùxu)长阑(lán)干④,奉⑤师饮食之薄⑥。冰生于水而寒于水,比学生过⑦于先生;青⑧出于蓝⑨而胜于蓝,谓弟子优于师傅。

【注释】
①桃李:比喻所栽培的后辈或所教的门生。 ②公:对人的敬称。 ③弟子:学生。 ④苜蓿长阑干:这里指盘子里散乱地放着一些苜蓿,作为给教师的饮食。苜蓿:一年或多年生豆科植物。花有黄紫两色,可食用或作饲料。阑干:纵横散乱的样子。 ⑤奉:供应;供养。 ⑥薄:微薄;简陋。 ⑦过:胜过。 ⑧青:指靛(diàn)青,用蓝草浸沤(òu)而成的液体。 ⑨蓝:植物名。有多种,如蓼(liǎo)蓝、木蓝、马蓝等,叶可制蓝色染料。

【译文】
"桃李在公门"即您的门下桃李众多,指的是一个人有很多学生;"苜蓿长阑干"即盘子里散乱地放着一些苜蓿,比喻供给老师的饮食十分简陋。冰由水凝结而成,却比水还要冷,比喻学生胜过老师;靛青是从蓝草中提炼出来的,却比蓝草的颜色更深,指学生比老师优秀。

11.3 未得及门①,曰宫墙外望②;称得秘授,曰衣钵(bō)③真传④。人称杨震⑤为关西⑥夫子⑦,世称贺循⑧为当世儒宗⑨。负笈(jí)⑩千里,苏章⑪从师⑫之殷⑬;立雪程门⑭,游⑮杨⑯敬师之至⑰。弟子⑱称师之善教,曰如坐春风之中;学业感师之造成⑲,曰仰⑳沾㉑时雨之化㉒。

【注释】

①及门:在门下当学生。　②宫墙外望:从外面向高墙里面看,不可能看到墙里面有什么,比喻无法入门当学生。　③衣钵:佛教徒所穿的袈裟(jiāshā)和吃饭用的碗,泛指传授下来的学术、思想、技能等。　④真传:嫡(dí)传,学术、技艺等的正宗传授。　⑤杨震:字伯起,弘农华阴(今属陕西)人。精通经学。汉安帝时任司徒、太尉等。当时有"关西孔子杨伯起"的说法。　⑥关西:古地区名。汉唐等时代泛指函谷关或潼(tóng)关以西的地区。　⑦夫子:特指孔子。见11.1注⑤。　⑧贺循:字彦先,会稽山阴(今浙江绍兴)人。司马睿(ruì)时任光禄(lù)大夫。《晋书·贺循传》中称他为"当世儒宗"。　⑨儒宗:儒者的宗师。　⑩笈:盛书的箱子。　⑪苏章:字孺(rú)文,扶风平陵(今陕西咸阳)人。汉顺帝时任冀州、并州刺史。　⑫从师:跟从老师学习。　⑬殷:深厚;深切。　⑭立雪程门:下雪天在程颐门前站立等候。程:指程颐,北宋著名理学家。　⑮游:指游酢(zuò),字定夫,宋时建州建阳(今属福建)人。受学于程颢(hào)、程颐,晚年任监察御史。　⑯杨:指杨时,字中立,世称龟山先生,南剑将乐(今属福建)人。师事程颢、程颐。宋高宗时曾任工部侍郎兼侍读。　⑰至:真挚(zhì);诚挚。　⑱弟子:学生。　⑲造成:造就;成就。　⑳仰:依靠;依赖。也可理解为敬辞。　㉑沾:熏(xūn)陶;感化。　㉒时雨之化:指对人的教化如同应时的雨水滋润草木。时雨:适时而下的雨水。

【译文】

　　未能在门下当学生,就说"宫墙外望"即从外面向高墙里面望;得到秘密传授,就说获得衣钵真传。人们称杨震为"关西夫子"即关西地区的孔子,世人称贺循为"当世儒宗"即当代儒者的宗师。苏章背着书籍去千里之外求学,足见他跟从老师学习的心情之迫切;游酢和杨时大雪天站在程颐的门前等他睡觉醒来,可见他们尊敬老师之真挚。学生称颂老师善于教诲,就说"如坐春风之中"即就像坐在春风中一样舒畅;感谢老师成就自己的学业,就说"仰沾时雨之化"即像应时的雨水滋润草木一样教化自己。

十二、朋友宾主

【题解】

本节分为七段,讲述了交友和待客之道,主要包含以下三个方面的内容:

1. 介绍了与朋友、宾主交往相关的一些词、成语和典故,如"金兰""丽泽""莫逆""刎(wěn)颈交""入幕之宾""拥彗扫门"等,并说明了它们的含义和用法。

2. 讲述了结交朋友的基本原则,这就是要与志同道合的善人相交,朋友间要肝胆相照。文中列举了不少历史上可以称得上真朋友的例子,如管仲与鲍叔牙、俞伯牙与钟子期、廉颇与蔺(lìn)相如、孙策与周瑜(yú)、陈重与雷义。

3. 讲述了以诚相待的待客之道,如周公握发待士,蔡邕(yōng)倒屣(xǐ)迎宾,陈蕃(fān)设榻(tà)迎徐稚;而汉代的楚王戊待客不诚,手下的宾客便离他而去。

12.1 取善①辅仁②,皆资③朋友;往来交际,迭④为主宾⑤。尔⑥我同心曰金兰⑦,朋友相资⑧曰丽泽⑨。东家⑩曰东主,师傅⑪曰西宾⑫。

【注释】

①善:好处;优点。　②辅仁:帮助培养仁德。仁:对人友爱,有同情心。　③资:依靠。　④迭:更替;轮流。　⑤主宾:主人和客人。　⑥尔:你。　⑦金兰:指牢固深厚的友谊。　⑧资:资助;帮助。　⑨丽泽:两个沼(zhǎo)泽相连,后比喻朋友间互相切磋(cuō)、帮助。　⑩东家:受人雇用或聘请的人对其主人的称呼;佃(diàn)户对租给他土地的地主的称呼。　⑪师傅:老师的通称。　⑫西宾:指私塾(shú)教师。旧时宾位在西,故称。

【译文】

吸取优点,帮助自己培养仁德,都要依靠朋友;往来交际,要轮流当主人和客人。你我同心一意称为"金兰"即像利刃能砍断金属和兰花发出香味一样,朋友互相帮助叫作"丽泽"即两个沼泽连在一起。雇用自己的人称为东主,老师称为西宾。

12.2　父所交游①,尊为父执②;己所共事,谓之同袍③。心志相孚(fú)④为莫逆⑤,老幼相交曰忘年⑥。刎(wěn)颈交⑦,相如⑧与廉颇⑨;总角好⑩,孙策⑪与周瑜(yú)⑫。胶漆相投⑬,陈重⑭之与雷义⑮;鸡黍(shǔ)之约⑯,元伯⑰之与巨卿⑱。

【注释】

①交游:结交的朋友。　②父执:父亲的朋友。执:朋友;至交。　③同袍:泛指朋友、同僚、同学等。　④孚:相应;符合。　⑤莫逆:指彼此志同道合,交情深厚。　⑥忘

年:这里指忘年交,即不拘年龄、行辈,以才德相契的知交。
⑦刎颈交:友谊深挚(zhì)、可以共生死的朋友。刎:杀;割。
⑧相如:即蔺(lìn)相如。战国时赵国人,曾任赵国的上卿。
⑨廉颇:见6.1注⑦。 ⑩总角好:童年时的朋友。总角:指童年。古时儿童束发为两髻(jì),向上分开,形状如角,故称总角。 ⑪孙策:字伯符,孙权之兄。曾任讨逆将军,封吴侯。为三国时孙吴政权的建立奠定了基础。 ⑫周瑜:字公瑾(jǐn),庐江舒(今安徽舒城)人。从小与孙策为友。曾任偏将军、南郡(jùn)太守。 ⑬胶漆相投:比喻情谊极深,亲密无间。胶漆:胶与漆,都是能黏(nián)结的东西。 ⑭陈重:字景公,东汉豫章宜春(今属江西)人。曾任尚书郎、侍御史等。 ⑮雷义:字仲公,东汉豫章鄱(pó)阳(今江西波阳)人。曾任尚书侍郎、南顿令等。 ⑯鸡黍之约:比喻情谊深重,聚会守信。鸡黍:鸡和黍,指待客的饭菜。 ⑰元伯:即张劭(shào),字元伯,东汉汝南人。 ⑱巨卿:即范式,字巨卿,东汉山阳金乡(今属山东)人。曾任荆州刺史、庐江太守。

【译文】
父亲结交的朋友,尊称为父执;自己的同事,称为同袍。心意相投称为莫逆,老年人和少年人交友称为忘年交。"刎颈交"即生死与共的朋友,指的是蔺相如和廉颇的关系;"总角好"即童年时的朋友,指的是孙策与周瑜的关系。"胶漆相投"即像胶和漆一样把物体黏结牢固,指陈重与雷义的情谊极深;"鸡黍之约"即为了几年前的约定而准备饭食,指元伯与巨卿信守约定。

12.3 与善人交,如入芝兰之室①,久而不闻其香;与恶人交,如入鲍鱼之肆②,久而不闻其臭。肝胆相照③,斯④为腹心⑤之友;意气⑥不孚(fú)⑦,谓之口头之交⑧。彼此不合,谓之参(shēn)商⑨;尔⑩我相仇,如同冰炭⑪。

【注释】

①芝兰之室:比喻贤人居住的地方。也指助人从善的环境。芝兰:芷(zhǐ)和兰,均为香草。　②鲍鱼之肆:卖咸鱼的店铺。因鱼常常腐臭,比喻恶人之所或小人聚集的地方。鲍鱼:干鱼。肆:店铺。　③肝胆相照:比喻彼此之间真诚相待。　④斯:乃;才。　⑤腹心:至诚之心。　⑥意气:志趣。　⑦孚:相应;符合。　⑧口头之交:指表面亲密实际上无深厚友谊的交情。　⑨参商:见1.3注㉑。　⑩尔:你。　⑪冰炭:冰块和炭火,比喻互相对立的两种事物。

【译文】

与善良的人交往,就好比进入了种满芷和兰的屋子,时间长了闻不出里面的香味;与恶人交往,就好比进入了卖咸鱼的店铺,时间长了闻不出里面的臭味。"肝胆相照"即以真心相见,才是真诚相交的朋友;"意气不孚"即志趣不相投合,指的是表面亲密实际上无深厚友谊的交情。彼此之间不投合,称之为"参商"即像参星和商星一样不会在天空中同时出现;你我之间互相仇视,就像冰和炭不能相容一样。

12.4 民之失德①,干糇(hóu)②以愆(qiān)③;他山之石,可以攻玉④。落月屋梁⑤,相思⑥颜色⑦;暮云春树⑧,想望⑨丰仪⑩。王阳⑪在位⑫,贡禹⑬弹冠⑭以待荐;杜伯⑮非罪,左儒⑯宁死不徇(xùn)⑰君。

【注释】

①失德:丧失德行。　②干糇:干粮,指普通食品。　③愆:罪过;过失。　④攻玉:把玉石琢(zhuó)磨成器。攻:治理;加工。　⑤落月屋梁:指杜甫《梦李白》诗中的"落月满屋梁"一句,意为屋梁间洒满月光。　⑥相思:彼此想念。　⑦颜色:脸色;面容。　⑧暮云春树:指杜甫《春日忆李白》诗中的"渭北春天树,江东日暮云"一句。　⑨想望:仰慕;思慕。　⑩丰仪:风度仪表。　⑪王阳:即王吉,字子阳,西汉琅玡(lángyá)皋(gāo)虞(今山东即墨东北)人。曾任益州刺史。　⑫在位:居官位;做官。　⑬贡禹:字少翁,西汉琅玡(今山东诸城)人。曾任凉州刺史、御史大夫等。　⑭弹冠:弹去帽子上的灰尘,比喻与自己友善的人推荐自己当官。　⑮杜伯:周宣王时的大夫,因劝谏(jiàn)周宣王而被杀。　⑯左儒:周宣王时的大夫,因劝阻周宣王杀杜伯无效而自杀。　⑰徇:顺从;依从。

【译文】

老百姓如果丧失德行,为了普通的干粮也会发生争执;别的山上的石头,可以用来琢磨玉器。"落月满屋梁"即屋梁间洒满月光,是杜甫思念李白的容貌;"暮云春树"即傍晚的云和春天的树,是杜甫仰慕李白的风度仪表。王阳当了官,贡禹就弹去帽子上的灰尘,等待王阳推荐自己做官;杜伯无罪而被杀,左儒宁可死了也不顺从周宣王。

12.5　分首①判袂(mèi)②,叙别③之辞;拥彗④扫门,迎迓

（yà）⑤之敬。陆凯⑥折梅逢驿（yì）使⑦，聊⑧寄江南一枝春⑨；王维⑩折柳赠行人，遂⑪唱阳关三叠⑫曲。频⑬来无忌⑭，乃云入幕之宾⑮；不请自来，谓之不速之客⑯。

【注释】

①分首：离别。　②判袂：离别。判：分开。袂：衣袖。　③叙别：话别，临别谈心。　④拥彗：拿着扫帚。古人迎接宾客时，常拿着扫帚表示敬意。彗：扫帚。　⑤迎迓：迎接。迓：迎接。　⑥陆凯：字智君，代（今山西大同市北）人。北魏时任给事黄门侍郎、正平太守等。　⑦驿使：传递公文、书信的人。　⑧聊：姑且；暂且。　⑨一枝春：指代表春天气息的一枝梅花。　⑩王维：字摩诘（jié），太原祁（qí，今山西祁县）人。唐时官至尚书右丞。擅长写五言诗。　⑪遂：于是。　⑫阳关三叠：曲调名。又名《渭城曲》。唐代王维写有《送元二使安西》诗，诗中有"西出阳关无故人"一句，此诗后入乐府，作为送别的歌曲，反复诵唱，所以称之为"阳关三叠"。阳关：古关名。在今甘肃敦煌市西南古董滩附近。　⑬频：屡次；多次。　⑭忌：禁忌；忌讳。　⑮入幕之宾：指参与机密的幕僚。入幕：进入帷（wéi）幕，也指充任幕僚。　⑯不速之客：不请自来的客人。速：邀请。

【译文】

分首、判袂，是表示话别的辞；拥彗、扫门，是表示迎接的敬辞。陆凯折下一枝梅花请驿使送给范晔（yè），说姑且把代表江南春讯的梅花寄给你；王维折下柳枝送给远行的人，并写作《送元二使安西》，后来被作为送别的歌曲，反复诵唱，称为"阳关三叠"。可以毫无顾忌地频繁前来的人,称为"入幕之宾"即参与机密的幕僚;不经邀请而自己到来的人,叫作不速之客。

12.6 醴(lǐ)酒①不设,楚王戊②待士③之意怠(dài)④;投辖(xiá)⑤于井,汉陈遵⑥留客之心诚。蔡邕(yōng)⑦倒屣(xǐ)⑧以迎宾,周公⑨握发⑩而待士。陈蕃(fān)⑪器重徐稚⑫,下榻(tà)⑬相延⑭;孔子⑮道遇程生⑯,倾盖⑰而语。

【注释】

①醴酒:甜酒。 ②楚王戊:即刘戊,西汉沛县(今属江苏)人。曾与吴王刘濞(bì)通谋反叛,兵败自杀。 ③士:读书人;儒生。 ④怠:松懈;懈怠。 ⑤辖:插在车轴两端的小铁棍,可使轮子不脱落。 ⑥陈遵:字孟公,西汉杜陵(今陕西西安东南)人。汉哀帝时任郁夷令,王莽时任校尉,后历任河南太守等职。爱喝酒,常常宾客满门。 ⑦蔡邕:字伯喈(jiē),陈留圉(yǔ,今河南杞〔qǐ〕县)人。汉灵帝时任议郎,董卓时任左中郎将。精通经史、天文、音律等。 ⑧倒屣:指急于出迎,把鞋穿倒。屣:鞋。 ⑨周公:见8.3注③。 ⑩握发:指洗头时没有洗完就抓起头发停下。 ⑪陈蕃:字仲举,东汉时汝南平舆(yú,今属河南)人。曾任豫章太守、太尉等职。汉灵帝时任太傅。 ⑫徐稚:字孺(rú)子,东汉时豫章南昌(今属江西)人。隐居不仕。 ⑬下榻:把悬起来的榻放下,指礼遇宾客。榻:狭长而低的床。 ⑭延:聘请;邀请。 ⑮孔子:见11.1注⑤。 ⑯程生:待考。 ⑰倾盖:指乘车在路中相遇,停车而谈,车盖接近。

【译文】

楚王戊在招待穆生时不再为他设置甜酒,说明他对待士人的心意已经懈怠;汉代的陈遵把客人的车辖投入井中,说明他留客的心意十分真诚。蔡邕倒穿着鞋出来迎接宾客,周公手握着还未洗完的头发来接待士人。陈蕃器重徐稚,专门为他设置一张床榻来接待他;孔子在途中遇到程生,两个人停下车来,车盖挨着车盖而交谈。

12.7 伯牙①绝弦②失子期③,更无知音④之辈⑤;管宁⑥割席拒华歆(xīn)⑦,谓非同志⑧之人。分金多与,鲍叔⑨独知管仲⑩之贫;绨(tí)袍⑪垂爱⑫,须贾⑬深怜范叔⑭之窘(jiǒng)。要知主宾联以情⑮,须尽东南之美⑯;朋友合以义⑰,当展⑱切偲(sī)⑲之诚。

【注释】

①伯牙:春秋时楚国人,善弹琴。　②绝弦:断绝琴弦,也比喻失去知音。　③子期:即钟子期,姓钟,名期,子是古代男子的通称。春秋时楚国人。　④知音:通晓音律,比喻知己、同志。　⑤辈:某一范围或类型的人。　⑥管宁:字幼安,魏时北海朱虚(今山东临朐〔qú〕东南)人。曾聚徒讲学三十多年,不愿做官。　⑦华歆:字子鱼,魏时平原高唐(今山东禹城西南)人。曾任御史大夫、太尉等职。　⑧同志:志趣或志向相同。　⑨鲍叔:即鲍叔牙。春秋时齐国大夫,少年时起即与管仲友善。　⑩管仲:即管敬仲,名夷吾,字仲,春秋时颍(yǐng)上(今属安徽)人。齐桓公时任齐国宰相,辅佐齐桓公成为春秋时第一个霸主。　⑪绨袍:用绨做

的袍服。绨：一种光滑厚实的丝织品。 ⑫垂爱：尊长对卑幼者爱重、关怀。 ⑬须贾：战国时魏国大臣。 ⑭范叔：即范雎(jū)，字叔，战国时魏国人。后在秦国任相，封应侯。 ⑮联以情：以感情相联结。 ⑯尽东南之美：都是东南地区的优秀人才。 ⑰合以义：以道义相结交。 ⑱展：展现；显示。 ⑲切偲：即切切偲偲，相互敬重、切磋(cuō)勉励的样子。

【译文】

钟子期去世后伯牙弄断琴弦，因为从此后没有了通晓音律的人；管宁不愿意与华歆一起读书而把座席割开，因为他认为华歆与他的志趣不同。鲍叔牙与管仲一起做生意，分钱时总是多给管仲一些，因为他知道管仲家里很穷；须贾送给范雎一件绨袍表示关怀，因为他十分可怜范雎的窘境。要知道主人与客人之间以感情相联结，必须以都是东南地区的优秀人才为前提；朋友之间以道义相结交，应当展现相互敬重、切磋勉励的诚心。

十三、婚姻

【题解】

本节分为五段,讲述了有关婚姻的一些知识,主要包含以下两个方面的内容:

1. 介绍了与婚姻、婚礼等相关的一些词、成语和典故,如蹇(jiǎn)修、柯(kē)人、冰人、掌判、月老都是指媒人,文定、纳采都是下聘礼的意思,执巾栉(zhì)、奉箕(jī)帚都是女子的自谦之词,金屋贮娇、蓝田种玉、子平之愿等都是涉及婚姻的典故。

2. 列举了几则中国古代男婚女嫁的佳话,如唐高祖李渊因雀屏射目而得贤妻,唐代的郭元振通过绣幕牵丝而得美妻,朱陈村的朱陈两姓世代结为婚姻,等等。

13.1　良缘①由夙(sù)缔②,佳偶③自天成④。蹇(jiǎn)修⑤与柯(kē)人⑥,皆是媒妁(shuò)⑦之号;冰人⑧与掌判⑨,悉⑩是传言之人。礼须六礼⑪之周,好合二姓⑫之好。女嫁曰于归⑬,男婚曰完娶⑭。婚姻论财,夷虏⑮之道;同姓⑯不婚,周礼⑰则然⑱。

【注释】

①良缘:美满的姻缘。　②夙缔:前世缔结。夙:旧的;前世的。　③佳偶:称心如意的配偶。　④天成:上天作成;自然而成。　⑤寒修:传说中伏羲氏的臣子。后指媒人。　⑥柯人:指媒人。柯:斧柄。　⑦媒妁:媒人,说合婚姻的人。　⑧冰人:媒人。　⑨掌判:媒人。　⑩悉:全;都。　⑪六礼:古代婚姻的六种礼仪,即纳采、问名、纳吉、纳征、请期、亲迎。　⑫二姓:指缔结婚姻的男女两家。　⑬于归:出嫁。　⑭完娶:完婚,指男子结婚。　⑮夷虏:指落后的少数民族。夷:我国古代中原地区华夏族对东部各族的总称。虏:古时对北方外族或南方人对北方人的蔑称。　⑯同姓:同一个姓氏的人。　⑰周礼:周代的礼制。也指书名,儒家经典之一,又称《周官》《周官经》。大致为战国时的作品。　⑱则然:这样的规则。

【译文】

美满的姻缘由前世缔结,称心如意的配偶由上天作成。寒修与柯人,都是对媒人的称呼;冰人与掌判,指的都是为男女双方传话的人。婚姻的礼仪应该六礼齐备,这样才能使男女双方结百年之好。女子出嫁叫作于归,男子结婚叫作完娶。根据财物的多少来决定婚姻,这是落后的少数民族的做法;同一个姓的人不能结婚,这是周礼中的规定。

13.2　女家受聘礼①,谓之许缨(yīng)②;新妇谒(yè)③祖先,谓之庙见④。文定⑤纳采⑥,皆为行聘⑦之名;女嫁男婚,谓了⑧子平之愿⑨。聘仪⑩曰雁币⑪,卜妻⑫曰凤占⑬。成婚之日曰星期⁽¹⁴⁾,传命之人曰月老⁽¹⁵⁾。下采⁽¹⁶⁾即是纳币⁽¹⁷⁾,合卺(jǐn)⁽¹⁸⁾系是交杯⁽¹⁹⁾。

【注释】

①聘礼:订婚时,男家向女家下的彩礼。　②许缨:许嫁,同意与对方结婚。缨:五彩的带子。古代贵族女子许嫁后系五彩的带子。　③谒:拜见。　④庙见:古代婚礼规定,妻子进入丈夫家,如果公婆已亡故,则在三个月后去家庙参拜公婆的神位,称为庙见。　⑤文定:指订婚。　⑥纳采:古代婚礼六礼之一,男方向女方送求婚礼物。　⑦行聘:下聘礼。　⑧了:完毕;结束。　⑨子平之愿:指了却子女的婚嫁之事。子平:即向长,字子平,河内朝(zhāo)歌(今河南淇〔qí〕县)人。西汉末年为大司空王邑(yì)的属吏。后游五岳名山,不知所终。　⑩聘仪:聘礼。　⑪雁币:雁与币帛。古代作为婚嫁时的聘礼。　⑫卜妻:占卜把女儿嫁给他人为妻之事。　⑬凤占:即占卜佳偶。也叫凤卜。　⑭星期:指七夕,即民间传说牛郎织女相会的日子。也特指婚期。　⑮月老:传说中主管婚姻的神。也代指媒人。　⑯下采:指把聘礼送往女家。采:指采礼,因婚聘而由男方送给女方的礼物。　⑰纳币:古代婚礼六礼之一,选择日子准备文书,把聘礼送到女家,女家接受礼物后回书,婚姻乃定,称为纳币。　⑱合卺:古代婚礼的一种仪式。剖一瓠(hù)为两瓢(piáo),新婚夫妇各执一瓢,斟(zhēn)酒而饮。后多指成婚。　⑲交杯:旧俗举行婚礼时,用红丝线连接两个酒杯,新婚夫妇各执一杯,同时饮对方杯中的酒。

【译文】

女方家庭接受聘礼,称为许缨;新娘去家庙拜已故公婆的神位,称为庙见。文定、纳采,都是下聘礼的意思;女子出嫁男子结婚,称为"了子平之愿"即了却子平的心愿。男家向女家下的彩礼叫作雁币,占卜把女儿嫁给他人为妻叫作凤占。结婚的日子称为星期,传达男女双方想法的人称为月老。把聘礼送往女家称为纳币,合卺就是喝交杯酒。

13.3 执巾栉(zhì)①,奉箕(jī)帚②,皆女家自谦③之词;娴(xián)④姆(mǔ)训⑤,习内则⑥,皆男家称⑦女之说。绿窗⑧是贫女之室,红楼⑨是富女之居。桃夭⑩谓婚姻之及时,摽(biào)梅⑪谓婚期之已过。

【注释】

①巾栉:毛巾和梳子,泛指盥(guàn)洗用具。栉:梳子、篦(bì)子等梳头用具。　②奉箕帚:从事家内打扫卫生之事,指做妻子。奉:捧着。箕帚:畚(běn)箕和扫帚。　③自谦:自己表示谦虚。　④娴:熟悉。　⑤姆训:妇女需遵守的规范。姆:古代以妇道教人的女教师。　⑥内则:《礼记》中的篇名,内容为妇女在家必须遵守的规范。后借指妇职、妇道。　⑦称:称赞;赞扬。　⑧绿窗:绿色的纱窗,指贫穷女子的居室。　⑨红楼:红色的楼,泛指华丽的楼房,多为富贵人家的妇女居住。　⑩桃夭:桃树茂盛的样子。一说指桃花盛开的样子。《诗经·周南》中有《桃夭》一诗,赞美男女婚姻适时。后用来指婚嫁。夭:草木茂盛的样子。

⑪摽梅:梅子熟而落下,比喻女子已到结婚年龄。摽:坠落。

【译文】

执巾栉,奉箕帚,都是女方家庭自我谦逊的话;姆训,习内则,都是男方家庭称赞女子的说法。绿窗指贫穷的女子居住的房子,红楼指富贵人家的女子居住的房子。"桃夭"即桃树生长茂盛,指结婚很及时;"摽梅"即梅子熟而坠落,指女子已经过了结婚的年龄。

13.4 御沟①题叶②,于祐(yòu)③始得宫娥(é)④;绣幕⑤牵丝⑥,元振⑦幸获美女。汉武⑧对景帝⑨论妇⑩,欲将金屋贮娇⑪;韦固⑫与月老⑬论婚,始知赤绳系足⑭。朱陈⑮一村而结好⑯,秦晋⑰两国以联姻⑱。

【注释】

①御沟:流经宫苑的河道。　②题叶:指在树叶上题诗。　③于祐:唐代的一个读书人。　④宫娥:宫女,在宫廷里服役的女子。　⑤绣幕:用彩丝绣成的帷(wéi)幕。　⑥牵丝:指选婿或择妻。　⑦元振:指郭元振,唐代宰相张嘉贞招他为女婿。具体待考。《旧唐书》中有郭元振传,但其年龄比张嘉贞大。　⑧汉武:即汉武帝刘彻。见5.7注⑥。　⑨景帝:指汉景帝刘启。汉文帝之子,汉武帝之父。　⑩妇:妻子。　⑪金屋贮娇:用黄金做的屋子藏阿娇(汉武帝姑母的女儿)。后指受到宠爱的妻妾。　⑫韦固:唐代杜陵人。　⑬月老:传说中主管婚姻的神,也代指媒人。　⑭赤绳系足:相传月老用赤色的绳子于冥冥中系住男女的脚,即注定成为夫妻。　⑮朱陈:古村名。村中的朱姓和陈姓人家世代

结为婚姻,后以"朱陈"代指两姓结为婚姻。　　⑯结好:交结。这里指结为婚姻。　　⑰秦晋:指两姓结为婚姻。春秋时秦国和晋国世代结为婚姻,故称。　　⑱联姻:结亲;结为婚姻。

【译文】

于祐在流经宫苑的河道中捡得题有诗的红叶,后来竟然娶了那位题诗的宫女为妻;郭元振牵到藏在绣幕后的女子手中的丝线,幸运地娶美女为妻。汉武帝与汉景帝谈论娶妻之事,称想让阿娇住在黄金做的屋子里;韦固与月下老人讨论婚姻之事,才知道用赤绳在冥冥中系男女之足,他们就注定成为夫妻。朱陈村中的朱姓和陈姓人家世代结为婚姻,秦国和晋国长期互相通婚。

13.5　蓝田①种玉②,雍伯③之缘;宝窗选婿,林甫④之女。架鹊桥⑤以渡河⑥,牛女⑦相会;射雀屏⑧而中目,唐高⑨得妻。至若⑩礼⑪重亲迎⑫,所以正人伦⑬之始;《诗》首好逑(qiú)⑭,所以崇⑮王化⑯之原。

【注释】

①蓝田:山名。在陕西蓝田县东,因山出美玉,故又名玉山。　　②种玉:传说杨伯雍在无终山(在今河北玉田西北)种石子后长出玉来,他用玉为聘礼娶得美妻。　　③雍伯:即杨伯雍,据称是洛阳人。　　④林甫:指李林甫,小字哥奴,唐朝宗室。曾任礼部尚书、同中书门下三品等职。前后掌权达二十年。　　⑤鹊桥:传说中由喜鹊相互衔接而成的桥。　　⑥河:指银河,晴天夜晚天空呈现的一条明亮的光带,夹杂着许多闪烁的

小星,看起来像一条银白色的河,称为银河。也叫天河。　⑦牛女:见1.3注㉒。　⑧雀屏:上面画有孔雀的屏风。　⑨唐高:指唐高祖李渊,字叔德。唐朝的开国皇帝。　⑩至若:连词,表示另提一事。相当于"至于"。　⑪礼:我国古代制定的行为准则及道德规范。　⑫亲迎:古代婚礼六礼之一,指丈夫亲自去女方家迎接新娘,行交拜合卺(jǐn)之礼。　⑬人伦:封建礼教所规定的人与人之间的关系。　⑭《诗》首好逑:指《诗经》的第一首为《关雎(jū)》,其中有"窈窕(yǎo tiǎo)淑女,君子好逑"一句,意为美丽娴(xián)雅的女子,是君子的好配偶。　⑮崇:推重;尊崇。　⑯王化:帝王的教化。

【译文】

杨伯雍在无终山种玉而获得良缘,李林甫的女儿们在宝窗下选择女婿。架起鹊桥渡过银河,牛郎织女得以相会;射中画在屏风上的孔雀眼睛,唐高祖因此娶得贤妻。至于在婚礼中重视亲迎,是为了从事情的开始来端正人与人之间的关系;《诗经》中的第一首诗是有"君子好逑"一句的《关雎》,这是为了尊崇帝王教化的根本。

十四、女子

【题解】

本节分为七段,主要包含以下两个方面的内容:

1.讲述了与女子相关的一些词、成语和典故,如三从四德,这是对古代女子的道德与行为方面的要求;兰蕙(huì)质、柳絮才,都是对女子的美称;冰雪心、柏舟操,用来赞美女子的品德高尚;尤物、倾城,用来指女子美貌出众。

2.介绍了中国历史上各种不同类型的女子,如妲(dá)己、杨贵妃等美女,缇萦(tíyíng)、卢氏等孝女,周姜、陶侃(kǎn)之母等贤女,韩玖英、陈仲妻等烈女,王凝妻、曹令女等节女,曹大家(gū)、徐惠妃等才女;此外还有柳氏、郭氏等妒女,贾女、齐女等淫女,东施、无盐等丑女。内容生动而又丰富。

14.1 男子禀①乾之刚②,女子配坤之顺③。贤后④称女中尧舜⑤,烈女⑥称女中丈夫⑦。曰闺秀⑧,曰淑媛(yuàn)⑨,皆称贤女;曰阃(kǔn)范⑩,曰懿(yì)德⑪,并美⑫佳人⑬。妇主中馈(kuì)⑭,烹治⑮饮食之名;女子归宁⑯,回家省(xǐng)亲⑰之谓。

【注释】

①禀:领受;承受。 ②乾之刚:天道之刚健。乾:指天。 ③坤之顺:大地之顺从。坤:指地。 ④贤后:贤德的王后或皇后。 ⑤尧舜:唐尧和虞舜的并称,是古史传说中的圣明君主。 ⑥烈女:重义轻生的女子。 ⑦丈夫:指有所作为的人。 ⑧闺秀:称大户人家的有才德的女儿,多指未婚者。 ⑨淑媛:贤淑美好的女子。淑:指女子贞静柔善。媛:美女。 ⑩闻范:指严格遵守妇女道德规范的女子。闻:古代妇女居住的内室。 ⑪懿德:美德。懿:美。 ⑫美:称赞;赞美。 ⑬佳人:美女。 ⑭中馈:指家中饮食方面的事。 ⑮烹治:指烹煮调制食物。 ⑯归宁:已出嫁的女子回娘家看望父母。 ⑰省亲:探望父母或其他尊亲。

【译文】

男子禀承天道之刚健,女子与大地之顺从相配。贤德的皇后称为女中尧舜,重义轻生的女子称为女中丈夫。闺秀,淑媛,都是用来称呼贤德的女子;闻范,懿德,都是用来称赞有德行的美女。妇女主持中馈,指的是烹煮调制饮食;女子归宁,指的是出嫁的女子回娘家探望父母。

14.2 何谓三从①?从父、从夫、从子;何谓四德②?妇德、妇言、妇工③、妇容④。周家⑤母仪⑥,太王⑦有周姜⑧,王季⑨有太妊(rèn)⑩,文王⑪有太姒(sì)⑫;三代⑬亡国,夏桀(jié)⑭以妹(mò)喜⑮,商纣(zhòu)⑯以妲(dá)己⑰,周幽⑱以褒姒⑲。兰蕙(huì)⑳质,柳絮(xù)㉑才,皆女人之美誉;冰雪㉒心,柏舟操㉓,悉㉔孀(shuāng)妇㉕之清声㉖。

【注释】

①三从:旧时礼教对妇女的规定,包括未嫁从父、既嫁从夫、夫死从子。从:服从。　②四德:封建礼教指妇女应有的四种德行。　③妇工:指女子纺织、刺绣、缝纫(rèn)等工作。也作妇功。　④妇容:旧指妇女端庄柔顺的容态。　⑤周家:指周朝。公元前1046—前256年,姬(jī)发所建。　⑥母仪:人母的仪范。多用于皇后。　⑦太王:即古公亶(dǎn)父。因居地受戎狄族侵扰,率周族由豳(bīn)地迁到岐山下的周原,建立政权。后世尊为周太王。　⑧周姜:即太姜,又称姜女。古公亶父之妃,有贤德。　⑨王季:又称公季,名季历。古公亶父的幼子,周文王的父亲。商王文丁任命他为牧师,为西方诸侯之长。　⑩太妊:又称挚(zhì)仲氏任。王季的妃子,周文王的母亲。姓任,挚国(今河南汝南)国君的次女。有贤德。　⑪文王:即周文王。见2.9注⑥。　⑫太姒:周文王的妃子。姓姒,莘(shēn)国(今陕西合阳东)人,有贤德。　⑬三代:指夏、商、周三个朝代。　⑭夏桀:见2.9注⑯。　⑮妺喜:又作末嬉(xī)。有施氏之女,姓嬉,夏桀的妃子。传说夏桀溺(nì)爱妺喜而乱德,导致夏朝灭亡。　⑯商纣:商朝末代君主,相传是个暴君。　⑰妲己:商纣的妃子,姓己。纣对她言听计从,导致商朝灭亡。　⑱周幽:指周幽王,名宫涅(shēng),周宣王的儿子。宠爱王妃褒姒,导致西周灭亡。　⑲褒姒:周幽王的妃子。褒国(今陕西汉中西北褒城镇东)人。姓姒。　⑳兰蕙:兰和蕙。都是香草,用来比喻贤惠的人。　㉑柳絮:晋代的谢道韫

(yùn)曾以柳絮比喻纷飞的雪。后用来指才女。　㉒冰雪：形容心地纯洁或操守贞洁。　㉓柏舟操：旧指夫死不嫁的节操。　㉔悉：全；都。　㉕孀妇：寡妇。　㉖清声：清美的声誉。

【译文】

什么叫三从？就是未嫁从父、既嫁从夫、夫死从子；什么叫四德？就是妇女的品德、妇女的言辞、妇女的工作、妇女的容态。周代可以作为天下母亲仪范的，有太王的妃子周姜，王季的妃子太妊，文王的妃子太姒；夏商周三代造成亡国的女子，有夏桀的妃子妹喜，商纣的妃子妲己，周幽王的妃子褒姒。兰蕙质，柳絮才，都是对女子美好的称誉；冰雪心，柏舟操，都是指寡妇清美的声誉。

14.3　女貌娇娆(ráo)①，谓之尤物②；妇容妖媚③，实可倾城④。潘妃⑤步朵朵莲花，小蛮腰纤纤杨柳⑥。张丽华⑦发光可鉴⑧，吴绛(jiàng)仙⑨秀色可餐⑩。丽娟⑪气馥(fù)如兰⑫，呵处结成香雾；太真⑬泪红于血，滴时更结红冰。孟光⑭力大，石臼可擎(qíng)⑮；飞燕⑯身轻，掌上可舞。

【注释】

①娇娆：柔美妩(wǔ)媚。　②尤物：指绝色美女。　③妖媚：艳丽妩媚。也指妩媚而不正派。　④倾城：全城的人都为之倾倒，形容女子长得极其美丽。　⑤潘妃：南齐东昏侯萧宝卷的妃子。　⑥小蛮腰纤纤杨柳：据唐代孟启的《本事诗·事感》载，唐代诗人白居易的歌妓小蛮擅长跳舞，白居易用"杨柳小蛮腰"的诗句来形容小蛮的腰像柳条一样纤细柔软。

⑦张丽华：南朝陈后主陈叔宝的妃子。　⑧发光可鉴：头发上可照出人影，形容头发稠（chóu）密且乌黑油亮。　⑨吴绛仙：隋炀（yáng）帝的妃子。　⑩秀色可餐：秀丽的姿容仿佛可以吃似的。　⑪丽娟：汉武帝的一位宫女。　⑫气馥如兰：香气像兰花一样。馥：香气。　⑬太真：即杨贵妃，小字玉环，又号太真，蒲（pú）州永乐（今山西芮〔ruì〕城西南）人。善音律歌舞，深得唐玄宗宠爱。　⑭孟光：见9.4注⑲。　⑮擎：向上托；举。　⑯飞燕：即赵飞燕，汉成帝皇后。善歌舞，因身体轻，故称"飞燕"。

【译文】

女子的容貌柔美妩媚，称之为尤物；女子的长相艳丽妩媚，就可以"倾城"即让全城的人为之倾倒。潘妃在用金子凿成的莲花上行走，小蛮的腰像柳树的枝条一样纤细柔软。张丽华的头发上可以照出人影，吴绛仙秀丽的姿容仿佛可以吃。丽娟口中发出像兰花一样的香气，呵出的气可以结成香雾；杨贵妃的眼泪比血还要红，滴落时甚至结成了红色的冰。孟光的力气很大，可以把石臼举起来；赵飞燕的身子很轻，可以在手掌上跳舞。

14.4　至若①缇萦（tíyíng）②上书③而救父，卢氏④冒⑤刃而卫姑⑥，此女之孝⑦者；侃（kǎn）⑧母截⑨发以延⑩宾，村媪（ǎo）⑪杀鸡而谢⑫客，此女之贤⑬者。韩玖英⑭恐贼秽（huì）⑮而自投于秽⑯，陈仲⑰妻恐陨（yǔn）⑱德而宁陨⑲于崖，此女之烈⑳者。

【注释】

①至若:连词,表示另提一事。相当于"至于"。　②缇萦:即淳于缇萦,西汉齐国临淄(zī,今山东淄博东北)人。淳于意之女。　③上书:向君主进呈书面意见。　④卢氏:唐代郑义宗的妻子。　⑤冒:顶着;不顾。　⑥姑:婆婆。　⑦孝:孝顺,尽心奉养父母并顺从父母。　⑧侃:指陶侃,字士行,原鄱(pó)阳(今江西鄱阳)人。晋时曾任荆州刺史、征南大将军等。　⑨截:割断。　⑩延:迎接。　⑪媪:年老的妇女。　⑫谢:问候。　⑬贤:有品德或才能的。　⑭韩玖英:待考。　⑮玷:玷(diàn)污。　⑯秽:脏物、污物。　⑰陈仲:待考。　⑱陨:失去;丧失。　⑲陨:坠落。　⑳烈:刚直;坚贞。

【译文】

至于缇萦向汉文帝上书来救自己的父亲,卢氏不顾锋利的兵刃来保护自己的婆婆,这是孝顺的女子的典范;陶侃的母亲割下自己的头发换钱来招待宾客,一个村妇杀鸡来问候不速之客,这是贤德的女子的典范。韩玖英怕盗贼玷污自己而投身污物中把自己弄脏,陈仲的妻子怕被强盗奸污丧失德行而跳崖自尽,这是坚贞的女子的典范。

14.5　王凝①妻被牵②,断臂投地;曹令女③誓志④,引⑤刀割鼻,此女之节⑥者。曹大家(gū)⑦续完汉帙(zhì)⑧,徐惠妃⑨援⑩笔成文,此女之才者。戴女⑪之练裳⑫竹笥(sì)⑬,孟光⑭之荆钗布裙⑮,此女之贫者。

【注释】

①王凝:五代时人。　②被牵:指被拉了一下手臂。
③曹令女:即夏侯令女,三国时谯郡(qiáojùn)夏侯文宁的女儿。曹爽从弟曹文叔的妻子。　④誓志:指立下誓愿,表明自己的志向。　⑤引:执持。　⑥节:操守;气节。
⑦曹大家:即班昭,一名姬(jī),字惠班。班固之妹。扶风安陵(今陕西咸阳东北)人。完成了班固尚未写完的《汉书》。因其夫姓曹,又被称为曹大家。家:通"姑",古代对女子的尊称。
⑧汉帙:指《汉书》。帙:包书画的布套子。　⑨徐惠妃:即唐太宗徐贤妃,名惠,湖州长城(今浙江长兴)人。因文才出众而选入宫中为才人。　⑩援:执;持。　⑪戴女:戴良的女儿。戴:戴良,字叔鸾(luán),汝南慎阳(今河南正阳)人。东汉隐士。家富,有才华。　⑫练裳:指白色布衣。练:素;白色。　⑬笥:盛放衣物书籍等的竹子盛器。　⑭孟光:见9.4注⑲。　⑮荆钗布裙:荆枝为钗,粗布为裙,形容女子简陋寒素的服饰。布裙:有的本子作"裙布"。

【译文】

　　王凝的妻子被别的男子拉了一下手臂,就把被拉过的手臂砍下来扔到地上;曹令女为了表达守节的决心,拿刀子割掉了自己的鼻子,这是有节操的女子的典范。曹大家续写完《汉书》,徐惠妃信手写来便成文章,这是有文才的女子的典范。戴良的女儿出嫁时身穿白色布衣,以竹箱为嫁妆;孟光以荆枝为钗,粗布为裙,这是贫穷的女子的典范。

14.6　柳氏①秃②妃③之发,郭氏④绝夫之嗣(sì)⑤,此女之妒者。贾女⑥赠⑦韩寿⑧之香,齐女⑨致袄(xiān)庙⑩之毁,此女之淫者。东施效颦(pín)⑪而可厌,无盐⑫刻画⑬以⑭难堪⑮,此女之丑者。

【注释】

①柳氏:唐初兵部尚书任瑰(guī)的妻子。以妒闻名。　②秃:使变秃;剃光头发。　③妃:配偶。这里指唐太宗送给任瑰的两位宫女。　④郭氏:指郭槐。晋时贾充的妻子。性妒忌。　⑤嗣:后代;子孙。　⑥贾女:贾充的女儿。贾:指贾充,字公闾(lǘ),平阳襄陵(今山西临汾东南)人。西晋时官至骠(piào)骑大将军、侍中、尚书令。　⑦赠:有的本子作"偷"。　⑧韩寿:字德真,南阳赭(zhě)阳(今属河南)人。西晋时官至散骑常侍、河南尹。　⑨齐女:相传为蜀帝的公主。一说指北齐的一位公主。　⑩袄庙:袄教(俗称拜火教)祭祀(jìsì)火神的庙。　⑪东施效颦:东施仿效西施皱眉头。颦:皱眉头。　⑫无盐:指钟离春。战国时齐宣王的王后,因是无盐人,故称。也叫无盐女。有德而长相丑陋。　⑬刻画:描绘;描画。　⑭以:而。　⑮难堪:难以忍受。

【译文】

　　柳氏弄秃了唐太宗送给她丈夫的两位宫女的头,郭槐让她的丈夫绝了后,这是妒忌的女子的典型。贾充的女儿把奇香赠送给与之偷情的男子韩寿,齐女造成袄庙被火烧毁,这是淫荡的女子的典型。东施仿效西施皱眉头而令人讨厌,对无盐女丑陋的长相细加描绘而令人难以忍受,这是丑陋的女子的典型。

14.7 自古贞淫①各异,人生妍(yán)②丑不齐。是故生菩萨(púsà)③、九子母④、鸠盘荼(tú)⑤,谓妇态之变更可畏;钱树子⑥、一点红⑦、无廉耻,谓青楼⑧之妓女殊名。此固⑨不列于人群,亦可附之以博笑。

【注释】

①贞淫:贞洁和淫荡。　②妍:美丽。　③生菩萨:活菩萨,比喻容貌端丽。　④九子母:女神名。据传能保佑人多生子女。　⑤鸠盘荼:佛书中指能吸人精气的鬼,常用来比喻丑妇或妇人的丑陋之状。　⑥钱树子:即摇钱树,多比喻可借以源源不断地获取钱财的人或物。　⑦一点红:对妓女的称呼。　⑧青楼:指妓院。　⑨固:固然。

【译文】

自古以来有的人贞洁有的人淫荡,各不相同;每个人的长相或美丽或丑陋,并不一样。所以生菩萨、九子母、鸠盘荼,说的是女人在不同阶段形态的变化令人感到害怕;钱树子、一点红、无廉耻,是对青楼妓女的不同称呼。这些固然不适合列入正常的人群,但是附在这里也可以博人一笑。

十五、外戚

【题解】

外戚指帝王的母族和妻族。本节分为三段,所述内容并不限于帝王的母族和妻族,主要讲述的是通过婚姻而结成的亲戚关系以及由此产生的名词、称呼。如女婿依据不同的情况而有娇客、乘龙、馆甥、快婿、东床等叫法,姨夫有大乔小乔、连襟(jīn)连袂(mèi)等说法,岳母岳父又称泰水泰山,等等。此外,还介绍了在与亲戚交往时一些委婉或自谦的说法,诸如"原有瓜葛之亲""忝(tiǎn)在葭莩(jiāfú)之末""蒹(jiān)葭依玉树"等。

15.1 帝女乃公侯①主婚,故有公主②之称;帝婿非正驾之车,乃是驸(fù)马③之职。郡(jùn)主④县君⑤,皆宗女⑥之谓;仪宾⑦国宾⑧,皆宗婿⑨之称。旧好⑩曰通家⑪,好亲曰懿(yì)戚⑫。

【注释】

①公侯:公爵(jué)与侯爵,古代五等爵位的第一和第二位。也泛指官高位显的人。 ②公主:帝王、诸侯之女的称号。

③驸马：驸马都尉的简称。汉武帝时设驸马都尉一职，负责掌管副车的马。三国时魏国的何晏开始以公主丈夫的身份任驸马都尉，后代皇帝的女婿照例加此称号，故用来指皇帝的女婿。驸：驾副车的马。　④郡主：唐代以太子之女为郡主。宋代宗室之女也可封郡主。明清时以亲王之女为郡主。⑤县君：明代宗室郡王之曾孙女称县君，清代只有贝子之女称县君。　⑥宗女：君主同宗之女，即宗室之女。　⑦仪宾：明代称宗室亲王、郡王的女婿。　⑧国宾：待考。⑨宗婿：指亲王、郡王的女婿。　⑩旧好：世代交好的家庭。⑪通家：世交，上代就有交情的人家。也指由婚姻而结成的亲戚。　⑫懿戚：指皇亲国戚。

【译文】

皇帝的女儿结婚时由公侯主持婚礼，所以称为公主；皇帝的女婿掌管的是副车而不是正驾之车，所以称为驸马。郡主、县君，都是指宗室之女；仪宾、国宾，都是指亲王或郡王的女婿。世代交好的家庭称为通家，好的亲戚称为懿戚。

15.2　冰清玉润①，丈人女婿同荣；泰水②泰山③，岳母岳父两号。新婿曰娇客④，贵⑤婿曰乘龙⑥。赘（zhuì）婿⑦曰馆甥⑧，贤婿曰快婿⑨。凡属东床⑩，俱称半子⑪。女子号门楣⑫，唐贵妃⑬有光⑭于父母；外甥称宅相⑮，晋魏舒⑯期⑰报于母家。

【注释】

①冰清玉润：对岳父、女婿的美称。　②泰水：岳母的别称。

③泰山：岳父的别称。　④娇客：指女婿。　⑤贵：地位显要。　⑥乘龙：指像龙一样的女婿，比喻好女婿。　⑦赘婿：指到女家结婚并定居于女家的男子。　⑧馆甥：指女婿。　⑨快婿：称心如意的女婿。　⑩东床：指女婿。　⑪半子：指女婿。　⑫门楣：门框上端的横木。这里指能光大门第的女儿。　⑬唐贵妃：即杨贵妃。见14.3注⑬。　⑭光：荣誉；光彩。　⑮宅相：住宅的风水之相。也代指外甥。　⑯魏舒：字阳元，晋时任城樊（今山东济宁东）人。曾任尚书右仆射（yè）、司徒。　⑰期：盼望。

【译文】

冰清、玉润，是对丈人和女婿的美称；泰水、泰山，是岳母和岳父的别称。新女婿称为娇客，地位显贵的女婿称为乘龙。入赘的女婿称为馆甥，好女婿称为快婿。凡是女婿，都称为半子。女子称为门楣，是因为唐代的杨贵妃为父母带来了荣耀；外甥称为宅相，是因为晋代的魏舒希望能报答外公一家。

15.3　共叙旧姻，曰原有瓜葛之亲①；自谦劣戚，曰忝（tiǎn）②在葭莩（jiāfú）③之末。大乔小乔④，皆姨夫⑤之号；连襟（jīn）⑥连袂（mèi）⑦，亦姨夫之称。蒹（jiān）葭倚玉树⑧，自谦借戚属⑨之光；茑萝（niǎoluó）⑩施（yì）⑪乔⑫松，自幸得依附之所。

【注释】

①瓜葛之亲：比喻辗（zhǎn）转相连的亲戚关系。瓜葛：瓜和葛，都是蔓（màn）生植物。　②忝：羞辱；有愧于。常用作

谦辞。　③葭莩：芦苇里的薄膜，比喻亲戚关系疏远淡薄。也用作亲戚的代称。　④大乔小乔：三国时的两个美女，是亲姐妹，姐姐大乔嫁给吴主孙策，妹妹小乔嫁给周瑜(yú)。　⑤姨夫：姨母(母亲的姐妹)的丈夫。　⑥连襟：姐姐的丈夫和妹妹的丈夫之间的亲戚关系。　⑦连袂：即连襟。　⑧蒹葭依玉树：比喻地位低的人仰攀、依附地位高贵的人。蒹葭：蒹和葭都是价值低贱的水草，比喻微贱。也常用作谦辞。　⑨戚属：亲属；亲戚。　⑩茑萝：茑萝与女萝两种蔓生植物的合称，比喻关系亲密，寓依附攀缘的意思。　⑪施：延伸；延续。　⑫乔：高。

【译文】

一起叙谈原先的姻亲，就说"原有瓜葛之亲"即原本有辗转相连的亲戚关系；自己谦称是不争气的亲戚，就说"忝在葭莩之末"即惭愧地属于关系最远的亲戚。大乔、小乔，都是指姨夫；连襟、连袂，指的也是姨夫。"蒹葭依玉树"即低贱的水草倚靠着玉树，是谦称自己沾了亲戚的光；"茑萝施乔松"即茑萝与女萝在高大的松树上攀附生长，是庆幸自己有了可以依附的场所。

十六、老幼寿诞

【题解】

老幼寿诞指老人小孩的寿命及出生。本节分为六段,主要包含以下三个方面的内容:

1. 介绍了与人的出生、寿命等相关的一些词、成语和典故,如初度之辰、悬弧令旦、设帨(shuì)佳辰,都是指人出生;弄璋(zhāng)、弄瓦,是对生男生女的不同叫法;南极星辉、中天婺(wù)焕,用来祝贺男子和女子长寿;60岁以下称为下寿,80岁称为中寿,100岁及以上称为上寿;等等。

2. 感叹人生短暂,要求人们珍惜时间,尊敬老人。如说"在世百年,那有三万六千日之乐","日月逾(yú)迈,徒自伤悲",因此,"后生固为可畏,而高年尤是当尊"。

3. 讲述了一些历史人物出生的神奇故事,如后稷(jì)是姜嫄(yuán)踩巨人的脚印后生下来的,契(xiè)是简狄吃了玄鸟之卵后而生的,孔子出生时有麒麟(qílín)口吐玉书,老子是其母亲怀孕八十一年后才生下来的。这当然都是一些传说而已。

16.1 不凡之子,必异其生①;大德②之人,必得其寿③。

称人生日,曰初度④之辰⑤;贺人逢旬⑥,曰生申⑦令旦⑧。三朝(zhāo)⑨洗儿⑩,曰汤饼之会⑪;周岁试周⑫,曰晬(zuì)盘⑬之期。男生辰⑭曰悬弧⑮令旦,女生辰曰设帨(shuì)⑯佳辰。

【注释】

①必异其生:指出生时一定与众不同,会发生奇特的现象。②大德:品德高尚。　③寿:长寿,活得岁数大。　④初度:指生日。　⑤辰:日子。　⑥逢旬:遇到每月的初十、二十或三十日。旬:十天为一旬。　⑦生申:申伯诞生之日。后作为生日的祝词。申:指申伯,周代贤臣。　⑧令旦:美好的日子。　⑨三朝:指出生后的第三日。　⑩洗儿:旧俗婴儿出生后三日或满月时亲朋会集庆贺,给婴儿洗身。⑪汤饼之会:旧俗寿辰及小孩出生第三日或满月、周岁时举行的庆贺宴会。因备有象征长寿的汤面,故名。　⑫试周:旧俗婴儿周岁时,父母陈列各种小件器物,任其抓取,以试测小儿的未来志趣和成就。也叫试儿、抓周。　⑬晬盘:即抓周。因把用于试测的小件器物盛于盘中,故名。晬:周岁。⑭生辰:生日。　⑮悬弧:古代风俗尚武,家中生男孩,就在门的左侧挂弓一张。后因称生男孩为悬弧。弧:弓的通称。⑯设帨:古代习俗,生下女孩,把佩巾挂在房门的右侧。后以设帨指女孩诞生。帨:佩巾。

【译文】

不平凡的人,出生时一定会有不同寻常的表现;道德高尚的人,一定会长寿。称贺人过生日,叫作"初度之辰"即刚出生的日子;祝贺人的生日正好逢十,叫作"生申令旦"即像申伯诞生之日一样的好日子。婴儿出生后三天给婴儿洗身,称为汤饼之会;孩子满周岁时抓周,称为晬盘之期。男子的生日叫作"悬弧令旦"即在门的左侧挂弓的好日子,女子的生日叫作"设帨佳辰"即在门的右侧挂佩巾的好日子。

16.2 贺人生子,曰嵩岳降神;自谦生女,曰缓急①非益。生子曰弄璋(zhāng)②,生女曰弄瓦③。梦熊梦罴(pí)④,男子之兆;梦虺(huǐ)梦蛇⑤,女子之祥⑥。梦兰⑦叶(xié)吉⑧,郑文公⑨妾生穆公⑩之奇;英物⑪称奇,温峤(qiáo)⑫闻声知桓温⑬之异。

【注释】

①缓急:指危急之事或发生变故之时。 ②弄璋:拿着玉璋玩耍,指生下男孩子。璋:古代的一种玉器,长条状,像半个圭。 ③弄瓦:拿着纺锤(chuí)玩耍,指生下女孩子。瓦:古代用泥土烧制的纺锤。 ④梦熊梦罴:古人以梦见熊罴为生男孩的征兆。罴:棕熊,熊的一种。也叫马熊、人熊。 ⑤梦虺梦蛇:古人以梦见虺蛇为生女孩的征兆。虺:古书上说的一种毒蛇。 ⑥祥:吉凶的预兆。 ⑦梦兰:梦见兰花,指女人怀孕。 ⑧叶吉:和协吉祥。叶:和洽(qià);相合。 ⑨郑文公:名踕(jié)。春秋时郑国国君。 ⑩穆公:即郑穆公,名兰,郑文公之子。 ⑪英物:杰出的人物。 ⑫温峤:字太真,太原祁(qí)县(今山西祁县东)人。晋明帝时任中书令。晋成帝时以平南将军、江州刺史出镇武昌。

⑬桓温：字元子，晋时谯（qiáo）龙亢（今安徽怀远西北）人。晋穆帝时任征西大将军。曾多次率兵北伐。

【译文】

祝贺他人生儿子，就说"嵩岳降神"即嵩山降下了神灵；谦称自己生了女儿，就说"缓急非益"即遇到急难时派不上用场。生儿子称为弄璋，生女儿称为弄瓦。梦见熊和罴，是生男孩之兆；梦见虺和蛇，是生女孩之兆。郑文公的妾梦见兰花后生下了郑穆公，因此梦见兰花预示和协吉祥；温峤听到桓温的哭声后就判断他非同寻常，称赞他将会是杰出的人物。

16.3 姜嫄（yuán）①生稷（jì）②，履③大人之迹④而有娠（shēn）⑤；简狄⑥生契（xiè）⑦，吞玄鸟⑧之卵而叶（xié）孕⑨。麟（lín）⑩吐玉书⑪，天生孔子⑫之瑞⑬；玉燕投怀，梦孕张说（yuè）⑭之奇。弗陵太子⑮，怀胎十四月而始生；老子⑯道君⑰，在孕八十一年而始诞。

【注释】

①姜嫄：一作姜原。周朝先王始祖后稷之母。有邰（tái）氏之女。相传为帝喾（kù）之妻。　②稷：即后稷，我国古代传说中始种稷和麦的人。名弃，在尧舜时任农官。被尊为百谷之神。　③履：踩；行走。　④大人之迹：指巨人的脚印。⑤娠：怀孕。　⑥简狄：一作简逖（tì）。传说中商代祖先契之母。有娀（sōng）氏之女，帝喾的妻子。　⑦契：传说中商的祖先，帝喾之子。舜时任司徒，封于商，赐姓子氏。⑧玄鸟：燕子。　⑨叶孕：怀孕。叶：和洽（qià）；相合。

⑩麟:麒(qí)麟,古代传说中一种象征吉祥的动物,形状像鹿,头上有角,尾像牛尾,全身有鳞甲。　⑪玉书:传说中天降之书。　⑫孔子:见11.1注⑤。　⑬瑞:好的征兆。　⑭张说:字道济,河南洛阳(今属河南)人。唐玄宗时任尚书左丞。　⑮弗陵太子:即汉昭帝刘弗陵。汉武帝的小儿子,8岁即皇帝位。　⑯老子:姓李,名耳。一说即老聃(dān)。楚国苦县(今河南鹿邑〔yì〕东,一说为今安徽涡〔guō〕阳)人。道家学派的创始人,代表作为《老子》。　⑰道君:道教所称的仙尊。

【译文】

姜嫄因为踩巨人的脚印而怀孕,后来生下了稷;简狄因为吞食燕子生的蛋而怀孕,后来生下了契。孔子出生前,有麒麟口中吐出玉书的祥瑞;张说的母亲梦见玉燕投入怀中,从而怀孕生下了他。刘弗陵的母亲怀孕十四个月才生下了他;道教仙尊老子,他的母亲怀孕长达八十一年才把他生下来。

16.4　晚年生子,谓之老蚌(bàng)生珠①;暮岁②登科③,正是龙头④属老。贺男寿⑤曰南极星⑥辉⑦,贺女寿曰中天⑧婺(wù)⑨焕⑩。松柏⑪节操⑫,美其寿元⑬之耐久;桑榆暮景⑭,自谦老景⑮之无多。矍铄(juéshuò)⑯称人康健,聩眊(kuìmào)⑰自谦衰颓(tuí)⑱。黄发⑲儿齿⑳,有寿之征;龙钟㉑潦(liáo)倒㉒,年高之状。

【注释】

①老蚌生珠:称颂他人老而得子。　②暮岁:晚年。

③登科：科举时代指参加考试的人被录取。　④龙头：状元的别称。　⑤寿：长寿，活得岁数大。　⑥南极星：即南极老人星，象征长寿。　⑦辉：照耀；映射。　⑧中天：高空中；当空。　⑨婺：即婺女，星名。又名须女、务女。二十八宿（xiù）之一，有星四颗。　⑩焕：发亮；放射光彩。　⑪松柏：松树和柏树。两种树都长青不凋（diāo），常作为操守坚贞的象征。　⑫节操：气节操守。　⑬寿元：寿命；寿数。　⑭桑榆暮景：落日的余晖（huī）照在桑树、榆树的树梢上，比喻老年的时光。　⑮老景：老年时的境况。　⑯矍铄：形容老年人很有精神的样子。　⑰聩眊：耳聋眼花。　⑱衰颓：身体、精神等衰弱颓废。　⑲黄发：老人头长白发，白久则会变黄，故作为长寿之相。　⑳儿齿：老人齿落后再生牙齿。　㉑龙钟：身体衰老的样子。　㉒潦倒：衰老。

【译文】

晚年生儿子，叫作"老蚌生珠"即年老的蚌生出了珍珠；老年参加科举考试被录取，真可谓"龙头属老"即状元被老人夺得。祝贺男子长寿就说"南极星辉"即南极老人星发出光芒，祝贺女子长寿就说"中天婺焕"即婺女星在天空中放射光彩。松柏节操，用来赞美一个人的寿命长；桑榆暮景，用来谦称自己年老，剩下的日子不多了。矍铄是称赞人的身体健康，聩眊是谦称自己衰弱颓废。头发由白变黄，重新长出牙齿，这是长寿的象征；龙钟潦倒，形容年老体衰的样子。

16.5　日月①逾（yú）迈②，徒③自伤悲；春秋④几何⑤，问人寿算⑥。称⑦少年，曰春秋鼎盛⑧；羡高年⑨，曰齿德⑩俱尊⑪。行年⑫五十，当知四十九年之非；在世百年，那有三万六千日之乐。百岁曰上寿,八十曰中寿,六十曰下寿;八十曰耋(dié)⑬,九十曰耄(mào)⑭,百岁曰期颐⑮。

【注释】

①日月:时间;时光。　②逾迈:过去;消逝。　③徒:白白地;没有什么作用地。　④春秋:年纪;岁数。　⑤几何:多少。　⑥寿算:寿数;年寿。　⑦称:称赞;赞扬。　⑧鼎盛:正当壮年。　⑨高年:年岁大。　⑩齿德:年龄和德行。　⑪尊:高。　⑫行年:经历的年岁,指当时的年龄。　⑬耋:80岁的年纪。　⑭耄:八九十岁的高龄。　⑮期颐:100岁。

【译文】

时光流逝,空自感到悲伤;春秋几何,用来问别人的年纪。称赞人年纪轻,就说"春秋鼎盛"即正当壮年;美慕人年岁大,就说"齿德俱尊"即年龄和德行都很高。活到50岁,应该知道过去四十九年犯下的过错;在世上活100岁,怎么可能有三万六千天的快乐。活到100岁称为上寿,活到80岁称为中寿,活到60岁称为下寿;80岁称为耋,90岁称为耄,100岁称为期颐。

16.6　童子①十岁就②外傅③,十三舞勺(zhuó)④,成童⑤舞象⑥;老者六十杖⑦于乡,七十杖于国,八十杖于朝。后生⑧固为可畏,而高年⑨尤是当尊。

【注释】

①童子:儿童;未成年的男子。　②就:向;从。　③外

傅:教师。　　④舞勺:古代文舞的一种,手中执籥(yuè,似笛而短)而舞。　　⑤成童:年龄稍大的儿童,这里指15岁以上的儿童。　　⑥舞象:古代的一种武舞,手中执干戈而舞。⑦杖:指手中持拐杖。　　⑧后生:年轻人。　　⑨高年:年纪大的人;年老的人。

【译文】

儿童10岁的时候跟随教师学习,13岁的时候学习文舞,15岁的时候学习武舞;老人60岁时可以在乡中用拐杖,70岁时可以在国中用拐杖,80岁时可以在朝廷上用拐杖。年轻人固然令人敬畏,但老年人尤其应当尊敬。

十七、身体

【题解】

本节分为十四段,是《幼学琼林》中篇幅较长的一节,主要包含以下三个方面的内容:

1. 介绍了大量与身体部位相关的词、成语和典故,如"掣(chè)肘""青眼""怒发冲冠""推心置腹""胁肩谄(chǎn)笑""燃眉之急"等,并说明了它们的含义和用法。

2. 认为"五官有贵贱之别",即人的五官长相与人的地位贵贱有关;并列举了历史上一些著名人物的奇特长相,如尧眉分八彩、成汤臂有四肘、文王之胸四乳、重耳骈(pián)胁等来说明这一观点。这当然都是迷信的说法。

3. 指出了某些人体部位的特殊称呼,如肩曰玉楼,眼名银海,顶曰朱庭。需要说明的是,本节名为"身体",但其核心并不在于说明身体的结构或不同部位,而在于介绍与身体部位相关的词语。

17.1 百体①皆②血肉之躯,五官③有贵贱之别。尧④眉分八彩⑤,舜⑥目有重瞳(tóng)⑦。耳有三漏⑧,大禹⑨之奇形;臂有四肘⑩,成汤⑪之异体。文王⑫龙颜⑬而虎眉,汉高⑭斗胸⑮而隆准⑯。孔子⑰之顶若圩（wéi）⑱，文王之胸四乳⑲。周公⑳反握㉑，作兴周之相㉒；重耳㉓骈（pián）胁㉔，为霸晋㉕之君。此皆古圣㉖之英姿㉗，不凡之贵品㉘。

【注释】

①百体：人体的各个部分。　②皆：都。有的本子作"非"。　③五官：指耳、目、口、鼻、舌。通常指脸上的器官。　④尧：见2.9注②。　⑤八彩：指八种彩色。　⑥舜：传说中的上古帝王，号有虞氏。以孝闻名。尧把帝位传给了他，他后来又传给了禹。　⑦重瞳：指目中有两个瞳仁。旧时认为是一种异相、贵相。　⑧三漏：三孔。　⑨大禹：见1.6注⑩。　⑩四肘：四个肘关节。　⑪成汤：见2.9注⑫。　⑫文王：即周文王。见2.9注⑥。　⑬龙颜：指眉骨圆起。　⑭汉高：即汉高祖刘邦。见5.7注③。　⑮斗胸：胸部隆起如斗状。后作为圣君之象。　⑯隆准：高鼻梁。准：鼻子。　⑰孔子：见11.1注⑤。　⑱顶若圩：指头顶凹陷。　⑲四乳：指四个乳头。　⑳周公：见8.3注③。　㉑反握：待考。似指可以反手握住手腕。　㉒相：辅助。　㉓重耳：即晋文公，名重耳。春秋时晋国国君，春秋五霸之一。　㉔骈胁：肋骨紧密连接为一，是一种生理上的畸（jī）形。　㉕霸晋：使晋国称霸。　㉖圣：圣人，有极高品德和智慧的人。　㉗英姿：卓越的天资。　㉘贵品：高级的品类。

【译文】

人体的各个部分都是血肉组成的，人的五官长相有贵贱的不同。尧的眉毛有八种彩色，舜的目中有两个瞳仁。耳朵上有三个孔，这是大禹身体上的奇特之处；手臂上有四个肘关节，这是成汤身体上与众不同之处。周文王眉骨圆起,长着虎一样的眉毛;汉高祖胸部隆起如斗状,鼻梁很高。孔子的头顶凹陷,周文王的胸部长着四个乳头。周公的手可以反握住手腕,后来成为周朝兴起的重要辅佐;重耳的肋骨紧密连接为一,后来成为使晋国称霸的国君。这些都是古代圣人卓越的天赋,他们都是不同寻常的高贵品类。

17.2 至若①发肤不可毁伤,曾子②常以守身为大;待人须当量③大,师德④贵于唾(tuò)面自干⑤。谗(chán)口⑥中伤⑦,金可铄(shuò)⑧而骨可销;虐政⑨诛求⑩,敲其肤而吸其髓(suǐ)。受人牵制,曰掣(chè)肘⑪;不知羞愧,曰厚颜⑫。好生议论,曰摇唇鼓舌⑬;共话衷肠⑭,曰促膝谈心⑮。

【注释】

①至若:连词,表示另提一事。相当于"至于"。　②曾子:见2.8注⑯。　③量:气度;气量。　④师德:即娄师德,郑州原武(今河南原阳西)人。武则天时官至凤阁侍郎、同凤阁鸾(luán)台平章事。　⑤唾面自干:别人把唾沫吐到你的脸上,不去擦它,让它自然变干。指受到侮辱后强自忍耐,不作反抗。　⑥谗口:说坏话的嘴。也称说坏话的人。　⑦中伤:诬蔑别人使受损害。　⑧铄:熔化。　⑨虐政:残暴的政策法令。　⑩诛求:强制征收。　⑪掣肘:拉住胳膊(gēbo),指阻挠别人做事。　⑫厚颜:厚脸皮,不知羞耻。　⑬摇唇鼓舌:指用言辞进行煽(shān)动、游说或大发议论。　⑭衷肠:出于内心的话。　⑮促膝谈心:指两个人面对面靠近坐着说心里话。促膝:膝盖对着膝盖。

【译文】

至于头发和肌肤不可损伤,曾子常常把保护身体视作极重要的事情;对待别人应当有大的度量,娄师德提倡别人把唾沫吐到你的脸上,应该让它自然变干。谗言造成的损害,可以使金属熔化,使骨头销毁;苛虐政策下的横征暴敛,真可谓敲击人的身体而吸食人的骨髓。受到别人的牵制,叫作掣肘;不知道什么是羞耻,叫作厚颜。喜欢发不切实际的议论,叫作摇唇鼓舌;在一起说发自内心的话,叫作促膝谈心。

17.3 怒发冲冠①,蔺(lìn)相如②之英气③勃勃④;炙(zhì)手可热⑤,唐崔铉(xuàn)⑥之贵势⑦炎炎⑧。貌虽瘦而天下肥,唐玄宗⑨之自谓;口有蜜而腹有剑,李林甫⑩之为人。赵子龙⑪一身都是胆,周灵王⑫初生便有须。来俊臣⑬注醋于囚鼻,法外行凶;严子陵⑭加足于帝⑮腹,忘其尊贵。

【注释】

①怒发冲冠:愤怒得头发直竖,把帽子都顶了起来,形容极其愤怒的样子。　②蔺相如:见12.2注⑧。　③英气:英武豪迈的气概。　④勃勃:精神旺盛的样子。　⑤炙手可热:手一挨近就感觉热,形容气焰很盛,权势很大。　⑥崔铉:字台硕,博陵(今河北定县)人。唐宣宗时任兵部尚书。后拜御史大夫、同平章事,封魏国公、淮南节度使。　⑦贵势:尊贵者的威势。　⑧炎炎:权势煊赫(xuānhè)的样子。　⑨唐玄宗:即李隆基。见3.3注⑰。　⑩李林甫:见13.5注④。　⑪赵子龙:即赵云,字子龙,常山真定(今河北正定)

人。在刘备手下任翊(yì)军将军、镇东将军等。是蜀汉的主要将领之一。　　⑫周灵王：东周周王。名泄心。周简王之子。⑬来俊臣：雍州万年(今陕西西安)人。武则天时任侍御史、左台御史中丞，大兴刑狱。　　⑭严子陵：即严光，字子陵，一名遵，会稽余姚(今属浙江)人。是光武帝刘秀的同学。刘秀称帝后，隐居不仕。　　⑮帝：这里指东汉光武帝刘秀。

【译文】

怒发冲冠，这是形容蔺相如英武豪迈之气十分旺盛的样子；炙手可热，指的是唐代崔铉的权势十分煊赫。自己虽然变瘦了，但是天下人变胖了，这是唐玄宗在照镜子时说的话；说出的话像蜜一样甜，肚子里却像藏着一把剑，这是形容李林甫的为人。赵子龙浑身是胆，周灵王刚生下来就长着胡须。来俊臣往囚犯的鼻子里灌醋，这是违法行凶；严子陵在睡觉时把脚搁在光武帝的肚子上，这是忘记了皇帝的尊贵。

17.4　久不屈兹①膝，郭子仪②尊居宰相；不为米折腰，陶渊明③不拜吏胥(xū)④。断送老头皮⑤，杨璞(pú)⑥得妻送之诗；新剥鸡头肉⑦，明皇⑧爱贵妃⑨之乳。纤⑩指如春笋，媚眼⑪若秋波⑫。肩曰玉楼⑬，眼名银海⑭。泪曰玉箸(zhù)⑮，顶曰珠庭⑯。歇担⑰曰息肩⑱，不服曰强项⑲。

【注释】

①兹：这个。　　②郭子仪：见7.4注㉘。　　③陶渊明：名潜，字元亮，私谥(shì)靖(jìng)节。东晋时浔(xún)阳柴桑(今江西九江)人。曾任彭泽令，后辞官隐居。长于诗文辞赋。

④吏胥：旧时官府中的小吏。　⑤老头皮：对老年男子的戏称。　⑥杨璞：即杨朴，字契元，宋时郑州人，隐士。　⑦鸡头肉：芡（qiàn）实的别名，借指妇女的乳头。　⑧明皇：即唐玄宗李隆基。见3.3注⑰。　⑨贵妃：即杨贵妃。见14.3注⑬。　⑩纤：细小。　⑪媚眼：姣美动人的眼睛。　⑫秋波：秋水之波，比喻美女的眼睛或眼神。　⑬玉楼：道教语。指肩膀。　⑭银海：道教、医家称人的眼睛。　⑮玉箸：比喻眼泪。　⑯珠庭：饱满的天庭（人两眉间前额隆起的部分）。　⑰歇担：放下担子休息。　⑱息肩：卸去负担。　⑲强项：脖子强硬，比喻刚正不屈。

【译文】

田承嗣（sì）在郭子仪的使者前跪拜，并称自己已有多年不屈膝，这是因为郭子仪高居宰相之位；不愿意为五斗米的俸禄（fènglù）而弯腰，指陶渊明不向官府的小吏下拜。断送老头皮，这是杨璞的妻子送他的诗句；新剥鸡头肉，这是唐玄宗喜爱杨贵妃的乳头而作的比喻。纤细的手指像春笋，姣美动人的眼睛如秋波。肩叫作玉楼，眼睛称为银海。眼泪叫作玉箸，饱满的天庭称为珠庭。放下担子休息称为息肩，不肯屈服称为强项。

17.5　丁谓①与人拂须②，何其谄（chǎn）③也；彭乐④截肠决战，不亦勇乎。剜（wān）肉医疮⑤，权⑥济⑦目前之急；伤胸扪（mén）⑧足，计安众士⑨之心。汉张良⑩蹑（niè）足⑪附耳，东方朔（shuò）⑫洗髓（suǐ）伐毛⑬。尹继伦⑭，契丹⑮称为黑面大王；傅尧俞⑯，宋后⑰称为金玉⑱君子。

【注释】

①丁谓:字谓之,后改字公言,苏州长洲(今属江苏)人。宋真宗时任宰相,封晋国公。为官机敏,狡猾过人。　②拂须:揩拭(kāishì)胡须。　③谄:献媚;巴结讨好。　④彭乐:字兴,安定(今甘肃泾〔jīng〕川北)人。骁(xiāo)勇善骑射。北齐初封陈留王。　⑤剜肉医疮:把身上的肉挖下来治疗伤口,比喻只顾眼前,用有害的方法来救急。剜:用刀子等挖。疮:伤口。　⑥权:姑且;暂且。　⑦济:救助。⑧扪:按住。　⑨士:对人的美称。　⑩张良:见6.5注⑩。　⑪蹑足:踩踏其足。　⑫东方朔:字曼倩(qiàn),西汉平原厌次(今山东惠民东)人。汉武帝时任太中大夫给事中。善辞赋,性诙(huī)谐滑稽。　⑬洗髓伐毛:洗涤骨髓,除掉身上的毛发,比喻剔(tī)除无用之物,也指脱胎换骨。⑭尹继伦:开封浚(xùn)仪(今属河南)人。宋太宗时曾大破契丹骑兵,以功任长州刺史兼巡检。　⑮契丹:我国古代民族,是东胡的一支,生活在今辽河上游西拉木伦河一带。10世纪初耶(yē)律阿保机统一各部,建立契丹国。　⑯傅尧俞:字钦之,郓(yùn)州须城(今山东东平)人。曾任监察御史,因直言屡受贬黜(chù)。宋哲宗时任中书侍郎。　⑰宋后:这里指宋哲宗时的太皇太后。　⑱金玉:黄金与珠玉,比喻珍贵美好。

【译文】

丁谓给别人揩拭胡须,其为人多么谄媚;彭乐割断肠子与敌人决战,不也十分英勇吗。挖出身上的肉来治疗伤口,这只是暂时救助眼前的急难;胸部受伤而假装去按足,这是刘邦用计谋安定众人之心。汉时张良踩刘邦的脚,附着耳朵建议刘邦封韩信为齐王;东

十七、身体　143

方朔遇到一位仙人,这位仙人自称曾洗涤骨髓,除掉身上的毛发。尹继伦,契丹人称他为黑面大王;傅尧俞,宋哲宗时的太皇太后称他为金玉君子。

17.6 土木形骸(hái)[1],不自妆饰[2];铁石心肠[3],秉性[4]坚刚[5]。叙会晤(wù)[6]曰得挹(yī)[7]芝眉[8],叙契阔[9]曰久违[10]颜范[11]。请女客曰奉迓(yà)[12]金莲[13],邀亲友曰敢[14]攀玉趾[15]。侏(zhū)儒[16]谓人身矮,魁梧[17]称人貌奇[18]。龙章凤姿[19],廊庙[20]之彦[21];獐(zhāng)头鼠目[22],草野[23]之夫[24]。

【注释】

[1]土木形骸:形体像自然界的土木一样,比喻人不加修饰的本来面目。形骸:人的躯体。 [2]妆饰:打扮。 [3]铁石心肠:心肠像铁和石头一样,形容人刚强的性格。 [4]秉性:性格。 [5]坚刚:刚强。 [6]会晤:会面;会见。 [7]挹:通"揖(yī)",指拜揖、拜见。 [8]芝眉:紫芝眉宇的省称。指唐朝人紫芝的眉宇。后用来指初次识面。一说用来称颂人的德行高洁。 [9]契阔:久别。 [10]久违:久别重逢时的套语。 [11]颜范:容颜风范。 [12]奉迓:恭迎;接待。迓:迎接。 [13]金莲:女子的纤足。这里指女子。 [14]敢:谦辞,相当于"冒昧"。 [15]玉趾:对人脚步的敬称。 [16]侏儒:身材异常矮小的人。 [17]魁梧:身体强壮高大。 [18]奇:非常;特别。 [19]龙章凤姿:形容神采非凡。龙章:龙形;龙纹。比喻不凡的风度。 [20]廊庙:指朝廷。 [21]彦:贤士;俊才。 [22]獐头鼠目:獐子小而尖的头,老鼠小而圆的

眼睛,形容相貌丑陋猥琐(wěisuǒ)而神情狡猾。　㉓草野:旧时指民间。　㉔夫:成年男子。

【译文】

土木形骸,指不加修饰打扮的本来面目;铁石心肠,形容人的性格刚强。与人会面称为"得挹芝眉"即得以见到紫芝的眉宇,久别相逢就说"久违颜范"即好久没有见到你的容颜风范。邀请女性客人,就说奉迓金莲;邀请亲朋好友,就说敢攀玉趾。身材特别矮小的人称为侏儒,身体强壮高大叫作魁梧。"龙章凤姿"即龙一样的形状、凤一样的姿态,指的是朝廷中出众的人才;"獐头鼠目"即獐子那样小而尖的头、老鼠那样小而圆的眼睛,形容民间的卑贱之人。

17.7　恐惧过甚①,曰畏首畏尾②;感佩③不忘,曰刻骨铭心④。貌丑曰不扬⑤,貌美曰冠玉⑥。足跛(bǒ)⑦曰蹒跚(pánshān)⑧,耳聋曰重(zhòng)听⑨。期期艾艾⑩,口讷(nè)⑪之称;喋(dié)喋⑫便(pián)便⑬,言多之状。可嘉⑭者小心翼翼⑮,可鄙⑯者大言不惭⑰。

【注释】

①过甚:过分。　②畏首畏尾:怕前怕后,形容疑虑重重。　③感佩:感动敬佩。　④刻骨铭心:铭刻在骨头上或心上,比喻牢牢记住,永远不忘。　⑤不扬:指容貌不英俊。　⑥冠玉:装饰帽子的美玉,多用来形容男子貌美。　⑦跛:腿或脚有毛病,走起路来一瘸(qué)一拐。　⑧蹒跚:形容走路缓慢、摇摆的样子。　⑨重听:听觉迟钝;耳聋。　⑩期期艾艾:形容说话结巴。　⑪口讷:说话迟钝。

⑫喋喋:多言;唠叨(láodao)。 ⑬便便:善于说话的样子。 ⑭可嘉:值得赞扬或褒奖。 ⑮小心翼翼:原形容严肃虔(qián)敬的样子,现用来形容举动十分谨慎,丝毫不敢疏忽。 ⑯可鄙:令人鄙视;让人瞧不起。 ⑰大言不惭:说大话而不感到惭愧。

【译文】

过分恐惧,叫作畏首畏尾;感动敬佩,永远不忘,叫作刻骨铭心。长相丑陋称为不扬,相貌美丽称为冠玉。脚有毛病,走路一瘸一拐称为蹒跚;耳朵听不见声音称为重听。期期艾艾,指的是说话迟钝;喋喋便便,指的是话说得太多。值得赞扬的是举止严肃虔敬,令人讨厌的是说大话而不感到惭愧。

17.8 腰细曰柳腰①,身小曰鸡肋②。笑人齿缺,曰狗窦(dòu)③大开;讥人不决④,曰鼠首⑤偾(fèn)事⑥。口中雌黄⑦,言事而多改移⑧;皮里春秋⑨,胸中自有褒贬。

【注释】

①柳腰:比喻女子纤柔的身腰。 ②鸡肋:比喻瘦弱的身体。 ③狗窦:狗洞,供狗出入的洞。窦:孔;洞。 ④决:果断。 ⑤鼠首:即"首鼠",指踌躇(chóuchú)、迟疑不决。 ⑥偾事:败事。偾:毁坏;败坏。 ⑦口中雌黄:指随口改正不妥当的言辞。雌黄:一种橙黄色的矿物,可作颜料,古时用来涂改文字。 ⑧改移:更改;改变。 ⑨皮里春秋:指藏在心里不说出来的评论。春秋:相传孔子修订《春秋》,意含褒贬。借指评论。

【译文】

纤细的腰肢称为柳腰,瘦小的身材称为鸡肋。讥笑别人牙齿缺落,叫作狗窦大开;嘲讽别人处事不果断,叫作鼠首偾事。口中雌黄,指的是说出的话经常改变;皮里春秋,指的是心中藏有对事物的评价。

17.9 唇亡齿寒①,谓彼此之失依;足上首下,谓尊卑②之颠倒。所为得意,曰吐气扬眉③;待人诚心,曰推心置腹④。心慌曰灵台⑤乱,醉倒曰玉山颓(tuí)⑥。睡曰黑甜⑦,卧曰息偃(yǎn)⑧。口尚乳臭(xiù)⑨,谓世人年少无知;三折其肱(gōng)⑩,谓医士老成⑪谙(ān)练⑫。

【注释】

①唇亡齿寒:失去嘴唇,牙齿就会觉得寒冷,比喻双方利害关系十分密切。　②尊卑:贵贱;位分的高低。　③吐气扬眉:即扬眉吐气,形容被压抑的心情得到舒展而快活如意。④推心置腹:把自己的心放入别人的腹中,比喻以至诚之心待人。　⑤灵台:心。　⑥玉山颓:形容人酒醉后的神态。颓:倒塌。　⑦黑甜:酣(hān)睡;熟睡。　⑧息偃:安息;休息。　⑨口尚乳臭:口中还有奶味,指幼稚。　⑩三折其肱:多次折断胳膊(gēbo),良医的代称。肱:胳膊。⑪老成:老练持重。　⑫谙练:熟练;有经验。

【译文】

唇亡齿寒,指的是互相之间失去了依靠;脚上头下,指的是尊贵和卑贱的次序颠倒了。做事情快活如意,叫作吐气扬眉;以真诚之心待人,叫作推心置腹。心慌叫作灵台乱,喝醉倒下叫作玉山颓。睡觉叫作黑甜,躺下休息叫作息偃。"口尚乳臭"即口中还有奶味,指人年少无知;"三折其肱"即多次折断胳膊,指医生老练持重,经验丰富。

17.10 西子①捧心②,愈见增妍(yán)③;丑妇效颦(pín)④,弄巧反拙⑤。慧眼⑥始知道骨⑦,肉眼⑧不识贤人⑨。婢膝奴颜⑩,谄(chǎn)容⑪可厌;胁肩谄笑⑫,媚态⑬难堪⑭。忠臣披肝⑮,为君之药;妇人长舌⑯,为厉之阶⑰。

【注释】

①西子:即西施。春秋时越国美女,越王勾践在吴越争战中失败后,把她献给吴王夫差。　②捧心:指用手捧着心口。③妍:美丽。　④丑妇效颦:即"东施效颦"。见14.6注⑪。⑤弄巧反拙:本来想取巧,结果反而把事情办坏了。拙:笨拙;迟钝。　⑥慧眼:佛教语。五眼之一。指二乘的智慧之目。也泛指能照见实相的智慧。　⑦道骨:指修道者的气质。⑧肉眼:佛教语。五眼之一。指肉身之眼。其缺陷是见近不见远,见前不见后,见明不见暗。也泛指短浅的目光。⑨贤人:有品德或才能的人。　⑩婢膝奴颜:形容谄媚逢迎、卑躬屈膝、奴才相十足的样子。　⑪谄容:奉承、献媚的样子。　⑫胁肩谄笑:耸起肩膀,装出笑脸,形容极端谄媚的样子。　⑬媚态:巴结、讨好别人的姿态。　⑭难堪:难以忍受。　⑮披肝:即披肝沥(lì)胆,比喻极尽忠诚。⑯长舌:长长的舌头,比喻好说闲话、搬弄是非。　⑰厉之

阶:祸端。厉:灾祸;祸患。

【译文】

西施用手捧着胸口,显得更加美丽;丑妇东施仿效西施皱眉头,反而使自己更显丑陋。慧眼才能发现修道者的气质,肉眼看不出谁是贤能的人。谄媚逢迎,卑躬屈膝,这种献媚的样子令人十分讨厌;耸起肩膀,装出笑脸,这种巴结别人的姿态使人难以忍受。忠臣竭诚劝谏(jiàn),这是君主的良药;长舌妇搬弄是非,这是祸患的根源。

17.11　事遂心①曰如愿②,事可愧曰汗颜③。人多言曰饶舌④,物堪⑤食曰可口⑥。泽及枯骨⑦,西伯⑧之深仁⑨;灼艾分痛,宋祖之友爱⑩。唐太宗⑪为臣⑫疗病,亲剪其须;颜杲(gǎo)卿⑬骂贼不辍(chuò)⑭,贼断其舌。

【注释】

①遂心:合自己的心意。　②如愿:符合愿望。　③汗颜:因惭愧而脸上出汗,泛指惭愧。　④饶舌:唠叨(láodao);多嘴。　⑤堪:能;可以。　⑥可口:适合口味。　⑦泽及枯骨:恩泽施及死去的人,形容恩情深厚。　⑧西伯:指周文王。见2.9注⑥。　⑨仁:对人友爱,有同情心。　⑩灼艾分痛,宋祖之友爱:见8.4注③。　⑪唐太宗:即李世民。唐代皇帝,李渊的次子。隋末随父反隋,为建立唐朝立下很大功劳。即位后,采取一系列有利于社会安定和发展的措施,形成了著名的"贞观之治"。　⑫臣:这里指李勣(jì),原名徐世勣,曹州离狐(今山东东明)人。唐太宗手下的著名

大将。　⑬颜杲卿：京兆长安(今陕西西安)人。唐玄宗时任常山太守。安史之乱时,起兵反安禄(lù)山,兵败被杀。　⑭辍：停止；中止。

【译文】

事情符合自己的心意叫作如愿,事情令人惭愧叫作汗颜。一个人话太多叫作饶舌,食物的味道好叫作可口。恩泽施及死去的人,这是周文王深深的仁德；为弟弟灼艾时同时灼烧自己以分担痛苦,这是宋太祖对弟弟的友爱。唐太宗为了给大臣李勣治病,亲自剪下了自己的胡须；颜杲卿不停地痛骂反贼安禄山,被割掉了舌头。

17.12　不较横(hèng)逆①,曰置之度外②；洞悉③虏情④,曰已入掌中⑤。马良⑥有白眉,独出乎众；阮籍⑦作青眼⑧,厚待乎人。咬牙封⑨雍齿⑩,计安众将之心；含泪斩丁公⑪,法正⑫叛臣之罪。

【注释】

①横逆：横暴无理的行为。　②置之度外：放在考虑之外,指不把生死、利害等放在心上。　③洞悉：很清楚地知道。　④虏情：敌人的情况。虏：指敌人、叛逆。　⑤已入掌中：已在掌握之中,表示对事情很有把握。　⑥马良：字季常,襄阳宜城(今属湖北)人。刘备称帝后官拜侍中。　⑦阮籍：字嗣(sì)宗,陈留尉(wèi)氏(今属河南)人。三国魏时曾任步兵校尉。是著名的"竹林七贤"之一。　⑧青眼：眼睛正视时,黑眼珠居中,称为青眼,表示重视或尊重。　⑨封：古代帝王把土地、爵(jué)位、称号等赐给亲属和臣子。

⑩雍齿:秦末泗(sì)水沛(今属江苏)人。曾随刘邦起兵反秦,后背叛刘邦,最后又追随刘邦。　⑪丁公:即丁固,西汉初薛县(今山东滕县)人。曾在项羽手下任将领。　⑫法正:指依法办理。

【译文】

不计较别人横暴无理的行为,叫作"置之度外"即放在考虑之外;清楚地了解敌情,叫作"已入掌中"即已在掌握之中。马良的眉中有白色的毛,才能最出众;阮籍用青眼看人,表示对人重视。刘邦咬牙先封雍齿为侯,这是用计谋安定众将领之心;刘邦含着眼泪处死对自己有恩的丁公,是为了依法惩治背叛的臣子犯下的罪行。

17.13　掷果盈①车,潘安仁②美姿可爱;投石满载,张孟阳③丑态堪憎。事之可怪,妇人生须;事所骇闻④,男人诞子⑤。求物济用⑥,谓燃眉之急⑦;悔事无成,曰噬脐(shìqí)何及⑧。情不相关,如秦越⑨人之视肥瘠(jí)⑩;事当探本,如善医者只⑪论精神。

【注释】

①盈:满。　②潘安仁:即潘岳。见5.11注⑦。　③张孟阳:即张载,字孟阳,安平(今属河北)人。西晋时曾任中书侍郎。　④骇闻:骇人听闻,使人听了非常震惊。　⑤诞子:生孩子。诞:生育;出生。　⑥济用:有助于运用或使用。　⑦燃眉之急:比喻事情十分紧急,如同火烧眉毛一样。　⑧噬脐何及:用嘴怎么能咬着自己的肚脐,比喻后悔不及。噬:咬。　⑨秦越:春秋时秦国在西北,越国在东南,相距极远,

比喻疏远隔膜,互不关心。　⑩肥瘠:肥瘦。瘠:瘦弱。
⑪只:有的本子作"衹(zhī)"。

【译文】

潘安仁姿态美丽,令人爱慕,他乘车外出时,女子们投给他的水果装了满满一车;张孟阳长相丑陋,令人讨厌,他乘车外出时,小孩们投给他的石头装满了整整一车。妇女长出了胡须,这是令人奇怪的事情;男人生下了小孩,这是骇人听闻的事情。寻求东西来满足需要,就说有"燃眉之急"即像火烧眉毛一样紧急;后悔事情没有办成,就说"噬脐何及"即用嘴怎么能咬着自己的肚脐。对事物不予留意,就像秦国人与越国人不关心对方长得胖瘦一样;对事情应当探求本源,就像一个好的医生重视病人的精神状态一样。

17.14　无功食禄(lù)①,谓之尸位素餐②;谫(jiǎn)劣③无能,谓之行尸走肉④。老当益壮⑤,宁⑥知⑦白首之心;穷且益坚⑧,不坠⑨青云之志⑩。一息尚存⑪,此志不容少懈⑫;十手所指⑬,此心安⑭可自欺。

【注释】

①食禄:享受俸(fèng)禄。　②尸位素餐:指空占职位而无作为,白吃饭而不做事。尸位:空占职位。素餐:白吃饭。　③谫劣:浅薄低劣。　④行尸走肉:比喻不动脑筋、无所作为、糊里糊涂混日子的人。　⑤老当益壮:指虽然年老,但是志向更高,干劲更足。益:更加。　⑥宁:难道;岂。　⑦知:通常解作"移",指改变应该更加坚定。　⑧穷且益坚:境遇困穷时应该更加坚定。　⑨坠:丧失。　⑩青云之志:比喻积极

向上的志向。青云:高空的云,也比喻高位。　⑪一息尚存:还有一口气,指还活着。　⑫懈:松懈,做事懒散。　⑬十手所指:指人如有不善,众人争相指责。　⑭安:怎么;哪里。

【译文】

没有功劳而享受俸禄,称为尸位素餐;一个人浅薄无能,称为行尸走肉。虽然年老,志向应当更高,干劲应当更足,怎么能在年老时改变自己的心志;境遇困穷时应该更加坚定,不丧失积极向上的志向。只要还有一口气,这个志向就不容许有丝毫的懈怠(dài);如有不善,众人就会争相指责,人怎么能欺骗自己的心灵。

十八、衣服

【题解】

本节分为六段,讲述了与服饰相关的一些知识,主要包含以下三个方面的内容:

1. 介绍了一些服饰的不同名称,如元服、弁(biàn)、冔(xǔ)、冕(miǎn)、冠等都是指帽子,履、舄(xì)、屣(xǐ)等都是指鞋子;说明了衣服不同部位的称呼,如上身穿的衣服称为衣,下身穿的衣服称为裳,衣的前面叫襟(jīn),衣的后面叫裾(jū)。

2. 介绍了与服饰相关的一些词、成语和典故,如"布衣""青衿(jīn)""锦衣夜行""鹑(chún)衣百结""缓带轻裘(qiú)"等,并说明了它们的含义和用法。

3. 列举了几位服饰俭朴的历史名人,如尧帝要到服饰用旧了才换新的,汉代宰相公孙弘一床布被盖了十年,晋文公衣不重裘。同时,文中也提到了一些在服饰上十分奢侈的人,如孟尝君为他的三千门客提供缀(zhuì)有珍珠的鞋,牛僧孺(rú)的众多妻妾一个个都头戴金钗(chāi)。文中最后指出,一个人的服饰要与他的身份相符,而那些志向远大的人,则不会在乎服饰的好坏。

18.1 冠①称元服②，衣曰身章③。曰弁(biàn)④曰冔(xǔ)⑤曰冕(miǎn)⑥，皆冠之号；曰履⑦曰舄(xì)⑧曰屣(xǐ)⑨，悉⑩鞋之名。上公⑪命服⑫有九锡⑬，士人⑭初冠⑮有三加⑯。簪缨(zānyīng)⑰缙(jìn)绅⑱，仕宦(huàn)⑲之称；章甫⑳缝掖(yè)㉑，儒者㉒之服。布衣㉓即白丁㉔之谓，青衿(jīn)㉕乃生员㉖之称。

【注释】

①冠：帽子。　②元服：指帽子。元即头，帽子戴在头上，故称元服。　③身章：衣服的文饰。也指衣服。　④弁：古代一种男子戴的帽子。　⑤冔：殷代对一种帽子的称呼。　⑥冕：古代天子、诸侯、卿、大夫所戴的礼帽，后来专指帝王的礼帽。　⑦履：鞋。　⑧舄：古代一种底上垫有木板的鞋。也泛指鞋。　⑨屣：鞋。　⑩悉：全；都。　⑪上公：汉代指太傅，因位在三公（大司马、大司徒、大司空）之上，故称。　⑫命服：原指周代天子赐予元士至上公九种不同命爵(jué)的衣服，后泛指官员及其配偶按等级所穿的制服。　⑬九锡：古代天子赐给诸侯、大臣的九种器物，是一种最高礼遇。　⑭士人：士大夫；儒生。也泛指民众、百姓。　⑮初冠：男子成年。　⑯三加：古代行冠礼时，初加缁(zī)布冠，次加皮弁，再加爵弁，称为三加。　⑰簪缨：古代官吏的帽饰，借指显贵。　⑱缙绅：把朝笏(hù)插于绅带间。旧时官员的装束。也借指士大夫。　⑲仕宦：官员。　⑳章甫：商代的一种帽子，后用来称儒者所戴的帽子。　㉑缝掖：大袖单衣，古代儒者所穿的衣服。　㉒儒者：崇奉

孔子学说的人。汉以后也泛指读书人。　㉓布衣：布制的衣服。因古时平民常穿布衣,所以也用来指平民。　㉔白丁：旧指没有功名的人。　㉕青衿：明清时秀才所穿的衣服。㉖生员：秀才的通称。

【译文】

帽子称为元服,衣服称为身章。弁、冔、冕,都是对帽子的称呼；履、舄、屣,都是鞋的名称。帝王赐给上公的制服中有九种特殊的器物,士人成年行加冠礼时要戴三种不同的帽子。簪缨、缙绅,都是指官员；章甫、缝掖,都是儒者所穿的衣服。布衣是对平民的称呼,青衿是对秀才的称呼。

18.2　葛屦(jù)①履②霜,诮(qiào)③俭啬(sè)④之过甚⑤；绿衣黄里⑥,讥贵贱之失伦⑦。上服⑧曰衣,下服曰裳⑨；衣前曰襟(jīn)⑩,衣后曰裾(jū)⑪。敝衣⑫曰褴褛(lánlǚ)⑬,美服曰华裾⑭。襁褓(qiǎngbǎo)⑮乃小儿之衣,弁髦(biànmáo)⑯亦小儿之饰。左衽(rèn)⑰是夷狄⑱之服,短后⑲是武夫⑳之衣。

【注释】

①葛屦：用葛草编成的鞋。屦：古代一种用麻、葛等制成的鞋。②履：踩；行走。　③诮：讽刺；讥讽。　④俭啬：吝(lìn)啬。　⑤过甚：过分。　⑥绿衣黄里：比喻尊卑颠倒,贵贱失序。因古人以黄为正色,绿为杂色,以杂色为衣,正色反而变成了衣里,故称。　⑦伦：条理；次序。　⑧上服：上身穿的衣服。　⑨裳：古人穿的下衣。　⑩襟：上衣或袍

子胸前的部分。　⑪裾：衣服的前后襟。也泛指衣服的前后部分。　⑫敝衣：破旧的衣服。敝：破旧。　⑬褴褛：形容衣服破烂。　⑭华裾：华丽的衣服。　⑮襁褓：包裹婴儿的被子和背婴儿的带子。　⑯弁髦：古代男子成年前的装束。弁：黑色的布帽。髦：儿童眉际垂下的头发。　⑰左衽：衣襟向左。是我国古代某些少数民族的服装。　⑱夷狄：指边远少数民族地区。　⑲短后：后幅较短的上衣。便于活动，多为武士之衣。　⑳武夫：有勇力的人。

【译文】

穿着用葛草编成的鞋在霜上行走，这是讽刺人过于吝啬；绿色的衣服，黄色的里子，这是讥讽贵贱失序。上身穿的衣服叫作衣，下身穿的衣服叫作裳；衣服胸前的部分称为襟，衣服后面的部分称为裾。破旧的衣服叫作褴褛，华美的衣服叫作华裾。襁褓是婴儿用的衣服，弁髦也是小孩的装束。衣襟向左是边远地区少数民族所穿的衣服，后幅较短的上衣是武士所穿的。

18.3　尊卑失序，如冠履①倒置；富贵不归，如锦衣夜行②。狐裘（qiú）③三十年，俭称晏子④；锦帐⑤四十里，富羡石崇⑥。孟尝君⑦珠履⑧三千客，牛僧孺（rú）⑨金钗（chāi）十二行（háng）⑩。

【注释】

①冠履：帽子和鞋。　②锦衣夜行：穿着精美的丝绸衣服在黑夜中行走，指人显贵后不为家乡人所知。　③狐裘：用狐皮做的衣服。　④晏子：即晏婴，字平仲，春秋时齐国夷维

(今山东高密)人。任齐卿。历仕灵公、庄公、景公三君。能直言劝谏(jiàn)。　⑤锦帐:锦制的帷(wéi)帐。　⑥石崇:字季伦,晋时渤海南皮(今属河北)人。曾任荆州刺史,奢华无度。　⑦孟尝君:即田文。战国时齐国贵族。齐湣(mǐn)王时任宰相。喜养士,门下有食客数千人。　⑧珠履:饰有珠子的鞋。　⑨牛僧孺:字思黯(àn),唐代安定敦煌(gū,今甘肃灵台)人。曾任宰相。　⑩金钗十二行:指姬(jī)妾众多。金钗:妇女插于发髻(jì)的金制首饰,借指妇女。

【译文】

尊贵和卑贱的次序混乱,就像帽子和鞋在身上的位置颠倒一样;一个人富贵后不回到家乡,就像穿着精美的丝绸衣服在黑夜中行走。一件用狐皮做的衣服穿了三十年,这是称赞晏子俭朴;用锦制成长达四十里的帷帐,这是羡慕石崇富有。孟尝君门下食客三千,都穿着饰有珠子的鞋;牛僧孺姬妾众多,个个头戴金钗。

18.4　千金①之裘(qiú)②,非一狐之腋(yè)③;绮(qǐ)罗④之辈⑤,非养蚕之人。贵者重裀(yīn)叠褥⑥,贫者裋褐(shùhè)⑦不完。卜子夏⑧甚贫,鹑(chún)衣百结⑨;公孙弘⑩甚俭,布被十年。南州冠冕(miǎn)⑪,德操⑫称庞统⑬之迈众⑭;三河⑮领袖,崔浩⑯羡裴(péi)骏⑰之超群。

【注释】

①千金:形容贵重。　②裘:皮衣;用毛皮做的衣服。
③腋:禽兽翅腿与腹部的连接处。这里指腋下的皮毛。
④绮罗:泛指华贵的丝织品或丝绸衣服。　⑤辈:某一范围

或类型的人。　⑥重裀叠褥:指坐卧的垫具一层又一层,铺得很厚。裀:通"茵(yīn)",指褥垫、毯子之类。　⑦袒褐:粗陋的布衣。古代多为贫贱者所穿。　⑧卜子夏:孔子弟子,姓卜,名商,字子夏,卫国温邑(yì,今河南温县)人。以擅长文学著称。　⑨鹑衣百结:形容衣服上缀满补丁,破烂不堪。鹑衣:像鹑(ān)鹑身上的羽毛似的破烂不堪的衣服。因鹑鹑的羽毛又短又花,望去颇似破衣服,故称。　⑩公孙弘:西汉菑(zī)川(治今山东淄〔zī〕博市)薛人。受汉武帝重用,官至丞相,封平津侯。　⑪南州冠冕:比喻南方的杰出人才。南州:泛指南方地区。冠冕:指居于首位。　⑫德操:即司马徽,字德操,东汉末颍(yǐng)川阳翟(dí,今河南禹州)人。善于知人。　⑬庞统:字士元,襄阳(今湖北襄樊)人。与诸葛亮齐名,号"凤雏(chú)"。曾在刘备手下任军师中郎将。　⑭迈众:超出众人。迈:超越;超出。　⑮三河:汉人称河东、河内、河南三郡(jùn)为"三河"。　⑯崔浩:字伯渊,清河东武城(今山东武城西北)人。魏太武帝时位至司徒。　⑰裴骏:字神驹(jū),河东闻喜(今属山西)人。魏太武帝时为中书博士、散骑常侍。以才学著名。

【译文】

价值千金的皮衣,不是仅由一只狐狸腋下的皮毛制成的;身穿丝绸衣服的,并不是养蚕的人。地位高贵的人使用铺得很厚的坐垫,贫穷的人穿着破烂的粗布衣服。卜子夏家里很穷,所穿的衣服上缀满补丁;公孙弘十分节俭,一条布被子盖了十年。庞统的智慧超出众人,司马徽称他为"南州冠冕"即南方地区最杰出的人;裴骏才学超群,崔浩称他为"三河领袖"即河东、河内、河南三郡的领袖人物。

18.5 虞舜①制衣裳,所以②命③有德;昭侯④藏敝⑤裤,所以待有功。唐文宗⑥袖经三浣(huàn)⑦,晋文公⑧衣不重裘(qiú)⑨。衣履⑩不敝,不肯更为,世称尧帝⑪;衣不经新,何由得故⑫,妇劝桓冲⑬。王氏之眉贴花钿(diàn)⑭,被韦固⑮之剑所刺;贵妃⑯之乳服⑰诃(hē)子⑱,为禄(lù)山⑲之爪⑳所伤。

【注释】

①虞舜:见17.1注⑥。　②所以:用以;用来。　③命:帝王赐给臣下物品。　④昭侯:指韩昭侯。战国时韩国国君。　⑤敝:破旧。　⑥唐文宗:即李昂。唐代皇帝。在位时企图铲除宦(huàn)官势力,事败后被宦官软禁至死。　⑦浣:洗。　⑧晋文公:见17.1注㉓。　⑨衣不重裘:不重叠穿着皮衣,形容衣着朴素。裘:皮衣;用毛皮做的衣服。　⑩履:鞋。　⑪尧帝:见2.9注②。　⑫故:旧。　⑬桓冲:字幼子,谯(qiáo)国龙亢(今安徽怀远西北)人。东晋时曾任荆州刺史、车骑将军、侍中。　⑭花钿:用金翠珠宝制成的花形首饰。　⑮韦固:唐代杜陵人。　⑯贵妃:即杨贵妃。见14.3注⑬。　⑰服:穿着。　⑱诃子:妇女抹胸(古代的一种内衣,清代又称肚兜)之类。　⑲禄山:即安禄山,营州柳城(今辽宁朝阳南)胡人。曾任平卢、范阳、河东三节度使。天宝十四年(公元755年)在范阳起兵,攻陷洛阳,自称雄武皇帝,国号燕。至德二年(公元757年)被部将杀死。　⑳爪:手指。

【译文】

虞舜制作衣服,用来赐给有德的人;韩昭侯把旧裤子收藏起来,用来赏给有功的人。唐文宗身上穿的衣服经过多次洗涤,晋文公不重叠穿皮衣服。帝尧在衣服和鞋子不破旧时不肯更换,受到世人的称颂;桓冲不肯穿新衣服,他的妻子劝他:衣服不经过新的,怎么可能变旧。王氏的眉毛部位贴着花形的首饰,因为她的眉部曾被丈夫韦固派人刺伤;杨贵妃的胸部穿着抹胸,因为她的乳房被安禄山的手指抓伤了。

18.6 姜氏①翕(xī)和②,兄弟每宵③同大被;王章④未遇⑤,夫妻寒夜卧牛衣⑥。缓带⑦轻裘(qiú)⑧,羊叔子⑨乃斯文⑩主将;葛巾⑪野服⑫,陶渊明⑬真陆地神仙⑭。服之不衷⑮,身之灾也;缊(yùn)袍⑯不耻,志独超欤(yú)⑰。

【注释】

①姜氏:见8.4注①。　②翕和:和合;和睦。　③宵:夜晚。　④王章:字仲卿,西汉泰山钜(jù)平(今山东泰安南)人。汉成帝时任司隶校尉、京兆尹。　⑤未遇:未发迹;未得到赏识和重用。　⑥牛衣:供牛御寒用的披盖物。　⑦缓带:宽束衣带,形容悠闲自在,从容不迫。　⑧轻裘:轻暖的皮衣。裘:皮衣;用毛皮做的衣服。　⑨羊叔子:指羊祜(hù),字叔子,泰山南城(今山东费县西)人。魏时任中领军。司马炎称帝后升中军将军,后官至征南大将军。　⑩斯文:文人。　⑪葛巾:用葛布制成的头巾。　⑫野服:村野平民的服装。　⑬陶渊明:见17.4注③。　⑭陆地神仙:指

隐士之类。　　⑮服之不衷：指服饰与身份不符合。衷：适当；恰当。　　⑯缊袍：用旧絮（xù）制作的袍子。缊：旧絮。⑰钦：表示感叹，相当于"啊"。

【译文】

　　姜氏三兄弟十分和睦，每天晚上都同盖一床大被子睡觉；王章没有发迹时，在寒冷的夜晚与妻子一起盖着供牛御寒用的披盖物睡觉。羊叔子宽束衣带，身穿轻暖的皮衣，被称为斯文主将；陶渊明头戴葛布制成的头巾，身穿村野平民的服装，真可谓陆地神仙。服饰不适合自己的身份，会给身体带来灾祸；身穿用旧絮制作的袍子而不感到羞耻，那是因为他的志向超出众人啊。

卷 三

十九、人事

【题解】

人事既可指事理人情,也可指人与人之间的关系,还可以指人的离合、境遇、存亡等情况。本节中所说的人事,可泛指与人有关的事情及其中的道理。本节分为二十七段,是《幼学琼林》中篇幅最长的一节,主要包含以下两个方面的内容:

1. 介绍了诸多日常生活中与人交往时所用的称呼、术语等,如称别人为阁下、足下,称自己所送的礼物为菲(fěi)仪,称希望他人给自己写信为盼早赐玉音,称托人替自己说话为借重鼎言,称别人劝告自己为多蒙药石,等等。这些说法,我们当然也可以用大白话来讲,但那样会显得你缺乏文化素养,因此,该节中的这些内容在生活中是很有实用价值的。

2. 列举了大量与人们的生活关系密切的词、成语和典故。它们或为历史知识,如毛遂片言九鼎,岳飞背涅(niè)尽忠报国,李义府阴柔害物;或为做人的道理,如为善则流芳百世,为恶则遗臭万年,识时务者为俊杰;或为成语典故,如结草衔环、渐入佳境、奇货可居、破釜(fǔ)沉舟;等等。对于提高人们的文化水平有很好的帮助。

19.1 《大学》①首重夫②明新③,小子④莫⑤先于应对⑥。其容⑦固⑧宜⑨有度,出言尤贵有章⑩。智欲圆⑪而行欲方⑫,胆欲大而心欲小⑬。

【注释】

①《大学》:《礼记》中的一篇,是儒家经典"四书"之一。
②夫:那;这。　③明新:"明明德"和"新民"的缩略,意即阐明完美的德行和使民众向善。　④小子:学生;晚辈。
⑤莫:表示"没有什么东西"。　⑥应对:答对,回答别人的问话。　⑦容:仪容。　⑧固:固然。　⑨宜:应该。
⑩有章:有法度,有文采。　⑪圆:完备;周全。　⑫方:正直。　⑬小:精细。

【译文】

《大学》一书最重视的是阐明完美的德行和使民众向善,学生们首先要学习的就是如何答对。一个人的行为举止固然应该有一定的规矩,说话尤其要注意有法度和文采。考虑问题要周全完备而行动要端方正直,做事时胆子要大而心要细。

19.2 阁下①、足下②,并③称人之辞;不佞(nìng)④、鲰(zōu)生⑤,皆⑥自谦⑦之语。恕罪⑧曰宽宥(yòu)⑨,惶恐⑩曰主臣⑪。大春元⑫、大殿选⑬、大会状⑭,举人⑮之称不一;大秋元⑯、大经元⑰、大三元⑱,士人⑲之誉多殊⑳。大掾(yuàn)史㉑,推美㉒吏员㉓;大柱石㉔,尊称乡宦(huàn)㉕。

【注释】

①阁下：对人的敬称。多用于书信中。　②足下：古代下称上或同辈相称的敬辞。现用于对朋友的尊称。　③并：都；全部。　④不佞：没有才能，常用来谦称自己。　⑤鲰生：小人。本是骂人之词，后用来谦称自己。　⑥皆：都。　⑦自谦：自己表示谦虚。　⑧恕罪：客套话，请对方饶恕自己的过错。　⑨宽宥：宽恕；饶恕。　⑩惶恐：惊慌害怕。　⑪主臣：表示恭敬惶恐的意思。　⑫春元：古代科举春天在京城会试时考中的第一名。也叫会元。　⑬殿选：在皇帝举行殿试时所定的进士。殿：殿试，科举时代帝王在宫廷内考试在会试时考中的人。　⑭会状：会元兼状元。状：状元，科举时代称殿试第一名。　⑮举人：明清两代称乡试时考中的人。　⑯秋元：古代科举秋天在省城（包括京城）乡试时考中的第一名。也叫解元。　⑰经元：五经考试的第一名。　⑱三元：解元、会元兼状元。　⑲士人：读书人。　⑳殊：不同。　㉑掾史：汉代以后职权较重的长官的属吏。掾：古代属官的通称。史：古代官佐的名称。　㉒推美：赞美。　㉓吏员：指官府中的胥(xū)吏或差役。　㉔柱石：担当国家重任的人。指就像柱子支撑梁、石头承托柱子一样。　㉕乡宦：退休后居住乡里的官宦。

【译文】

阁下、足下，都是对人的敬称；不佞、鲰生，都是用来谦称自己的话。请对方饶恕自己的过错叫作宽宥，心中惊慌害怕就说主臣。大春元、大殿选、大会状，是对举人的不同尊称；大秋元、大经元、大三元，对读书人的赞誉各有不同。大掾史，是对官府中的胥吏或差役的美称；大柱石，是对退休后居住乡里的官宦的尊称。

19.3 贺入学,曰云程①发轫(rèn)②;贺新冠③,曰元服④加荣。贺人荣归⑤,谓⑥之锦旋⑦;作商得财,谓之稇(kǔn)载⑧。谦送礼曰献芹⑨,不受馈(kuì)⑩曰反璧⑪。谢人厚礼曰厚贶(kuàng)⑫,自谦礼薄曰菲(fěi)仪⑬。

【注释】

①云程:远大的前程。 ②发轫:拿掉支住车轮的木头,使车前进,泛指新事物或某种局面开始出现。轫:支住车轮不使转动的木头。 ③冠:把帽子戴在头上。古代男子20岁举行冠礼,表示已成年。 ④元服:指冠。古代称行冠礼为加元服。 ⑤荣归:光荣地归来。 ⑥谓:称;叫作。 ⑦锦旋:衣锦还乡,指做官后穿了锦绣的衣服,回到家乡向亲友们夸耀。 ⑧稇载:满载;重载。稇:用绳子捆扎。 ⑨献芹:谦称送人的礼品菲薄或所提的建议浅陋。 ⑩馈:赠送。 ⑪反璧:指谢绝或退还别人赠送的东西。 ⑫厚贶:丰厚的馈赠。贶:赠送。 ⑬菲仪:谦辞,菲薄的礼物。仪:礼物。

【译文】

祝贺他人入学,就说"云程发轫"即开始奔向远大的前程;祝贺他人刚举行冠礼,就说"元服加荣"即戴上帽子增加了荣耀。祝贺他人光荣地归来,叫作"锦旋"即衣锦还乡;经商发了财,叫作"稇载"即满载而归。谦称送礼叫"献芹"即献上菲薄的礼品,不接受馈赠叫"反璧"即退还别人赠送的东西。感谢他人送的厚礼叫厚贶,谦称自己送的礼物太轻叫菲仪。

19.4 送行之礼,谓①之赆(jìn)仪②;拜见③之资④,名曰贽(zhì)敬⑤。贺寿仪曰祝敬⑥,吊⑦死礼曰奠仪⑧。请人远归曰洗尘⑨,携酒送行曰祖饯(jiàn)⑩。犒(kào)⑪仆夫⑫,谓之旌使⑬;演戏文⑭,谓之俳(pái)优⑮。谢人寄书⑯,曰辱⑰承华翰⑱;谢人致问⑲,曰多蒙⑳寄声㉑。望人寄信,曰早赐玉音㉒;谢人许物㉓,曰已蒙金诺㉔。

【注释】

①谓:称;叫作。　②赆仪:送行的礼物。赆:送别时赠给的财物。仪:礼物。　③拜见:敬辞,拜访会见。　④资:财物;钱财。　⑤贽敬:为表敬意所送的礼物。贽:初次拜见尊长时所送的礼物。　⑥祝敬:待考。一说即祝长寿、富有、多男。　⑦吊:祭(jì)奠死者或慰问死者家属。　⑧奠仪:送给死者家属用于祭奠的财物。　⑨洗尘:设宴欢迎远道而来的人。　⑩祖饯:设宴饯别出行的人。　⑪犒:用酒食财物等慰劳。　⑫仆夫:驾驭车马的人。　⑬旌使:奖励使者。旌:表彰。　⑭戏文:泛指戏曲。　⑮俳优:古代指演滑稽戏的艺人。　⑯书:信。　⑰辱:谦辞,表示承蒙。　⑱华翰:敬辞,称对方的书信。翰:书信。　⑲致问:向人表示问候。　⑳蒙:受。　㉑寄声:托人传话。　㉒玉音:对别人言辞的敬称。　㉓许物:应允给予物品。　㉔金诺:珍贵如金的诺言。

【译文】

送行时赠送的礼物,叫作赆仪;拜见他人时所送的礼物,叫作贽敬。贺寿的礼物叫祝敬,祭奠死者的礼物叫奠仪。宴请远方归来的人叫洗尘，拿着酒送人出行叫祖饯。慰劳驾驭车马的人，叫作旌使；表演戏曲的人，称为俳优。感谢他人写信给自己，叫辱承华翰；感谢他人问候自己，叫多蒙寄声。盼望他人给自己写信，叫早赐玉音；感谢他人应允把某物给予自己，叫已蒙金诺。

19.5　具①名帖②，曰③投刺④；发⑤书函⑥，曰开缄(jiān)⑦。思慕久曰极切⑧瞻韩⑨，想望⑩殷⑪曰久怀慕蔺(lìn)⑫。相识未真⑬，曰半面之识⑭；不期而会，曰邂逅(xièhòu)⑮之缘。登龙门⑯，得参⑰名士⑱；瞻山斗⑲，仰望高贤⑳。

【注释】

①具：备办。　②名帖：名片。　③曰：称；叫作。　④投刺：投递名片。刺：古代的名片。　⑤发：打开。　⑥书函：书信。　⑦缄：信封的封口。　⑧极切：十分迫切。　⑨瞻韩：初见面时的敬辞，意即久欲相识。瞻：看；望。韩：指唐朝的荆州长史韩朝宗。　⑩想望：仰慕；思慕。　⑪殷：深厚；深切。　⑫慕蔺：指向往某个贤人。蔺：蔺相如。见 12.2 注⑧。　⑬未真：这里指没有交情。　⑭半面之识：只见过脸的一半或一部分，比喻初次相识或相识不深。　⑮邂逅：偶然遇见。　⑯登龙门：比喻得到有名望者的接待和援引而提高声价。　⑰参：谒(yè)见；拜见。　⑱名士：旧时指以诗文等著称的人。　⑲山斗：泰山、北斗的合称，比喻被人们敬仰的人。　⑳高贤：德高望重的贤人。

【译文】

递上名片，叫作投刺；打开书信，称为开缄。对某人思慕已久，叫作"极切瞻韩"即十分迫切地想认识;对某人深深仰慕,叫作"久怀慕蔺"即早就怀有向往之心。虽然认识但没有交情,叫作半面之识;没有相约而偶然碰到,称为邂逅之缘。登龙门,是指有幸拜见名士;瞻山斗,意即仰望德高望重的贤人。

19.6 一日三秋①,言思慕之甚切②;渴尘万斛(hú)③,言想望④之久殷⑤。睽(kuí)违⑥教命⑦,乃⑧云⑨鄙吝(lìn)⑩复萌⑪;来往无凭⑫,则曰萍踪⑬靡(mǐ)⑭定。虞舜⑮慕唐尧⑯,见尧于羹(gēng)⑰,见尧于墙;门人⑱学孔圣⑲,孔步⑳亦步,孔趋㉑亦趋。曾经会晤(wù)㉒,曰向㉓获承颜㉔接辞㉕;谢人指教,曰深蒙㉖耳提面命㉗。

【注释】

①一日三秋:一天不见,就好像过了三年,形容思念人的心情十分迫切。三秋:三年。　②甚切:十分迫切。　③渴尘万斛:口渴时遇到了万斛尘埃,迫切希望能喝到水,比喻访友不遇,迫切希望能见到。斛:古代容量单位,原为10斗,后改为5斗。　④想望:仰慕;思慕。　⑤殷:深厚;深切。⑥睽违:违背。　⑦教命:指示。　⑧乃:于是;就。⑨云:说。　⑩鄙吝:形容心胸狭窄。　⑪萌:开始发生。⑫凭:依托。　⑬萍踪:浮萍的踪迹,常比喻行踪漂泊不定。⑭靡:无;没有。　⑮虞舜:见17.1注⑥。　⑯唐尧:即尧帝。见2.9注②。　⑰羹:用肉类或菜蔬等制成的带浓汁的食物。⑱门人:学生。　⑲孔圣:即孔子。见11.1注⑤。　⑳步:行走。　㉑趋:快步走。　㉒会晤:会面;

会见。 ㉓向:从前。 ㉔承颜:顺承尊长的颜色,指侍奉尊长。 ㉕接辞:指受到教诲。 ㉖蒙:受。 ㉗耳提面命:贴近耳朵提醒,当着面告诉,形容恳切地教导。

【译文】

一日三秋,说的是思念他人的心情十分迫切;渴尘万斛,是说对他人的思慕久而深切。违背别人的指示,就说鄙吝复萌;来来往往没有固定的地方,就说萍踪靡定。虞舜思念唐尧,在羹汤中仿佛见到了尧,在墙壁上仿佛见到了尧;孔子的学生学习孔子,孔子行走他也行走,孔子快走他也快走。曾经与人见过面,就说向获承颜接辞;感谢别人指教,就说深蒙耳提面命。

19.7 求人涵容①,曰望包荒②;求人吹嘘(xū)③,曰望汲(jí)引④。求人荐引⑤,曰幸为先容⑥;求人改文,曰望赐郢斫(yǐngzhuó)⑦。借重鼎言⑧,是托人言事;望移玉趾⑨,是浼(měi)⑩人亲行。多蒙⑪推毂(gǔ)⑫,谢人引荐⑬之辞;望作领袖⑭,托人倡首⑮之说。

【注释】

①涵容:包容;包涵。 ②包荒:原谅;宽容。 ③吹嘘:比喻奖励提拔。 ④汲引:引水,比喻举荐提拔。 ⑤荐引:推荐引进。 ⑥先容:事先为别人介绍、推荐等。 ⑦郢斫:指请人修改自己的文章。斫:砍;削。 ⑧鼎言:有分量的言论。常用于请人说话帮助的敬辞。 ⑨玉趾:对人脚步的敬称。 ⑩浼:请;央求。 ⑪蒙:受。 ⑫推毂:举荐;援引。 ⑬引荐:推荐。 ⑭领袖:同类人物中

的突出者。　⑮倡首：率先提倡。

【译文】

请求别人包容，就说望包荒；请求别人奖励提拔，就说望汲引。请求别人推荐引进，就说幸为先容；请求别人修改文章，就说望赐郢斫。借重鼎言，是托人说事情时说的话；望移玉趾，是请人亲自前往时说的话。多蒙推毂，是感谢别人推荐时说的话；望作领袖，是请人率先提倡时说的话。

19.8　言辞不爽①，谓②之金石③语；乡党④公论，谓之月旦评⑤。逢人说项斯⑥，表扬善行；名下无虚士⑦，果是贤人。党恶⑧为非，曰朋奸⑨；尽财赌博，曰孤注⑩。徒⑪了事⑫，曰但⑬求塞责⑭；戒明察⑮，曰不必苛求⑯。方命⑰是逆人之言，执拗（niù）⑱是执己之性。

【注释】

①爽：违背；产生差失。　②谓：称；叫作。　③金石：比喻事物坚固、刚强。　④乡党：同乡；乡亲。　⑤月旦评：指品评人物。　⑥项斯：唐朝人，擅长写诗。　⑦名下无虚士：指有盛名的人必有真才实学。虚士：徒有虚名的人。　⑧党恶：结党作恶。党：结成朋党。　⑨朋奸：朋比为奸，指互相勾结做坏事。　⑩孤注：把所有的钱作一次赌注，比喻仅存的可以凭借之物。　⑪徒：只。　⑫了事：使事情平息或结束。　⑬但：只。　⑭塞责：对自己应负的责任敷衍（fūyǎn）了事。　⑮明察：严明苛察。　⑯苛求：过严地要求。苛：过于严厉。　⑰方命：违命；不能从命。

⑱执拗：固执任性，不听从别人的意见。

【译文】

说话严谨，没有差错，叫作金石语；乡亲们的公论，称为月旦评。遇到人就说项斯好，这是表扬善行；盛名之下而有真才实学，这才是真正的贤人。结党作恶，为非作歹，这叫朋奸；把所有的钱财都用上去作一次赌博，叫作孤注。只是把事情做完而不看效果如何，这叫但求塞责；防止严明苛察，这叫不必苛求。方命是指不听从别人的话，执拗是指自己固执任性。

19.9　曰觊觎（jìyú）①、曰睥睨（pìnì）②，总是私心之窥望③；曰倥偬（kǒngzǒng）④、曰旁午⑤，皆⑥言人事之纷纭⑦。小过必察，谓⑧之吹毛求疵（cī）⑨；乘患相攻，谓之落井下石⑩。欲心难厌⑪如溪壑（hè）⑫，财物易尽若漏卮（zhī）⑬。望开茅塞⑭，是求人之教导；多蒙⑮药石⑯，是谢人之箴（zhēn）规⑰。

【注释】

①觊觎：希望得到不属于自己的东西。　②睥睨：窥视，暗中察看。　③窥望：暗中察看。　④倥偬：紧迫匆忙。　⑤旁午：交错；纷繁。　⑥皆：都。　⑦纷纭：多而杂乱。　⑧谓：称；叫作。　⑨吹毛求疵：吹开皮上的毛，寻找里面的毛病，比喻故意寻找缺点和差错。疵：缺点；毛病。　⑩落井下石：见人掉到井里，不但不去救他，反而往下扔石头，比喻在别人面临危难时乘机陷害。　⑪厌：满足。　⑫壑：山沟、深谷或大水坑。　⑬漏卮：底上有孔的酒器。卮：古代

盛酒的器皿。　⑭茅塞：被茅草堵塞，比喻人的思路堵塞。⑮蒙：受。　⑯药石：药剂和砭(biān)石。泛指药物。比喻劝人改过的话。　⑰箴规：劝诫规谏(jiàn)。

【译文】

　　觊觎、睅睨，指的都是因怀有私心而暗中察看；侄偬、旁午，说的都是各种事情多而杂乱。细小的过错也要调查，叫作吹毛求疵；在别人面临危难时乘机陷害，叫作落井下石。人的欲望像溪壑一样难以满足，钱财就像底上有孔的酒器一样容易用光。望开茅塞，是请求别人教导自己时说的话；多蒙药石，是感谢别人规劝自己时说的话。

19.10　芳规①芳躅(zhú)②，皆③善行之可慕；格言④至言⑤，悉⑥嘉言⑦之可听。无言曰缄(jiān)默⑧，息怒⑨曰霁(jì)威⑩。包拯⑪寡色笑⑫，人比其笑为黄河清；商鞅(yāng)⑬最凶残，常⑭见论囚⑮而渭水⑯赤。仇深曰切齿⑰，人笑曰解颐⑱。人微笑曰莞(wǎn)尔⑲，掩口⑳笑曰胡卢㉑。大笑曰绝倒㉒，众笑曰哄堂㉓。

【注释】

　　①芳规：好的法则。　②芳躅：指前贤的踪迹。躅：足迹；踪迹。　③皆：都。　④格言：含有教育意义的精炼语句。　⑤至言：极其高明的言论。　⑥悉：全；都。　⑦嘉言：有教育意义的好言语。　⑧缄默：闭口不说话。　⑨息怒：停止发怒。　⑩霁威：收敛威怒之色。　⑪包拯：字希仁，北宋时庐州合肥(今属安徽)人。曾任开封知府、龙图阁直

学士等职。以清正廉明、不畏权贵、断案明敏著称。民间称他为包公或包青天。　⑫色笑：和悦的容貌。　⑬商鞅：见2.9注⑬。　⑭常：通"尝"，曾经。　⑮论囚：定罪并处决囚犯。　⑯渭水：水名。发源于甘肃，流经陕西入黄河。　⑰切齿：咬紧牙齿，形容极其痛恨。　⑱解颐：脸上露出笑容。颐：面颊(jiá)。　⑲莞尔：形容微笑的样子。　⑳掩口：捂(wǔ)住嘴。　㉑胡卢：喉间的笑声。　㉒绝倒：笑得前仰后合。　㉓哄堂：满屋子的人都大笑。

【译文】

芳规、芳躅，说的都是令人思慕的善行；格言、至言，指的都是有教育意义的好言语。沉默不语叫缄默，停止发怒叫霁威。包拯很少有和颜悦色的时候，所以人们把他的笑比作黄河水清；商鞅为人最凶残，曾经见他处决一批囚犯，连渭水都变成了红色。有深仇大恨叫作切齿，人的脸上露出笑容叫作解颐。人微笑叫莞尔，捂着嘴笑叫胡卢。大笑叫作绝倒，满屋子的人一起笑叫作哄堂。

19.11　留位待贤，谓①之虚左②；官僚③共署④，谓之同寅⑤。人失信曰爽约⑥，又曰食言⑦；人忘誓曰寒盟⑧，又曰反汗⑨。铭心镂(lòu)骨⑩，感德难忘；结草衔环⑪，知恩必报。自惹其灾，谓之解衣抱火⑫；幸离其害，真如脱网就⑬渊⑭。

【注释】

①谓：称；叫作。　②虚左：空着左边的位置。古代以左为尊，虚左表示对宾客的尊敬。　③官僚：官吏，旧时政府工作人员的总称。　④署：办公的处所。　⑤同寅：即同

僚,旧时称同朝或在同一官署做官的人。　⑥爽约:失约,没有履行约定。　⑦食言:不履行诺言。　⑧寒盟:背弃或忘却盟约。　⑨反汗:指翻悔或收回成命。　⑩铭心镂骨:刻在心上或骨头上,形容感念很深,永远不忘。铭:在器物上刻字。镂:雕刻。　⑪结草衔环:指感恩图报。结草:指老人为报恩而把草打成结绊倒敌将。衔环:指被救的黄雀化为童子送来白玉环。　⑫解衣抱火:解下衣服去抱火,比喻不解决问题,只招致危险。　⑬就:接近;靠近。　⑭渊:深潭。

【译文】

留着位置等待贤人,叫作虚左;在同一个场所办公的官员,称为同寅。一个人失信叫作爽约,又叫食言;一个人不遵守誓言叫寒盟,又叫反汗。铭心镂骨,用来形容感念他人的恩德,难以忘怀;结草衔环,表示知道受了人家的恩惠就一定会报答。自己惹来灾祸,叫作解衣抱火;幸而脱离了危险,真像鱼儿摆脱渔网进入深潭中一样。

19.12　两不相入①,谓②之枘(ruì)凿③;两不相投④,谓之冰炭⑤。彼此不合曰龃龉(jǔyǔ)⑥,欲进不前曰趑趄(zījū)⑦。落落⑧,不合之词;区区⑨,自谦之语。竣⑩者,作事已毕之谓;醵(jù)⑪者,敛财⑫饮酒之名。赞襄⑬其事,谓之玉成⑭;分裂难完,谓之瓦解⑮。

【注释】

①相入:彼此投合。　②谓:称;叫作。　③枘凿:榫(sǔn)头和卯眼一方一圆,无法匹配,比喻互相矛盾。枘:榫

头。凿：卯眼。 ④相投：彼此合得来。 ⑤冰炭：冰块和炭火，比喻互相对立的两种事物。 ⑥龃龉：上下牙齿不相对应，比喻意见不合，互相抵触。 ⑦趑趄：想前进又不敢前进的样子。 ⑧落落：形容跟别人合不来。 ⑨区区：旧时的谦辞，用于自称。 ⑩竣：完毕。 ⑪醵：凑钱饮酒。 ⑫敛财：募捐或自动凑集钱财。 ⑬赞襄：辅助；协助。 ⑭玉成：成全。 ⑮瓦解：像瓦器碎裂一样崩溃或分裂。

【译文】

两者之间不能相合，叫作枘凿；互相之间不能投合，叫作冰炭。彼此之间意见不合叫龃龉，想前进又不敢前进叫趑趄。落落，是表示跟别人合不来时用的词；区区，是自谦的说法。竣，是表示事情已经做完；醵，是凑钱饮酒的意思。协助他人做事情，叫作玉成；分裂破碎，叫作瓦解。

19.13 事有低昂①曰轩轾（xuānzhì）②，力相③上下曰颉颃（xiéháng）④。凭空⑤起事曰作俑⑥，仍⑦前踵（zhǒng）⑧弊曰效尤⑨。手口共作⑩曰拮据（jiéjū）⑪，不暇⑫修容曰鞅（yāng）掌⑬。手足并行曰匍匐（púfú）⑭，俯首⑮而思曰低徊（huí）⑯。明珠投暗⑰，大屈才能；入室操戈⑱，自相鱼肉⑲。求教于愚人，是问道于盲⑳；枉道㉑以干主㉒，是炫（xuàn）㉓玉求售。

【注释】

①低昂：高低。 ②轩轾：高低优劣。轩：车前高后低。轾：

车前低后高。　③相:递相;先后。　④颉颃:鸟上下飞动的样子,比喻不相上下。颉:鸟向上飞。颃:鸟向下飞。　⑤凭空:没有依据地。　⑥作俑:指首开先例。俑:古代殉(xùn)葬的偶像,用木或陶制成。　⑦仍:依照;沿袭。　⑧踵:跟随;追随。　⑨效尤:明知别人的行为错误而照样去做。尤:过失;错误。　⑩作:操作,从事某种活动。　⑪拮据:劳苦操作;辛勤操持。　⑫暇:空闲。　⑬鞅掌:指事情纷扰繁忙。　⑭匍匐:爬行。　⑮俯首:低头。　⑯低徊:徘徊(páihuái);流连。　⑰明珠投暗:比喻怀才不遇或好人误入歧途,也泛指珍贵的东西落到不识货的人手中。　⑱入室操戈:即同室操戈,一家人动起刀枪来,比喻内部争斗。　⑲鱼肉:指以暴力残害。　⑳问道于盲:向盲人问路,比喻向毫无所知的人求教。　㉑枉道:违背正道。　㉒干主:求主人重用。干:求。　㉓炫:夸耀;有意显示。

【译文】

事情有高低起伏,这叫轩轾;用力向上或向下,叫作颉颃。做出没有人做过的事情,这叫作俑;沿袭前人的错误,叫作效尤。手和口一起操作,叫作拮据;没有时间去修饰仪容,这叫鞅掌。手脚并用向前移动叫作匍匐,低头思考问题叫作低徊。明珠投暗,指的是人有才能而不能发挥;入室操戈,指的是自相残杀。向愚昧的人求教,叫作问道于盲;违背原则去求主人重用,叫作炫玉求售。

19.14　智谋①之士②,所见略同;仁人③之言,其利甚④溥(pǔ)⑤。班门弄斧⑥,不知分量;岑(cén)楼齐末⑦,不识高卑⑧。势延莫⑨遏(è)⑩,谓之滋蔓(màn)⑪难图⑫;包藏祸心⑬,谓之人心叵(pǒ)测⑭。作舍道旁⑮,议论多而难成;一国三公⑯,权柄⑰分而不一。

【注释】

①智谋:智慧和计谋。 ②士:对人的美称。 ③仁人:有德行的人。 ④甚:很。 ⑤溥:广大。 ⑥班门弄斧:在古代著名匠人鲁班门前摆弄斧子,比喻在行家面前卖弄本事,实属不自量力。 ⑦岑楼齐末:如果只比较顶部,则高楼的尖顶与小木片的尖顶一样高,比喻不知高低。岑楼:尖顶的高楼。 ⑧卑:(位置或地势)低下。 ⑨莫:不;不能。 ⑩遏:阻止。 ⑪滋蔓:生长蔓延,常指祸患滋长扩大。 ⑫图:谋划;谋求。 ⑬包藏祸心:怀着作恶的念头。 ⑭人心叵测:人心险恶,难以推测。叵:不可。 ⑮作舍道旁:在道路边建房子。舍:房屋。 ⑯一国三公:一个国家有三个主持政事的人,泛指权力不统一。 ⑰权柄:所掌握的权力。

【译文】

有智慧和计谋的人,他们的见解大致一样;有德行的人所说的话,能带来广泛的好处。班门弄斧,指的是不知道自己的分量;岑楼齐末,用来比喻不知高低。势力发展不能阻止,叫作滋蔓难图;怀着作恶的念头,叫作人心叵测。作舍道旁,指的是议论的人太多,事情难以办成;一国三公,是说权力分散,不能统一。

19.15 事有奇缘,曰三生有幸①;事皆②拂意③,曰一事无成④。酒色⑤是耽(dān)⑥,如以双斧伐孤树;力量不胜⑦,

如以寸胶澄(dèng)⑧黄河。兼听则明⑨,偏听则暗⑩,此魏征⑪之对⑫太宗⑬;众怒难犯,专欲难成⑭,此子产⑮之讽⑯子孔⑰。欲逞所长⑱,谓之心烦技痒⑲;绝无情欲⑳,谓之槁木死灰㉑。

【注释】

①三生有幸:指幸运之极。三生:佛教语,指前生、今生和来生。　②皆:都。　③拂意:不合心意;不如意。拂:违背。　④一事无成:连一件事情也没有做成。　⑤酒色:酒和女色。　⑥耽:沉溺(nì);入迷。　⑦不胜:承担不了。　⑧澄:使液体里的杂质沉下去。　⑨兼听则明:听取双方或多方面的意见就能明辨是非。兼:同时涉及或具有几种事物。　⑩暗:糊涂;不明白。　⑪魏征:唐初政治家。世鹿(今河北晋州)人。唐太宗时任宰相,以敢于直谏(jiàn)闻名。　⑫对:回答。　⑬太宗:即唐太宗李世民。见17.11注⑪。　⑭专欲难成:图谋一己的私欲难以获得成功。　⑮子产:春秋时郑国人,名侨,字子产。曾任郑国宰相,执政数年,郑国大治。　⑯讽:用含蓄的话指责或劝告。　⑰子孔:名嘉,春秋时郑缪(mù)公之子。曾任郑国宰相,执政期间,专横跋扈(báhù)。　⑱逞所长:显示自己的长处。逞:显示;夸耀。　⑲技痒:有某种技能的人遇到机会时极想施展。　⑳情欲:对异性的欲望。　㉑槁木死灰:枯槁的树木和火灭后的冷灰,比喻对一切都无动于衷。

【译文】

事情有奇特的缘分,叫作三生有幸;每样事情都不如意,叫作一事无成。沉溺于酒和女色之中,就好像用两把斧子砍伐一棵孤零零的树;力量达不到,就好比试图用一寸的胶使黄河的水变清。兼听则明,偏听则暗,这是魏征回答唐太宗的话;众怒难犯,专欲难成,这是子产讽谏子孔的话。迫切地想要显示自己的特长,叫作心烦技痒;没有丝毫的情欲,叫作槁木死灰。

19.16 座上有江南①,语言须谨;往来无白丁②,交接③皆贤④。将近好处,曰渐入佳境⑤;无端⑥倨(jù)傲⑦,曰旁若无人⑧。借事宽役⑨曰告假⑩,将⑪钱嘱托⑫曰夤(yín)缘⑬。事有大利,曰奇货可居⑭;事宜⑮鉴前⑯,曰覆车当戒⑰。

【注释】

①江南:这里指身在异乡的江南人。唐代郑谷的《席上贻(yí)歌者》诗中说:"座中亦有江南客,莫向春风唱鹧鸪(zhègū)。"意即不要在身处异乡的江南人面前唱思乡的《鹧鸪曲》,否则会引起江南人的思乡之情。　②白丁:旧指没有功名的人。③交接:结交。　④贤:有品德或才能的人。　⑤渐入佳境:比喻处境逐渐好起来或兴趣渐浓。　⑥无端:毫无来由地;无缘无故地。　⑦倨傲:骄傲;傲慢自大。　⑧旁若无人:好像旁边没有人一样,形容从容自然或态度傲慢。⑨宽役:宽缓工作,即不上班工作。　⑩告假:请假。⑪将:拿。　⑫嘱托:关说,从中给人说好话。　⑬夤缘:攀附上升,比喻拉拢关系,向上巴结。夤:攀附。　⑭奇货可居:商人把稀少难得的货物囤(tún)积起来,等待高价出售,比喻人把某种独特的技艺作为获取利益地位的本钱。居:囤

积。　⑮宜：应该。　⑯鉴前：以以前的事情为教训。⑰覆车当戒：前面的车子倾覆，应当引以为戒。覆：翻倒。

【译文】

有江南人在座时，说话一定要谨慎；与你往来的人中没有无功名的人，说明你结交的都是贤人。即将到达好的地方，叫作渐入佳境；无缘无故地傲慢自大，叫作旁若无人。因有事而要求不上班工作叫告假，用钱托人说好话叫夤缘。能带来巨大利益的事情，叫作奇货可居；做事应该以以前的事情为教训，叫作覆车当戒。

19.17　外①彼②为此，曰左袒（tǎn）③；处事④两可⑤，曰模棱⑥。敌甚⑦易摧⑧，曰发蒙振落⑨；志在必胜，曰破釜（fǔ）沉舟⑩。曲突徙薪（xīn）⑪无恩泽⑫，不念豫防⑬之力大；焦头烂额⑭为上客⑮，徒⑯知救急之功宏⑰。

【注释】

①外：排斥。　②彼：那个；那。　③左袒：指偏护一方。袒：脱掉或敞开上衣，露出身体的一部分。　④处事：处理事务。　⑤两可：两者都可以。　⑥模棱：态度含糊，不明确。　⑦甚：很。　⑧摧：毁坏；折断。　⑨发蒙振落：揭开蒙盖的东西，摇掉将落的树叶，比喻轻而易举。⑩破釜沉舟：把锅打破，把船弄沉，比喻下定决心，不顾一切干到底。釜：锅。　⑪曲突徙薪：把烟囱改成弯曲的，把柴草搬开，比喻事先采取防范措施，以免发生灾害。突：烟囱。徙：迁移。薪：柴草。　⑫恩泽：古代称帝王或官吏给予臣民的恩惠。　⑬豫防：即预防，事先防备。　⑭焦头烂额：形

容被火严重烧伤的样子。 ⑮上客:尊客;贵客。 ⑯徒:只。 ⑰宏:大。

【译文】

反对那一方,支持这一方,叫作左袒;处理事务态度不明确,叫作模棱。敌人很容易摧毁,叫作发蒙振落;抱有必胜的信心,叫作破釜沉舟。对建议把烟囱改弯、把柴草搬开的人不表示感谢,这是不知道事前预防的重要作用;为救火而焦头烂额的人被奉为贵客,这是只知道救急的功劳大。

19.18 贼人曰梁上君子①,强梗(gěng)②曰化外③顽民④。木屑(xiè)竹头,皆⑤为有用之物;牛溲(sōu)马勃⑥,可备药石⑦之资。五经⑧扫地⑨,祝钦明⑩自亵(xiè)⑪斯文⑫;一木撑天⑬,晋⑭王敦⑮未可擅动⑯。题凤⑰题午⑱,讥友讥亲之隐词⑲;破麦破梨⑳,见夫见子之奇梦。

【注释】

①梁上君子:指窃贼。 ②强梗:强横顽固。 ③化外:指政令教化达不到的地方。化:教化。 ④顽民:愚妄不化的人。 ⑤皆:都。 ⑥牛溲马勃:指卑贱而有用之物。牛溲:即牛遗,车前草的别名,一种多年生草本植物,叶子长卵形,叶和种子均可入药。马勃:生于湿地及腐木的菌类。牛溲和马勃都是极平常的东西,但都可入药。 ⑦药石:药剂和砭(biān)石。泛指药物。石:指治病用的砭石。 ⑧五经:指《周易》《尚书》《礼记》《诗经》《春秋》五种儒家经书。 ⑨扫地:比喻名誉、威风等完全丧失。 ⑩祝钦明:唐代雍

州始平(今陕西兴平)人。官至国子祭(jì)酒、同中书门下三品。　⑪亵:轻慢。　⑫斯文:指文化或文人。　⑬一木撑天:指晋代的王敦梦见一根巨木支撑着天。　⑭晋:朝代名。公元265—420年,司马炎所建,包括西晋和东晋。
⑮王敦:字处仲。东晋司马睿(ruì)即帝位后,授侍中、大将军等,权倾朝野。后起兵进攻首都建康,病重而死。　⑯擅动:擅自行动。　⑰题凤:晋代吕安去拜访嵇康,嵇康不在,其兄嵇喜出门相迎,吕安在门上题"凤"字而去。"凤"由"凡"和"鸟"两字组成,以此讥讽嵇喜是"凡鸟"即平庸之人。
⑱题午:访友不遇,在门上题"午"字,讽刺对方是不出头的"牛"。　⑲隐词:不直说本意而借别的词来暗示的词。
⑳破麦破梨:解析梦见磨麦和梦见剖梨的梦。磨麦时会产生麸(fū,"夫"的谐音)子,所以有人认为与丈夫孩子失散的女子做此梦将会与丈夫孩子重逢;梨剖开后会见到籽(zǐ,"子"的谐音),所以有人认为与儿子失散的人做此梦将会与儿子相见。破:解析;剖析。

【译文】

窃贼称为梁上君子,强横顽固的人叫作化外顽民。木屑和竹头,都是有用的东西;牛溲和马勃,可以用作药物。五经的尊严丧失殆(dài)尽,指的是祝钦明亵渎文化;晋代的王敦虽然梦见一木撑天,仍然不可轻举妄动。题凤和题午,是拜访亲友不遇时用来讥讽对方的隐词;破麦和破梨,是预示将与失散的丈夫和儿子重逢的奇梦。

19.19　毛遂①片言②九鼎③,人重其言;季布④一诺千金⑤,

人服其信。岳飞⑥背涅(niè)⑦尽忠报国,杨震⑧惟⑨以清白⑩传家⑪。下强上弱,曰尾大不掉⑫;上权下夺,曰太阿(ē)倒持⑬。当今之世,不但君择臣,臣亦⑭择君;受命⑮之主⑯,不独⑰创业难,守成⑱亦不易。

【注释】

①毛遂:见6.2注⑧。　②片言:简短的几句话。　③九鼎:古代传说夏禹铸了九个鼎,象征九州,成为夏、商、周三代传国的宝物。用来比喻分量重。　④季布:楚国人,秦汉之际著名游侠,为人重义气,守诺言。　⑤一诺千金:形容说话算数,所许的诺言十分可靠。　⑥岳飞:字鹏举,相州汤阴(今属河南)人。南宋抗金将领。前后三次北伐,收复了大片被金占领的土地。后被以"莫须有"的罪名下狱杀害。　⑦涅:染黑。　⑧杨震:见11.3注⑤。　⑨惟:只。　⑩清白:纯洁;没有污点。　⑪传家:家庭里世代相传。　⑫尾大不掉:尾巴太大,难以摆动,比喻下强上弱。掉:摇动。　⑬太阿倒持:倒拿着太阿,比喻把权柄给人家,自己反而受到威胁或祸害。太阿:古宝剑名。相传铸于春秋时。　⑭亦:也。　⑮受命:受天之命。古代的开国帝王自称受命于天。　⑯主:君主。　⑰不独:不但;不仅。　⑱守成:在事业上保持前人的成就。

【译文】

毛遂"片言九鼎"即简短的几句话重如九鼎,是指人们重视他所说的话;季布"一诺千金"即所许的诺言价值千金,是指人们佩服他的诚信。岳飞的背上刺有尽忠报国四个字,杨震只用清白的家风世代相传。下面强大上面弱小,叫作尾大不掉;上面的权力被下面的人夺取,叫作太阿倒持。当今之世,不光是君主选择臣子,臣子也会选择君主;承受天命的君主,不仅创业非常艰难,要想守业也十分不易。

19.20 生平①所为皆②可对人言,司马光③之自信;运用之妙惟④存乎一心,岳武穆⑤之论兵。不修边幅⑥,谓人不饰仪容⑦;不立崖岸⑧,谓人天性和乐⑨。蕞(zuì)尔⑩、幺麽(yāomó)⑪,言其甚⑫小;卤(lǔ)莽⑬、灭裂⑭,言其不精⑮。误处皆缘⑯不学,强作⑰乃⑱成自然。

【注释】

①生平:有生以来。　②皆:都。　③司马光:见5.10注⑱。　④惟:只。　⑤岳武穆:即岳飞。因死后的谥(shì)号为"武穆",故称。见19.19注⑥。　⑥不修边幅:不注意衣着、容貌的整洁。边幅:布帛的边缘,指人的仪表、衣着。　⑦仪容:人的外表。　⑧崖岸:比喻人性格孤傲。　⑨和乐:和睦快乐。　⑩蕞尔:形容小(多指地区小)。　⑪幺麽:微小。　⑫甚:很。　⑬卤莽:轻率;说话做事不经过考虑。通常写作"鲁莽"。　⑭灭裂:指言行粗疏草率。　⑮精:细密;细致。　⑯缘:因为。　⑰强作:勉力而做。　⑱乃:于是;就。

【译文】

生平的所作所为都可以对别人明说,这是司马光做人的自信;兵法运用的奥妙只在于自己用心把握,这是岳飞谈论兵法时说的话。不修边幅,指人不注意修饰自己的外表;不立崖岸,指一个人的天性温和乐观。蕞尔、幺麽,指的是东西十分微小;卤莽、灭裂,指的是人说话做事不够精细。人之所以会犯错误,都是因为不学习;强迫自己坚持去做就会习惯成自然。

19.21 求事速成曰躐(liè)等①,过于礼貌曰足恭②。假忠厚者谓之乡愿③,出人群者谓之巨擘(bò)④。孟浪⑤由于轻浮⑥,精详⑦出于暇豫⑧。为善则流芳百世⑨,为恶则遗臭万年⑩。过⑪多曰稔(rěn)恶⑫,罪满曰贯盈⑬。尝⑭见冶容诲淫⑮,须知慢藏诲盗⑯。

【注释】

①躐等:超越等级;不按次序。　②足恭:过于谦恭。
③乡愿:外貌忠诚谨慎,实际上欺世盗名的人。　④巨擘:大拇指,比喻在某一方面居于首位的人物。擘:大拇指。
⑤孟浪:鲁莽;冒失。　⑥轻浮:言行随便,不严肃庄重。
⑦精详:精细周详。　⑧暇豫:悠闲从容。　⑨流芳百世:指美名永远流传下去。世:三十年。　⑩遗臭万年:坏名声永远流传下去,被人唾(tuò)骂。　⑪过:过失;错误。
⑫稔恶:积恶太多。稔:积久。　⑬贯盈:指罪恶满盈。贯:串钱的绳索,古代铜钱用绳穿,满一千钱为一贯。　⑭尝:曾经。　⑮冶容诲淫:把容貌打扮得过于艳丽会激起人的淫荡之心。诲:教;导。　⑯慢藏诲盗:收藏财物不谨慎就会招来盗贼。慢:轻慢;懈怠(dài)。

【译文】

追求事情迅速完成叫作躐等,过于讲求礼貌叫足恭。假装忠厚的人称为乡愿,出类拔萃的人叫作巨擘。做事鲁莽是因为为人轻浮,做事精细周详是因为处于悠闲从容的状态。积德行善会流芳百世,为非作歹将遗臭万年。犯的过失太多叫作稔恶,罪恶满盈叫作贯盈。曾经见过有人把容貌打扮得过于艳丽而激起他人的淫荡之心,要知道收藏财物不谨慎就会招来盗贼。

19.22 管中窥豹①,所见不多;坐井观天②,知识不广。无势可乘③,英雄无用武之地④;有道⑤则见(xiàn)⑥,君子⑦有展采(cǎi)⑧之思。求名利达⑨,曰捷足先得⑩;慰士⑪迟滞⑫,曰大器晚成⑬。不知通变⑭,曰徒⑮读父书;自作聪明⑯,曰徒执己见⑰。浅见⑱曰肤见⑲,俗言⑳曰俚(lǐ)言㉑。

【注释】

①管中窥豹:从管子里看豹,比喻所见片面。窥:从小孔或缝隙里看。　②坐井观天:比喻眼光狭小,看到的有限。　③乘:利用;借助。　④英雄无用武之地:比喻有本领的人没有施展的机会。　⑤有道:指政治清明。　⑥见:同"现",指显现。　⑦君子:指地位高的人或人格高尚的人。　⑧展采:出而任职。采:官。　⑨达:达到。　⑩捷足先得:行动敏捷,先达到目的。　⑪士:指知识分子。　⑫迟滞:缓慢。　⑬大器晚成:能承担大事的人要经过长期的锻炼,所以成就比较晚。也指年纪较大后才成才或成名。　⑭通变:变通;不拘常规,适时变动。　⑮徒:只。　⑯自

作聪明:自以为很聪明。 ⑰己见:自己的意见。 ⑱浅见:肤浅的见解,常用来谦称自己的意见。 ⑲肤见:即浅见。 ⑳俗言:民间流传的说法。 ㉑俚言:粗俗的或通行面极窄的方言词。

【译文】

管中窥豹,指一个人见到的东西很少;坐井观天,指一个人的知识不广博。没有可以利用的形势,就说英雄无用武之地;天下政治清明时就出来做事,就说君子有展采之思。追求名利达到了目的,称为捷足先得;安慰士人取得成功缓慢,就说大器晚成。不知道变通,就说徒读父书;自以为很聪明,叫作徒执己见。肤浅的见解叫作肤见,民间流传的说法称为俚言。

19.23 识时务者为俊杰①,昧②先几③者非明哲④。村夫⑤不识一丁⑥,愚者岂⑦无一得⑧。拔去一丁⑨,谓除一害;又生一秦⑩,是增一仇。戒轻言⑪,曰恐属垣(zhǔyuán)有耳⑫;戒轻敌,曰无谓秦无人⑬。同恶相帮,谓之助桀(jié)为虐⑭;贪心无厌⑮,谓之得陇(lǒng)望蜀⑯。当知器满则倾⑰,须知物极必反⑱。

【注释】

①识时务者为俊杰:能认清时代潮流或事物发展趋势的才是杰出的人物。时务:时代的潮流或客观形势。俊杰:豪杰;才能杰出的人。 ②昧:糊涂;不明白。 ③先几:预知事物的苗头或发展趋势。 ④明哲:明智睿(ruì)哲的人。 ⑤村夫:乡下人;农民。 ⑥不识一丁:指不识字或学识极

其浅陋。　　⑦岂：难道；怎么。　　⑧一得：一点可取之处；一点长处。　　⑨一丁：指丁谓。见17.5注①。　　⑩又生一秦：又产生一个秦朝，指又增加一个敌人。　　⑪轻言：说话轻率、不慎重。　　⑫属垣有耳：有人靠着墙偷听。垣：墙。　　⑬无谓秦无人：不要说秦国没有有能力的人，指不要轻敌。　　⑭助桀为虐：比喻帮助坏人做坏事。桀：见2.9注⑯。　　⑮厌：满足。　　⑯得陇望蜀：取得陇（在今甘肃东部）后，又想得到蜀（在今四川），比喻贪得无厌。　　⑰器满则倾：容器满溢，则将倾覆，比喻事物的发展超过一定的界限就会向相反的方面转化。　　⑱物极必反：事物发展到极端，就会向反面转化。极：顶点。

【译文】
　　能认清时势的人才是杰出的人物，不能预知事物发展趋势的人称不上明智睿哲。乡下的农夫一字不识，愚钝之人的思虑中也会有可取之处。拔去一丁，指的是除掉一害；又生一秦，指的是又增加一个仇敌。说话不要轻率，就说"恐属垣有耳"即恐怕有人正靠着墙偷听；不要轻敌，就说"无谓秦无人"即不要说秦国没有有能力的人。恶人之间互相帮助，叫作助桀为虐；一个人贪得无厌，就说得陇望蜀。应当知道容器满溢，就会倾覆；要明白事物发展到极端，就会向反面转化。

19.24　喜嬉（xī）戏①名为好弄②，好笑谑（xuè）③谓之诙（huī）谐④。谗（chán）口⑤交加⑥，市中可信有虎；众奸鼓衅⑦，聚蚊可以成雷⑧。萋斐（qīfěi）⑨成锦⑩，谓谮（zèn）人⑪之酿（niàng）⑫祸；含沙射影⑬，言鬼蜮（yù）⑭之害人。针砭（biān）⑮所以⑯治病，鸩（zhèn）毒⑰必至杀人。李义府⑱阴柔⑲害物，人谓之笑里藏刀⑳；李林甫㉑奸诡㉒谄（chǎn）㉓人，世谓之口蜜腹剑㉔。

【注释】

①嬉戏：游戏；玩耍。　②好弄：喜爱玩乐。　③笑谑：嬉笑戏谑。　④诙谐：说话风趣，引人发笑。　⑤谗口：说坏话的嘴。也称说坏话的人。　⑥交加：两种事物同时出现或同时加在一个人身上。　⑦鼓衅：挑起争端。衅：争端。　⑧聚蚊可以成雷：众多的蚊子聚在一起可以发出像打雷一样的声音，比喻众口诋（dǐ）毁，积小可以成大。　⑨萋斐：花纹错杂的样子。指谗言。　⑩锦：有彩色花纹图案的丝织品。　⑪谮人：谗毁他人的人。　⑫酿：逐渐形成。　⑬含沙射影：比喻暗中诽谤（fěibàng）中伤他人。　⑭鬼蜮：比喻阴险害人的人。蜮：古代传说中一种能含沙射人使人发病的动物。　⑮针砭：用砭石制成的石针。砭：古代用来治病的石针或石片。　⑯所以：用以；用来。　⑰鸩毒：毒酒；毒药。鸩：传说中的一种毒鸟，用它的羽毛浸酒，喝下后立即死亡。　⑱李义府：唐代瀛（yíng）州饶阳（今属河北）人，唐高宗时任中书侍郎。为人阴险奸诈。　⑲阴柔：性格内向温和。　⑳笑里藏刀：比喻外表和气，心里阴险狠毒。　㉑李林甫：见13.5注④。　㉒奸诡：虚伪欺诈。　㉓谄：献媚；巴结。　㉔口蜜腹剑：嘴上说的很甜，肚子里却怀着害人的坏主意，形容人阴险。

【译文】

喜欢游戏称为好弄，爱好嬉笑戏谑叫作诙谐。许多说坏话的人一起说,可以让人相信闹市中有老虎;众多的奸人挑起事端,好比聚在一起的蚊子可以发出像打雷一样的巨响。萋斐成锦,指的是谗毁他人的人可以酿出大祸;含沙射影,说的是鬼蜮口中喷出沙来害人。针砭可以用来治病,鸩毒一定会把人毒死。李义府外表温和,背地里却不择手段地害人,人们称他笑里藏刀;李林甫内心奸诈,表面上却谄媚别人,世人称之为口蜜腹剑。

19.25 代人作事,曰代庖(páo)①;与人设谋,曰借箸(zhù)②。见事极真,曰明若观火③;对敌易胜,曰势若摧枯④。汉武⑤内多欲而外施仁义⑥,廉颇⑦先国难而后私仇。

【注释】

①代庖:越俎(zǔ)代庖的缩略。通常比喻越过自己的职务范围,去处理别人所管的事情。庖:厨师。　②借箸:借筷子,指为人谋划。箸:筷子。　③明若观火:形容看得清楚明白。　④摧枯:摧折枯草,比喻迅速摧毁对方。　⑤汉武:即汉武帝刘彻。见5.7注⑥。　⑥仁义:仁爱和正义。　⑦廉颇:见6.1注⑦。

【译文】

代替别人做事,叫作代庖;为别人出谋划策,叫作借箸。看问题极其透彻,叫作明若观火;能轻易战胜敌人,叫作势若摧枯。汉武帝内心的欲望很多而表面上实施仁义,廉颇先考虑国家的危难然后再考虑个人的恩怨。

19.26 卧榻(tà)①之侧,岂②容他人鼾(hān)睡③,宋太祖④之语;一统⑤之世,真是胡越一家⑥,唐太宗⑦之时。至若⑧暴秦⑨以吕易嬴(yíng)⑩,是嬴亡于庄襄⑪之手;弱晋⑫以牛易马⑬,是马灭于怀愍(mǐn)⑭之时。

【注释】

①卧榻:矮床,也泛指床。　②岂:难道;怎么。　③鼾睡:熟睡并打呼噜(lū)。鼾:睡着时粗重的呼吸。　④宋太祖:即赵匡胤(yìn)。见8.4注②。　⑤一统:统一。　⑥胡越一家:即四海一家。胡越:胡与越,泛指北方和南方的各民族。　⑦唐太宗:见17.11注⑪。　⑧至若:连词,表示另提一事。相当于"至于"。　⑨秦:见2.1注㉙。　⑩以吕易嬴:秦国国君姓嬴,据传商人吕不韦把自己已怀孕的小妾送给后来当秦国国君的子楚,生下了嬴政(即秦始皇),因此嬴政事实上应该姓吕。　⑪庄襄:即秦庄襄王,初名异人,后改名子楚。即位后以吕不韦为丞相。　⑫晋:见19.18注⑭。这里指东晋。　⑬以牛易马:晋朝皇帝姓司马,传说晋元帝司马睿(ruì)是琅琊(lángyá)恭王司马觐(jìn)的妃子与小吏牛氏私通所生,所以司马睿本应姓牛。　⑭怀愍:指西晋怀帝和愍帝。晋怀帝于公元306年即皇帝位,公元313年遇害。晋愍帝于公元313年即皇帝位,公元316年降汉。

【译文】

"卧榻之侧,岂容他人鼾睡",这是宋太祖说的话;天下统一之时,四海真正成为一家,这是唐太宗时的情形。至于残暴的秦国的国君事实上由姓嬴变成了姓吕,说明嬴姓在庄襄王手里失去了政权;软弱的晋朝皇帝事实上由姓司马变成了姓牛,说明司马氏政权在怀帝和愍帝时已经灭亡。

19.27　中宗①亲为点筹②于韦后③,秽(huì)④播千秋⑤;明皇⑥赐洗儿钱⑦于贵妃⑧,丑⑨遗万代。非类相从⑩,不如鹌(chún)鹊⑪;父子同牝(pìn)⑫,谓之聚麀(yōu)⑬。以下淫⑭上谓之烝(zhēng)⑮,野合⑯奸伦⑰谓之乱⑱。从来淑慝(tè)⑲殊途⑳,惟㉑在后人法戒㉒;斯㉓世清浊㉔异品㉕,全赖㉖吾辈㉗激扬㉘。

【注释】

①中宗:即唐中宗李显,曾改名哲。公元683年即帝位,次年被废。公元705年再即帝位。在位时不亲政事,由皇后韦氏专权。　②筹:用来计数或作为领取物品凭证的小棍儿或小片儿。　③韦后:即唐中宗皇后韦氏。中宗复位后她效法武则天控制朝政,不久因宫廷政变被杀。　④秽:指淫乱、贪赃等丑恶行为。　⑤千秋:一千年,泛指很长的时间。　⑥明皇:即唐玄宗李隆基。见3.3注⑰。　⑦洗儿钱:洗儿时,亲戚朋友赐赠给婴儿的钱。洗儿:旧时的一种风俗,婴儿出生后三日或满月时替其洗身。　⑧贵妃:即杨贵妃。见14.3注⑬。　⑨丑:不光彩的事物。　⑩相从:跟随,在一起。　⑪鹌鹊:鹌(ān)鹑和喜鹊。　⑫同牝:指不同的人与同一个女子发生性关系。牝:阴户,女性生殖器官的一部分。　⑬聚麀:指禽兽父子共用一个雌性。代指两代间的乱伦行为。聚:

共。麀:母鹿。 ⑭淫:通奸;奸淫。 ⑮烝:指与母辈通奸。 ⑯野合:指男女私通。 ⑰奸伦:乱伦。 ⑱乱:淫乱。 ⑲淑慝:指善恶。淑:善;善良。慝:邪恶。 ⑳殊途:不同的道路,指不相同。殊:不同。 ㉑惟:只。 ㉒法戒:效法和鉴戒。 ㉓斯:这;这个。 ㉔清浊:清水与浊水,比喻人事的优劣、善恶、高下等。 ㉕品:种类。 ㉖赖:依靠。 ㉗吾辈:我辈;我们。 ㉘激扬:激浊扬清,比喻抨(pēng)击坏人坏事,褒扬好人好事。

【译文】

唐中宗亲自为正在赌博而且有奸情的武三思和韦后清点筹码,这种污秽之事将在历史上永远流传;杨贵妃认安禄(lù)山为干儿子并为他举行洗儿礼,唐玄宗专门赐给洗儿钱,这种丑事将千年万年传下去。不是同类的事物却结合在一起,他们的行为还不如鹌鹑和喜鹊;父亲和儿子与同一个女人发生性关系,这称为聚麀。辈分小的人与辈分大的女性淫乱,这叫作烝;男女私通和乱伦,这叫作乱。善和恶的界限向来清楚,只是需要后人效法善行,戒绝恶行;在这个世界上,清和浊性质不同,全靠我们这些人抨击坏人坏事,褒扬好人好事。

二十、饮食

【题解】

本节分为七段,讲述了与饮食相关的一些知识,主要包含以下三个方面的内容:

1. 介绍了一些酒、茶、用作食物的动植物等的不同名称,如茶又称酪(lào)奴、瑞草,米又称白粲(càn)、长腰,酒有竹叶青、状元红、葡萄绿等不同种类,鱼被僧人称为水梭花,鸡被僧人称为穿篱(lí)菜,等等。

2. 列举了诸多与饮食相关的词、成语和典故,如"太牢""嗟(jiē)来食""含哺(bǔ)鼓腹""抹月批风""酒囊(náng)饭袋"等,并说明了它们的含义和用法。

3. 讲述了一些历史人物与饮食的关系,如杜康发明了酒,淮南王刘安发明了豆腐,毕卓为官而偷酒喝,卢仝(tóng)酷爱喝茶,桀纣(jiézhòu)作酒池肉林,等等。

20.1 甘脆①肥脓(nóng)②,命③曰腐肠之药④;羹藜(gēng lí)含糗(qiǔ)⑤,难语太牢⑥之滋。御食⑦曰珍馐(xiū)⑧,白米曰玉粒。好酒曰青州从事⑨,次⑩酒曰平原督邮⑪。鲁酒⑫

茅柴⑬,皆⑭为薄酒⑮;龙团⑯雀舌⑰,尽是香茗(míng)⑱。

【注释】

①甘脆:美味;佳肴。　②肥脓:同"肥酞(nóng)",厚味;美味。　③命:称为。　④腐肠之药:损伤肠胃的毒药,指美酒佳肴。　⑤羹藜含糗:泛指饮食粗劣。羹藜:野菜羹。糗:炒熟的米麦,也泛指干粮。　⑥太牢:古代祭祀(jìsì)时牛、羊、猪三牲具备称为太牢。有时也专指牛。　⑦御食:帝王的饮食。　⑧珍馐:珍奇贵重的食物。　⑨青州从事:代指美酒。青州:地名。从事:官名。即从事史,汉以后州刺史的僚属。　⑩次:质量差。　⑪平原督邮:代指劣酒。平原:郡(jùn)、国名。督邮:官名。郡的重要属吏,代表太守处理相关事务。　⑫鲁酒:鲁国出产的酒,味淡薄。后代指味淡的酒。　⑬茅柴:一种劣质酒。　⑭皆:都。　⑮薄酒:味道淡的酒。　⑯龙团:宋代贡茶名。饼状,上有龙纹,故称。　⑰雀舌:茶名。以嫩芽焙(bèi)制的上等茶。　⑱茗:茶。

【译文】

美食佳肴,是损伤肠胃的毒药;吃粗劣食物的人,难以跟他谈论太牢的滋味。帝王的饮食称为珍馐,白米叫作玉粒。好酒称为青州从事,劣酒叫作平原督邮。鲁酒和茅柴,都是味淡的酒;龙团和雀舌,都是上等的好茶。

20.2　待人礼衰①,曰醴(lǐ)酒不设②;款③客甚④薄,曰脱粟相留⑤。竹叶青⑥,状元红⑦,俱⑧为美酒;葡萄绿⑨,珍珠红⑩，悉⑪是香醪(láo)⑫。五斗解酲(chéng)⑬，刘伶(líng)⑭独溺(nì)⑮于酒；两腋(yè)生风⑯，卢仝(tóng)⑰偏嗜(shì)⑱乎茶。茶曰酪(lào)奴⑲，又曰瑞草⑳；米曰白粲(càn)㉑，又曰长腰㉒。

【注释】

①礼衰：对人的礼数越来越差。　②醴酒不设：不准备甜酒，指礼数变差。醴酒：甜酒。　③款：招待。　④甚：很。　⑤脱粟相留：用糙(cāo)米招待客人。脱粟：糙米，只去皮壳，不加精制的米。　⑥竹叶青：中国名酒之一，用汾酒浸渍(zì)嫩竹叶及栀(zhī)子、广木香等12种名贵药材制成。　⑦状元红：产于绍兴的一种酒，在儿子刚生下来时酿(niàng)造，酒坛上涂朱红色，表示儿子有状元之相。　⑧俱：都。　⑨葡萄绿：一种美酒。　⑩珍珠红：一种美酒。　⑪悉：全；都。　⑫香醪：美酒；佳酿。醪：醇(chún)酒。　⑬解酲：醒酒。酲：酒喝醉后神志不清。　⑭刘伶：字伯伦，晋代沛国(今江苏沛县)人。性情放荡不羁(jī)，喜饮酒，终日沉醉，是著名的"竹林七贤"之一。　⑮溺：沉迷。　⑯两腋生风：形容饮了好茶后，人有轻逸欲飞之感。　⑰卢仝：唐代诗人，酷好饮茶。　⑱嗜：极其爱好。　⑲酪奴：茶的别名。　⑳瑞草：珍贵的草。　㉑白粲：白米。　㉒长腰：米名。形状狭长，也叫箭子。

【译文】

对待他人的礼数越来越差，叫作"醴酒不设"即不准备甜酒；招待客人十分冷淡，叫作"脱粟相留"即用糙米待客。竹叶青，状元红,都是美酒;葡萄绿,珍珠红,都是佳酿。喝下五斗酒才能醒酒,这是沉迷于喝酒的刘伶说的话;饮了好茶后,腋下会生出清风,这是酷爱喝茶的卢仝说的话。茶的别名叫酪奴,又叫瑞草;米的别名叫白粲,又叫长腰。

20.3 太羹(gēng)①玄酒②,亦③可荐馨(xīn)④;尘饭涂羹⑤,焉⑥能充饿⑦?酒系⑧杜康⑨所造,腐⑩乃淮南⑪所为。僧谓鱼曰水梭花⑫,僧谓鸡曰穿篱(lí)菜⑬。临渊羡鱼,不如退而结网⑭;扬汤止沸⑮,不如去火抽薪(xīn)⑯。羔(gāo)⑰酒自劳⑱,田家⑲之乐;含哺(bǔ)鼓腹⑳,盛世之风。

【注释】

①太羹:不加五味的肉汁。　②玄酒:古代祭(jì)礼中当酒用的清水。也指淡薄的酒。　③亦:也。　④荐馨:进献芳香,指在祭祀(sì)时表达诚意。　⑤尘饭涂羹:以土作饭,以泥为羹。　⑥焉:怎么;哪里。　⑦充饿:充饥,进食解饿。　⑧系:是。　⑨杜康:传说中酿(niàng)酒的发明者。　⑩腐:指豆腐。　⑪淮南:指淮南王刘安,汉高祖刘邦之孙。组织人员编写了《淮南子》。　⑫水梭花:僧人对鱼的称呼。取其在水中穿梭的特点。　⑬穿篱菜:僧人对鸡的称呼。因鸡常在篱笆(bā)间钻来钻去,故称。　⑭临渊羡鱼,不如退而结网:站在深潭边想得到水中的鱼,还不如回家去织渔网,比喻不要只有愿望,而应脚踏实地去干。渊:深水潭。羡:希望得到。　⑮扬汤止沸:把锅里正在沸腾的水舀(yǎo)起来再倒回去,以让它不沸腾,比喻方法不

对,不能从根本上解决问题。 ⑯薪:柴。 ⑰羔:小羊。 ⑱劳:慰劳。 ⑲田家:从事农业生产的人家。 ⑳含哺鼓腹:嘴里含着食物,挺着吃饱的肚子,形容饱食或民众生活安乐。哺:口中咀嚼(jǔjué)着的食物。

【译文】

不加五味的肉汁,味道淡薄的酒,也可以用作祭品;用土做的饭,用泥做的菜羹,怎么能用来充饥？酒是杜康最先制作出来的,豆腐是淮南王刘安发明的。僧人把鱼称作水梭花,把鸡叫作穿篱菜。站在深潭边想得到水中的鱼,还不如回家去织渔网;把锅里正在沸腾的水舀起来再倒回去,以让它不沸腾,还不如把灶里的柴抽出来,把火灭掉。用羔羊美酒犒(kào)劳自己,这是农家生活的快乐;嘴里含着食物,敲着肚子,这是太平盛世的景象。

20.4 人贪食曰徒①餔啜(būchuò)②,食不敬曰嗟(jiē)来食③。多食不厌④,谓之饕餮(tāotiè)⑤之徒⑥;见食垂涎(xián)⑦,谓有欲炙(zhì)之色⑧。未获同食曰向隅(yú)⑨,谢人赐食曰饱德⑩。安步⑪可以当车⑫,晚食可以当肉⑬。

【注释】

①徒:只。 ②餔啜:吃喝。餔:吃。啜:喝;有的本子作"餟(zhuì)"。 ③嗟来食:怜悯他人饥饿,但不礼貌地呼唤他来吃东西。后多指侮辱性的施舍。嗟:叹词,表示招呼。 ④厌:满足。 ⑤饕餮:传说中贪残的怪物,比喻贪得无厌者。 ⑥徒:具有某种特性的人。 ⑦垂涎:因想吃而流口水,比喻看见别人的好东西就想得到。 ⑧欲炙之色:想

吃烤肉的表情。炙：烤熟的肉。　⑨向隅：面对着屋子的一个角落，比喻孤独失意。隅：角落。　⑩饱德：饱受恩德。这里指让自己吃饱的恩德。　⑪安步：慢慢地步行。　⑫当车：当作是坐车。　⑬当肉：当作是吃肉。

【译文】
　　一个人贪吃东西叫作徒铺啜，请人吃东西而不礼貌叫作嗟来食。吃了很多东西还不感到满足的人，称为饕餮之徒；见到食物就流口水，叫作有欲炙之色。没有被允许一起吃东西叫向隅，感谢别人请自己吃饭叫饱德。慢慢地步行，可以当作是坐车；饿了再吃粗茶淡饭，可以当作是吃肉。

20.5　饮食贫难①，曰半菽(shū)②不饱；厚恩图报，曰每饭不忘③。谢扰④人曰兵厨⑤之扰，谦待薄⑥曰草具⑦之陈⑧。白饭青刍(chú)⑨，待仆⑩马之厚；炊金爨(cuàn)玉⑪，谢款⑫客之隆。家贫待客，但⑬知抹月批风⑭；冬月邀宾，乃曰敲冰煮茗(míng)⑮。

【注释】
①贫难：贫穷艰难。　②半菽：半菜半粮，指粗劣的饭食。　③每饭不忘：指时刻不忘。　④扰：指接受别人的饮食、财物。也作为谢人赐惠的客套语。　⑤兵厨：指储存好酒的地方或好酒。　⑥待薄：待客不丰厚；招待不周到。　⑦草具：粗劣；粗劣的饭食。　⑧陈：陈设；摆放。　⑨白饭青刍：给仆人吃白饭，给马喂青草，比喻厚待客人。青刍：牲口吃的青草。　⑩仆：仆人。　⑪炊金爨玉：用昂贵如金、玉

的米、粟等做饭,比喻饮食极其珍贵。爨:烧火做饭。
⑫款:招待。　⑬但:只。　⑭抹月批风:把风和月当菜肴。家贫没有东西可以待客的戏言。　⑮敲冰煮茗:敲冰块来煮茶。茗:茶。

【译文】

因贫穷而缺少食物,就说半菽不饱;一直想着报答他人的厚恩,叫作每饭不忘。感谢他人请自己喝酒就说兵厨之扰,谦称自己待客太薄就说草具之陈。白饭青刍,指的是对待客人的仆人和马很优厚;炊金爨玉,用来感谢招待客人之隆重。家中贫穷,拿不出好东西来招待客人,就说只知道抹月批风;冬天邀请宾客,就说敲冰煮茗。

20.6 君①侧元臣②,若作酒醴(lǐ)③之曲糵(niè)④;朝⑤中冢(zhǒng)宰⑥,若作和羹(gēng)⑦之盐梅。宰肉甚⑧均,陈平⑨见重⑩于父老⑪;戛(jiá)羹示尽⑫,邱嫂⑬心厌乎汉高⑭。毕卓⑮为吏部⑯而盗酒,逸兴⑰太豪⑱;越王⑲爱士卒而投醪(láo)⑳,战气㉑百倍。

【注释】

①君:国君;君主。　②元臣:大臣;朝廷中的重臣。
③酒醴:泛指酒。醴:甜酒。　④曲糵:用曲霉和它的培养基制成的块状物,用来酿(niàng)酒或制酱。糵:酿酒的曲。
⑤朝:朝廷。　⑥冢宰:周代官名。六卿之首,也叫太宰。后也指吏部尚书。　⑦和羹:配以不同调味品而制成的羹汤。
⑧甚:很。　⑨陈平:秦末汉初阳武(今河南原阳)人。楚汉战争中曾为刘邦出谋划策。西汉惠帝、吕后、文帝时任丞相。

⑩见重:受到重视。 ⑪父老:一国或一乡的长者。 ⑫戛羹示尽:用勺子刮锅底,表示锅中已经没有羹。戛:敲击。 ⑬邱嫂:刘邦的长嫂。 ⑭汉高:即汉高祖刘邦。见5.7注③。 ⑮毕卓:字茂世,晋代新蔡鮦(tóng)阳(今安徽临泉西)人。曾任吏部郎。嗜(shì)酒成性。 ⑯吏部:见5.1注⑩。 ⑰逸兴:超逸豪放的兴致。 ⑱豪:直爽痛快,无拘无束。 ⑲越王:即越王勾践,春秋时越国君主。曾被吴军打败,后卧薪(xīn)尝胆,经长期准备,终于灭掉了吴国。 ⑳投醪:把酒倒入江河中与他人同饮。指与军民同甘共苦。醪:醇(chún)酒。 ㉑战气:指士气。

【译文】

君主身边的重臣,就像酿酒用的酒曲;朝廷中的冢宰,就像制作羹汤时作为调料的盐和梅子。陈平在分配祭(jì)肉时切分得很公平,因此受到乡中父老们的称赞;邱嫂用勺子刮锅底以表示锅中已没有羹,刘邦因此对她十分厌恶。毕卓担任吏部郎时到邻居家偷酒喝,这是因为他超逸豪放的兴致太高;越王勾践爱护士卒,把美酒倒入江河中让大家分享,从而使士气百倍。

20.7 惩羹(gēng)吹齑(jī)①,谓人惩前警后②;酒囊(náng)饭袋③,谓人少学多餐。隐逸④之士,漱(shù)石枕流⑤;沉湎⑥之夫⑦,藉糟枕曲⑧。昏庸桀⑨纣(jiézhòu)⑩,胡为⑪酒池肉林⑫;苦学仲淹⑬,惟⑭有断齑画粥⑮。

【注释】

①惩羹吹齑:人被热汤烫过,以后即使吃冷菜也要先吹一下,

比喻谨慎过度。羹:很热的汤。齑:细切的肉菜,冷食品。　②惩前警后:从以前的错误或失败中吸取教训,使以后不重犯。　③酒囊饭袋:讽刺只会吃喝、不会做事的人。　④隐逸:隐居;隐遁。　⑤漱石枕流:用石头漱口,头枕着流水,形容隐居者悠闲的生活。　⑥沉湎:陷入不良的境地,不能自拔。　⑦夫:成年男子。　⑧藉糟枕曲:头枕着酒曲,躺在酒糟上,形容酒徒的生活。糟:酒糟。曲:酒曲。　⑨桀:见2.9注⑯。　⑩纣:见14.2注⑯。　⑪胡为:何为,为什么。　⑫酒池肉林:盛满了酒的池子,悬挂着的肉多得像树林,指穷奢极欲的荒淫生活。　⑬仲淹:即范仲淹。见6.1注⑩。　⑭惟:只。　⑮断齑画粥:把咸菜切成小段,把粥划分为几块,形容贫穷的人刻苦学习。齑:细切的酱菜或腌(yān)菜。

【译文】

惩羹吹齑,指的是人们从以前的错误或失败中吸取教训,使以后不重犯;酒囊饭袋,指的是那些只知道吃而不爱学习的人。隐居山林的人,说自己用石头漱口,头枕着流水;沉迷于饮酒的人,头枕着酒曲,躺在酒糟上。昏庸的桀和纣,为什么要搞酒池肉林;勤奋苦学的范仲淹,吃饭时只好把咸菜切成小段,把粥分成几块。

二十一、宫室

【题解】

宫室是房屋的通称。本节分为六段,主要包含以下两个方面的内容:

1.介绍了与房屋建筑相关的诸多词、成语和典故,如"辟雍""潭府""青琐(suǒ)""竹苞(bāo)松茂""美奂美轮""金马玉堂"等,并说明了它们的含义和用法。

2.讲述了几位历史人物与建筑物之间的关系,如孔子弟子宓(mì)子贱弹琴治理单(shàn)父县,所以人们称县署为琴堂;宋代的寇准曾任宰相,但居室前的庭院小得只能种花;李文靖(jìng)在宋真宗时曾任参知政事,他所住房子的堂屋窄得只能掉转马身;等等。

21.1 洪荒①之世,野处穴居②;有巢(cháo)③以后,上栋下宇④。竹苞(bāo)松茂⑤,谓制度⑥之得宜⑦;鸟革翚(huī)飞⑧,谓创造之尽善⑨。朝廷⑩曰紫宸(chén)⑪,禁门⑫曰青琐(suǒ)⑬。宰相⑭职掌⑮丝纶(lún)⑯,内居黄阁⑰;百官具陈⑱章疏⑲,敷奏⑳丹墀(chí)㉑。

【注释】

①洪荒:混沌(hùndùn)、蒙昧的状态,借指远古时代。
②野处穴居:居住在野外或洞穴中。处:居住。　③有巢:即有巢氏。传说他在远古时代教民众在树上用木头搭巢,住在巢内,以避免野兽侵害。　④上栋下宇:指房屋。栋:房屋的正梁。宇:屋檐。　⑤竹苞松茂:比喻根基稳固,枝叶繁茂。后多用作新屋落成或向人祝寿的颂词。苞:丛生;繁茂。
⑥制度:规模;样式。　⑦得宜:适当。　⑧鸟革翚飞:像鸟展翅,像野鸡飞翔,形容宫室壮丽。革:翅膀。翚:野鸡。
⑨尽善:十分完善。　⑩朝廷:君主时代君主听政的地方。
⑪紫宸:宫殿名。唐宋时为接见群臣及外国使者朝见庆贺的内朝正殿。　⑫禁门:宫门。　⑬青琐:即青琐门。汉代宫门名,也泛指宫门。琐:有的本子作"锁"。　⑭宰相:我国古代辅佐君主掌管国事的最高官员的通称。　⑮职掌:掌管。
⑯丝纶:指帝王的诏书。　⑰黄阁:汉代丞相、太尉和汉以后三公的官署,因其厅门涂黄色,故称。　⑱具陈:详细陈述。　⑲章疏:臣下向君主进呈的言事文书。　⑳敷奏:陈奏,向君主报告。　㉑丹墀:指宫殿的赤色台阶或地面。

【译文】

远古时代,人们居住在野外或洞穴中;有巢氏出现以后,人们才居住在房屋里面。"竹苞松茂"即像丛生的竹和繁茂的松,指的是房屋建筑规划得十分恰当;"鸟革翚飞"即宫室形状像鸟展翅,像野鸡飞翔,是指房屋建得非常完美。君主听政的地方叫作紫宸,宫门也叫青琐。宰相掌管帝王的诏书,在黄阁内办公;百官在宫殿内的赤色台阶前详细陈述奏章。

21.2 木天署^①学士^②所居,紫薇省^③中书^④所莅(lì)^⑤。金马玉堂^⑥,翰林院宇^⑦;柏台^⑧乌府^⑨,御史^⑩衙(yá)门^⑪。布政司^⑫称为藩(fān)府^⑬,按察司^⑭系^⑮是臬(niè)司^⑯。

【注释】

①木天署:指翰林院。木天:高大宏伟的木结构建筑物,因穹窿(qiónglóng)高敞,仿佛用木头建成的天穹,故称。　②学士:官名。南北朝后为掌管文学撰述之官。明代设翰林院学士及翰林院侍读、侍讲学士。　③紫薇省:即中书省,官署名,魏晋时始设置。中书省有中书舍人五人,统领主书、书吏等。唐时曾一度改称紫薇省。　④中书:官名。有中书令、中书舍人等。　⑤莅:临视;治理。　⑥金马玉堂:见5.5注⑦。　⑦翰林院宇:指翰林院,官署名,唐初设置。本为各种文艺技术内廷供奉之处,后为翰林学士供职之所。翰林:官名。院宇:院落。　⑧柏台:御史台的别称。御史台是官署名,专门掌管弹劾(hé)之职。　⑨乌府:御史台的别称。　⑩御史:官名。自春秋战国至明清,都设有御史,但其职责和权力屡有变化。　⑪衙门:旧时官员办公的机关。　⑫布政司:置于明代,布政司中设左右布政使各一人,是一省的最高行政长官。　⑬藩府:布政司的别称。　⑭按察司:官署名。主管一省的司法。　⑮系:是。　⑯臬司:元代肃政廉访使司、明清提刑按察使司的别称,主管一省的司法。

【译文】

木天署是翰林学士办公的地方,紫薇省是中书处理公务之所。金马玉堂,指的是翰林院;柏台乌府,指的是御史衙门。布政司又称藩府,按察司也叫臬司。

21.3 潘岳①种桃于满县,人称花县;子贱②鸣琴③以治邑(yì)④,故曰琴堂⑤。潭府⑥是仕宦(huàn)⑦之家,衡门⑧乃隐逸⑨之宅。贺人有喜,曰门阑(lán)⑩蔼(ǎi)瑞⑪;谢人过访⑫,曰蓬荜(péngbì)生辉⑬。美奂美轮⑭,《礼》⑮称屋宇⑯之高华⑰;肯构肯堂⑱,《书》⑲言父子之同志⑳。土木㉑方兴㉒,曰经始㉓;创造㉔已毕,曰落成㉕。

【注释】

①潘岳:见5.11注⑦。 ②子贱:孔子弟子,姓宓(mì),名不齐,字子贱,鲁国人。在孔子弟子中以有德行著称。曾任单(shàn)父县县令。 ③鸣琴:弹琴。 ④邑:县的别称。 ⑤琴堂:州、府、县署的别称。 ⑥潭府:对他人住宅的尊称。 ⑦仕宦:官员。 ⑧衡门:横木为门,指简陋的房屋。也借指隐居的地方。 ⑨隐逸:隐居的人;隐士。 ⑩门阑:门框或门栅栏,借指家门、门庭。 ⑪蔼瑞:和气吉祥。 ⑫过访:访问。 ⑬蓬荜生辉:使简陋的房屋产生光辉。多用作谦辞,表示宾客、访客来访或张挂别人题赠的字画而使自己感到非常光荣。蓬荜:蓬门荜户的简称,指用草、树枝、荆条等做成的门户,形容穷苦人家居住的简陋的房屋。 ⑭美奂美轮:形容房屋高大美观,也形容装潢(huáng)、布置等极其华丽。奂:众多。轮:高大。 ⑮《礼》:指《礼记》,儒家经典之一,共有四十九篇,是秦汉以前各种礼仪论著的选集,由孔子弟子及其再传、三传弟子等所记。 ⑯屋宇:房屋。 ⑰高华:高峻瑰(guī)丽。 ⑱肯构肯堂:见7.1注⑭。 ⑲《书》:指《尚书》,儒家经典之一,相传由孔子编定。是现存

最早的关于上古时典章文献的汇编,保存了商周特别是西周初期的一些重要史料。　⑳同志:志趣或志向相同。　㉑土木:指修建房屋、道路、桥梁等工程。　㉒方兴:刚刚开始。㉓经始:开始营建。　㉔创造:制造;建造。　㉕落成:建筑物竣工。

【译文】

潘岳在河阳县种满桃树,人们称河阳县为花县;子贱弹琴治理单父县,所以人们称县署为琴堂。潭府指的是官员的家,衡门是隐士居住之处。给别人贺喜,就说门阑蔼瑞;感谢他人前来访问,就说蓬荜生辉。美奂美轮,这是《礼记》中称赞房屋高峻瑰丽;肯构肯堂,是《尚书》中说父子志向相同。建筑物刚刚开始兴建,就说经始;建筑物已经建造完成,叫作落成。

21.4　楼高可以摘星,屋小仅堪容膝①。寇莱(lái)公②庭除③之外,只可栽花;李文靖(jìng)④厅事⑤之前,仅容旋马⑥。恭贺屋成,曰燕贺⑦;自谦屋小,曰蜗庐⑧。民家⑨名曰闾(lú)阎⑩,贵族称为阀阅⑪。朱门⑫乃富豪之第⑬,白屋⑭是布衣⑮之家。

【注释】

①仅堪容膝:只能够容下双膝,形容容身之地狭小。堪:能;可以。　②寇莱公:即寇准,字平仲,北宋时华州下邽(guī,今陕西渭南)人。曾任宰相,力主抗辽。　③庭除:庭院。④李文靖:即李沆(hàng),字太初,洺(míng)州肥乡(今属河北)人。宋真宗时任参知政事。谥(shì)文靖。　⑤厅事:

私人住宅的堂屋。　　⑥旋马:掉转马的身子。　　⑦燕贺:祝贺新屋落成。　　⑧蜗庐:形圆似蜗牛的简易庐舍。也泛指简陋的房屋。常用作谦辞。　　⑨民家:寻常百姓家。　　⑩闾阎:里巷内外的门,泛指民间。　　⑪阀阅:仕宦(huàn)人家门前题记功业的柱子,泛指世家、巨室。　　⑫朱门:漆成红色的大门,指贵族豪富之家。　　⑬第:封建社会达官贵人的大宅子。　　⑭白屋:不加装饰、露出木材的房屋。一说用白茅盖顶的房屋。是古代平民的住房。　　⑮布衣:布制的衣服。因古时平民常穿布衣,所以也用来指平民。

【译文】

称楼高,就说几乎可以摘到星星;说屋小,就说只能容下双膝。寇莱公的庭院小得只能种花,李文靖的堂屋前窄得只能掉转马身。恭贺房屋建成,叫作燕贺;谦称自己的房子太小,叫作蜗庐。普通百姓之家叫作闾阎,贵族人家称为阀阅。朱门指富豪人家居住的大宅子,白屋指平民居住的简陋房屋。

21.5　客舍①曰逆旅②,馆驿(yì)③曰邮亭④。书室⑤曰芸(yún)窗⑥,朝廷⑦曰魏阙(què)⑧。成均⑨、辟雍⑩,皆国学⑪之号;黉(hóng)宫⑫、胶序⑬,乃乡学⑭之称。笑人善忘,曰徙宅忘妻⑮;讥人不谨⑯,曰开门揖(yī)盗⑰。

【注释】

①客舍:供旅客投宿的处所。舍:房屋。　　②逆旅:旅馆。　　③馆驿:即驿馆,驿站的客舍。驿站是古代供传递文书、官员往来及运输等中途暂息、住宿的地方。　　④邮亭:递送文书

的人投宿的地方。　⑤书室：书房。　⑥芸窗：书房。古代书房中用芸香来防蠹(dù)虫(一种蛀蚀器物、书籍等的虫子)，故称。　⑦朝廷：君主时代君主听政的地方。　⑧魏阙：古代宫门外的阙门，是悬布法令的地方。后来作为朝廷的代称。　⑨成均：古代的大学。后作为官办学校的泛称。　⑩辟雍：周王朝为贵族子弟所设的大学。　⑪国学：国家设立的学校。　⑫黉宫：学校。　⑬胶序：学校。商代的学校称序，周代在东胶养国老，故称。　⑭乡学：古代的地方学校。　⑮徙宅忘妻：搬家时忘了把妻子搬过去，比喻致力于次要的而忘了主要的。徙：迁移。　⑯谨：小心；慎重。　⑰开门揖盗：打开门把强盗请进来，比喻引坏人进入，给自己造成祸害。揖：拱手行礼。

【译文】

供旅客投宿的处所叫逆旅，驿站的旅馆叫邮亭。书房叫芸窗，君主听政的地方叫魏阙。成均、辟雍，都是国家设立的学校的名称；黉宫、胶序，是地方设立的学校的名称。嘲笑别人记性不好，就说徙宅忘妻；讽刺别人做事不谨慎，就说开门揖盗。

21.6　何楼①所市②，皆滥恶③之物；垄(lǒng)断④独登，讥专利⑤之人。筚(bì)门⑥圭窦(dòu)⑦，系⑧贫士⑨之居；瓮牖(yǒu)⑩绳枢⑪，皆窭(jù)人⑫之室。宋寇准⑬真是北门锁钥⑭，檀道济⑮不愧万里长城⑯。

【注释】

①何楼：即何家楼，北宋时开封城中的楼，楼下所卖的都是粗

陋之物。　②市:买卖货物。　③滥恶:恶劣;质量低劣。④垄断:冈垄;高地。　⑤专利:指独霸某种生产或流通以获取厚利。　⑥筚门:用荆条竹木编的门,常喻指穷困人家的居室。　⑦圭窦:形状像圭的墙洞,借指穷困人家的门户。圭:一种长条状、上尖下方的玉制礼器。窦:洞。　⑧系:是。　⑨贫士:穷士;穷儒生。　⑩瓮牖:以破瓮为窗,指贫寒之家。　⑪绳枢:用绳子系门闩,形容穷人家的房舍简陋。　⑫窭人:穷苦人。　⑬寇准:见21.4注②。⑭北门锁钥:比喻北方的重镇。　⑮檀道济:南朝宋将领。高平金乡(今山东金乡北)人。东晋末从刘裕攻后秦,屡立战功。　⑯万里长城:比喻国家所依赖的大将。

【译文】
何楼下面所卖的,都是质量低劣的东西;独自登上高地探望,以操纵市场,用来讥讽那些独霸商品流通以获取厚利的人。筚门、圭窦,用来指穷困人家的居室;瓮牖、绳枢,都是指穷苦之人的住房。宋代的寇准真是北门锁钥,檀道济不愧是万里长城。

二十二、器用

【题解】

器用指器物用具。本节分为八段,主要包含以下三个方面的内容:

1. 介绍了一些器物的不同名称,如纸称为楮(chǔ)先生、剡(shàn)藤、玉版,扇子称为箑(shà)、仁风、便面,镜子又叫菱花、寿光客,船又叫鹢(yì)首、鸭头,等等。

2. 介绍了诸多与器物用具相关的词、成语和典故,如"斗筲(shāo)""乌金""付衣钵(bō)""玉参差(cēncī)""胶柱鼓瑟(sè)""迎刃而解"等,并说明了它们的含义和用法。

3. 讲述了一些历史名人与器物有关的故事,如韩信拔帜立帜,孟敏堕甑(zèng)不顾,王衍(yǎn)手执麈(zhǔ)拂清谈,张载拥虎皮而讲学,等等。

22.1　一人之所需,百工①斯②为备③。但④用则各适其用,而名则每⑤异其名。管城子⑥、中书君⑦,悉⑧为笔号;石虚中⑨、即墨侯⑩,皆为砚称。墨为松使者⑪,纸号楮(chǔ)先生⑫。纸曰剡(shàn)藤⑬,又曰玉版⑭;墨曰陈玄⑮，又曰龙剂⑯。

【注释】

①百工：各种工匠。　②斯：助词，相当于"之"。　③备：满足。　④但：只。　⑤每：常常。　⑥管城子：指毛笔。唐代韩愈作寓言《毛颖传》，称毛笔为管城子，后以管城子为毛笔的代称。　⑦中书君：指毛笔。在韩愈的《毛颖传》中，称毛笔为毛颖，并说毛颖居于中山，为蒙恬(tián)所获，献给秦始皇。蒙恬曾官拜中书令，秦始皇称他为中书君，所以用中书君指毛笔。　⑧悉：全；都。　⑨石虚中：砚的拟人别称。因砚是把石头的中间挖空而成，故称。　⑩即墨侯：砚的拟人别称。因砚是用来装墨水的，即墨有靠近墨水的意思，故称。　⑪松使者：指墨。因古代的墨多用松木烧出的烟灰制成，故称。　⑫楮先生：指纸。在韩愈的《毛颖传》中，称纸为楮先生，后以楮先生为纸的别名。　⑬剡藤：指纸。浙江剡溪出产的古藤，可以造纸，负盛名，所以称纸为剡藤。　⑭玉版：宣纸的一种。　⑮陈玄：指墨。在韩愈的《毛颖传》中，以陈玄指墨，所以用陈玄作为墨的代称。　⑯龙剂：即龙香剂，一种名贵的墨。

【译文】

一个人生活中所需的东西，要由各种工匠来提供。各种东西都有其不同的用途，但它们的名称则常常各不相同。管城子、中书君，都是笔的名称；石虚中、即墨侯，都是对砚的称呼。墨称为松使者，纸叫作楮先生。纸也叫剡藤，又叫作玉版；墨也叫陈玄，又叫作龙剂。

22.2 共笔砚①,同窗②之谓;付衣钵(bō)③,传道④之称。笃志⑤业儒⑥,曰磨穿铁砚⑦;弃文就武⑧,曰安⑨用毛锥(zhuī)⑩。剑有干将镆铘(mòyé)⑪之名,扇有仁风⑫便面⑬之号。何谓箑(shà)⑭?亦扇之名;何谓籁(lài)⑮?有声之谓。

【注释】

①共笔砚:旧时指同学。也说"同砚"。　②同窗:旧时称同学。　③衣钵:佛教徒所穿的袈裟(jiāshā)和吃饭用的碗,泛指传授下来的学术、思想、技能等。　④传道:旧时指传授古代圣贤的学说。　⑤笃志:专心一意;立志不变。笃:诚笃;专一。　⑥业儒:以儒学为业。业:从事于;以……为业。　⑦磨穿铁砚:形容立志不移,持久不懈。　⑧弃文就武:放弃文业,改从武事。　⑨安:怎么;哪里。　⑩毛锥:毛笔的别称。因毛笔的笔头用毛制成,形状像锥,故称。　⑪干将镆铘:古宝剑名。相传由春秋时期的干将、莫邪夫妇所铸。镆铘:也作莫邪、莫耶(yé)。　⑫仁风:扇子的代称。　⑬便面:古代用来遮面的扇状物,后也指团扇、折扇。　⑭箑:扇子。　⑮籁:从孔穴里发出的声音,泛指声音。

【译文】

共笔砚,指的是同学;付衣钵,是指传授古代圣贤的学说。立志以儒学为业,就说"磨穿铁砚"即把铁制的砚台磨穿;放弃文业,改从武事,就说"安用毛锥"即哪里用得着毛笔。宝剑中有干将和镆铘的名称,扇子有仁风、便面等代称。什么叫箑?箑也就是扇子;什么叫籁?籁指的是有声音。

22.3 小舟名舴艋(zéměng)①,巨舰曰艨艟(méng chōng)②。金根③是皇后之车,菱花④乃妇人之镜。银凿落⑤原是酒器,玉参差⑥乃是箫(xiāo)名。刻舟求剑⑦,固而不通⑧;胶柱鼓瑟(sè)⑨,拘而不化⑩。斗筲(shāo)⑪言⑫其器⑬小,梁栋⑭谓是大材。铅刀⑮无一割之利,强弓⑯有六石⑰之名。

【注释】

①舴艋:小船。　②艨艟:古代的一种战船。　③金根:即金根车。用黄金装饰的根车,是帝王所乘的车子。根车即山车,泛指帝王的车子。　④菱花:即菱花镜。古代铜镜名。镜多为六角形,或背面刻有菱花。　⑤银凿落:银饰的酒盏。凿落:以镌镂(juānlòu)金银为饰的酒盏。　⑥玉参差:玉做的洞箫。参差:即洞箫,古代乐器,相传为舜所造,因形状像凤翼一样参差不齐,故名。　⑦刻舟求剑:比喻头脑僵化,不能用变化发展的观点看问题。　⑧固而不通:头脑固执,不知变通。　⑨胶柱鼓瑟:弹奏瑟时粘住瑟上的弦柱,就不能调节音的高低,比喻做事拘泥,不够灵活。柱:瑟上调弦的短木。鼓:弹奏。　⑩拘而不化:做事拘泥而不知变化。　⑪斗筲:比喻人才识短浅,器量狭小。斗和筲都是量器,一斗容十升,筲是竹器,容一斗二升。因斗和筲都是容量很小的量器,故有此义。　⑫言:说。　⑬器:人的度量、才能。　⑭梁栋:即栋梁,房屋的大梁。比喻能担当重任的人才。　⑮铅刀:铅制的刀。铅质软,做成的刀不锋利,比喻无用的人或物。　⑯强弓:需要很大的力气才能拉开的

弓。　⑰石：计算弓弩(nǔ)强度的单位。

【译文】

　　小船称为舴艋，大舰称为艨艟。金根是皇后所乘的车子，菱花是女子所用的镜子。银凿落是一种酒器，玉参差是箫的名称。刻舟求剑，指的是固执而不知变通；胶柱鼓瑟，意思是做事拘泥而不会变化。斗筲指的是一个人器量小，梁栋指的是一个人可以担当重任。铅刀割物不够锋利；强弓需要六石的力气才能拉开，所以又叫六石。

22.4　杖以鸠名①，因鸠喉之不噎(yē)②；钥③同鱼样，取鱼目之常醒④。兜鍪(móu)⑤系⑥是头盔(kuī)，叵(pǒ)罗⑦乃为酒器。短剑名匕首，毡毯曰氍毹(qúshū)⑧。琴名绿绮(qǐ)⑨、焦桐⑩，弓号乌号⑪、繁弱⑫。香炉曰宝鸭⑬，烛台曰烛奴⑭。

【注释】

　　①杖以鸠名：把手杖称为鸠杖。鸠：外形像鸽子的一类鸟，常见的有斑鸠。　②噎：食物等堵住喉道。　③钥：锁。　④鱼目之常醒：鱼的眼睛昼夜都是睁着的，古人认为鱼一直醒着，从不睡觉。　⑤兜鍪：古代武士戴的头盔。　⑥系：是。　⑦叵罗：西域语音译，当地的一种敞口浅底的酒器。也泛指酒杯。　⑧氍毹：一种毛织或毛与其他材料混织的毯子。　⑨绿绮：古琴名。据说是汉代的司马相如所用。后也泛指琴。　⑩焦桐：指琴。　⑪乌号：古代良弓名。　⑫繁弱：古代良弓名。　⑬宝鸭：即香炉。因制成鸭的形状，

故称。　⑭烛奴：原指雕刻成人形的烛台，后泛指烛台。

【译文】

　　手杖之所以称为鸠杖，是因为鸠吃东西不会噎食；锁之所以制成鱼的形状，是因为鱼眼昼夜睁着，一直保持警惕。兜鍪就是头盔，叵罗是一种酒器。短剑又叫匕首，毡毯也叫氍毹。著名的琴有绿绮、焦桐，良弓有乌号、繁弱。香炉又叫宝鸭，烛台也叫烛奴。

22.5　龙涎（xián）①、鸡舌②，悉③是香④名；鹢（yì）首⑤、鸭头⑥，别为船号。寿光客⑦，是妆台⑧无尘之镜；长明公⑨，是梵堂⑩不灭之灯。桔槔（jiégāo）⑪是田家⑫之水车⑬，袯襫（bóshì）⑭是农夫之雨具。乌金⑮，炭之美誉；忘归⑯，矢⑰之别名。夜可击，朝（zhāo）可炊⑱，军中刁斗⑲；云汉⑳热，北风寒，刘褒㉑画图。

【注释】

①龙涎：即龙涎香，是抹香鲸病胃的分泌物，黄、灰乃至黑色的蜡状物质，香气持久，极名贵。　②鸡舌：即丁香，常绿乔木，产于热带。种子可榨油，做芳香剂。种仁由两片形状似鸡舌的子叶合抱而成，故又叫鸡舌香。　③悉：全；都。　④香：香料，某些天然有好闻气味的东西。　⑤鹢首：泛指船。因古代在船头画鹢鸟，故称。鹢：水鸟名。形状像鹭（lù）而大，羽毛苍白，善高飞。　⑥鸭头：即鸭头船，一种船头作鸭头状的大船。　⑦寿光客：指镜子。也叫寿光或寿光先生。　⑧妆台：梳妆台。　⑨长明公：即长明灯，昼夜不熄的油灯，旧时多用于供佛或敬神。　⑩梵堂：寺院。

⑪桔槔：一种从井里汲（jí）水的工具，在井边的树上或架子上架一横杆，一端系水桶，另一端坠大石块等重物，汲水时可以省力。　⑫田家：从事农业生产的人家。　⑬水车：使用人力或畜力的旧式提水灌溉工具。　⑭被襫：蓑（suō）衣之类的防雨衣。　⑮乌金：煤和木炭的别称。　⑯忘归：良箭名。因其一去不返，故称。　⑰矢：箭。　⑱炊：烧火做饭。　⑲刁斗：古代行军用具，白天用作炊具，晚上用来打更。　⑳云汉：指干旱暑热。　㉑刘褒：东汉桓帝时人，擅长绘画。

【译文】

龙涎、鸡舌，都是香料的名称；鹢首、鸭头，都是船的别名。寿光客，是梳妆台上光洁的镜子；长明公，是寺院中昼夜不熄的灯。桔槔是农家用来提水的工具，被襫是农夫穿的雨衣。乌金，是炭的美称；忘归，是箭的别名。晚上可以用来打更，早晨可用作炊具，指的是军中使用的刁斗；画干旱暑热图可使人们看了感到热，画北风呼啸（xiào）图可使人们看了觉得冷，这是刘褒绘画的神奇之处。

22.6　勉人发愤①，曰猛著（zhuó）祖鞭②；求人宥（yòu）罪③，曰幸④开汤网⑤。拔帜立帜⑥，韩信⑦之计甚奇；楚弓楚得⑧，楚王⑨所见未大⑩。董安于⑪性缓，常佩弦⑫以自急；西门豹⑬性急，常佩韦⑭以自宽。汉孟敏⑮尝⑯堕甑（zèng）⑰不顾，知其无益；宋太祖⑱谓犯法有剑，正欲立威⑲。

【注释】

①发愤：决心努力。　②著祖鞭：指开始做，常用来勉励人

努力进取。　③宥罪：宽恕别人的罪过。宥：宽恕；赦免。　④幸：希望。　⑤汤网：指宽大的刑政。　⑥拔帜立帜：指拔下敌人的旗帜，换上自己的旗帜。　⑦韩信：见6.2注⑤。　⑧楚弓楚得：楚国人丢失了弓，必为楚国人所得，表示对失物不必挂怀。　⑨楚王：指楚共王。春秋时楚国国君。名审，楚庄王之子。　⑩所见未大：指胸怀不够大。　⑪董安于：一作董阏(yān)于，春秋末期晋国人，晋卿赵鞅(yāng)的家臣。　⑫佩弦：佩带弓弦。弓弦常紧绷，所以性子缓的人佩带它以提醒自己不要拖拉。　⑬西门豹：战国时人，魏文侯时任邺(yè)令。　⑭佩韦：佩带皮革。皮革柔韧(rèn)，所以性子急的人佩带它以提醒自己不要着急。韦：熟治过的皮革。　⑮孟敏：字叔达，东汉时巨鹿杨氏(今河北宁晋)人。　⑯尝：曾经。　⑰甑：古代蒸食物用的瓦制炊具。　⑱宋太祖：即赵匡胤(yìn)。见8.4注②。　⑲立威：树立威信。

【译文】

勉励别人积极进取，叫作猛著祖鞭；请求别人宽恕罪过，就说幸开汤网。拔掉敌人的旗帜，换上自己的旗帜，韩信用兵的计谋十分奇特；楚国人丢失了弓，必为楚国人所得，楚共王的胸怀还不够宽广。董安于的性子缓，所以常常佩带弓弦以提醒自己要抓紧时间；西门豹的性子急，所以常常佩带皮革以提醒自己不要着急。汉代的孟敏曾经对坠落地上碎裂的甑掉头不顾，因为他知道回头去看甑于事无补；宋太祖说对犯法的人只好用剑，因为他正想借此树立威信。

22.7　王衍(yǎn)①清谈②，常持麈(zhǔ)拂③；横渠④讲

《易》⑤,每拥⑥皋(gāo)比⑦。尾生⑧抱桥而死,固执不通;楚妃⑨守符⑩而亡,贞信⑪可录⑫。温峤(qiáo)⑬昔燃犀⑭,照见水族⑮之鬼怪;秦政有方镜⑯,照见世人之邪心。

【注释】

①王衍:字夷甫,晋时琅琊(lángyá)临沂(yí,今山东临沂北)人。官至司徒、司空。好老庄之学,终日谈论玄理。　②清谈:指魏晋时期一些人崇尚老庄,空谈玄理。　③麈拂:即麈尾,古人闲谈时拿在手里用来驱虫、掸(dǎn)尘的一种工具。麈:鹿类,也叫驼鹿,俗称四不像。　④横渠:即张载,字子厚,也称横渠先生,宋时长安(今陕西西安)人。讲学于关中,称为"关学"。著有《正蒙》等。　⑤《易》:即《周易》,由《易经》和《易传》两部分组成。《易经》成书于西周时期,是一本卜筮(shì)书。《易传》是对《易经》的解释。　⑥拥:围裹。　⑦皋比:虎皮。　⑧尾生:古代传说中坚守信约的男子。　⑨楚妃:楚昭王的夫人贞姜。　⑩符:符节,古代朝廷派遣使者时的一种凭证。　⑪贞信:贞洁诚实。　⑫录:谈说。　⑬温峤:见16.2注⑫。　⑭犀:这里指犀牛角。　⑮水族:水生动物的总称。　⑯秦政有方镜:据传秦始皇有一面方镜子,女子如果有邪心,照镜子时就会看见胆张心动。秦政:秦始皇嬴(yíng)政,秦朝的建立者。

【译文】

王衍在清谈时,常常手里拿着麈尾;张载在讲《周易》时,经常坐在虎皮上面。尾生与一女子约好在桥下相见,洪水袭来,他为守约竟抱桥柱而死,可谓死板固执,不知变通;楚昭王的妃子因为来接她的使者手中没有符节,不肯离开,最后被水淹死,她的贞洁诚实值得传扬。温峤曾点燃犀牛角,照见水中有不少鬼怪;秦始皇嬴政有一面方镜,可以照出世人的邪心。

22.8 车载斗量①之人,不可胜数②;南金东箭③之品④,实是堪奇⑤。传檄(xí)⑥可定,极言⑦敌之易破;迎刃而解⑧,甚⑨言事之易为。以铜⑩为鉴⑪,可整衣冠;以古为鉴,可知兴替⑫。

【注释】

①车载斗量:形容数量非常多。　②不可胜数:无法数完,形容极多。　③南金东箭:古代以南方的金石和东方的竹箭为华美贵重之物,后用来比喻优秀杰出的人才。　④品:物品;物件。　⑤堪奇:能称得上奇特。　⑥传檄:传布檄文。檄:檄文,古代一种用于晓谕(yù)、征召或声讨的文书。　⑦极言:指夸大其辞。　⑧迎刃而解:用刀劈竹子,先劈开一个小口,下面的一段就会迎着刀口自己裂开,比喻主要问题解决了,与此相关的其他问题就很容易解决。　⑨甚:很。　⑩铜:指铜镜。　⑪鉴:镜子。　⑫兴替:盛衰;成败。

【译文】

人多得要用车来载,用斗来量,无法数清;南方的金石和东方的竹箭之类的东西,确实称得上奇特。传檄可定,是对敌人极易击破的夸张说法;迎刃而解,是指事情很容易做。用铜镜做镜子,可以方便整理衣帽;以古代的历史为镜子,可以知道成败。

二十三、珍宝

【题解】

本节分为六段,讲述了与金银珠宝相关的一些知识和故事,主要包含以下三个方面的内容:

1. 介绍了对钱的不同称呼,如孔方、家兄、青蚨(fú)、鹅眼、阿(ē)堵物等。论述了对待钱的正确态度:一方面要认识到钱确实很重要:"床头金尽,壮士无颜","人生孰不爱财";另一方面则不应贪图非分之财,文中以杨震辞金、唐太宗惩贪为例来加以说明。

2. 介绍了与钱财珍宝相关的一些词、成语和典故,如"铜臭(xiù)""燕石""怀瑾(jǐn)握瑜(yú)""合浦还珠""锱铢(zīzhū)必算"等,并说明了它们的含义和用法。

3. 讲述了几则金银珠宝方面的神话故事,如鲛(jiāo)人的泪滴会变成珍珠,杨伯雍种下石子竟长出了玉,汉代宫廷中的玉钗(chāi)变成了燕子,唐代府库中的金钱化成了蝴蝶(húdié),等等。反映了人们丰富的想象力。

23.1 山川之精英①,每②泄为至宝③;乾坤④之瑞气⑤,恒⑥结为奇珍⑦。故玉足以庇⑧嘉谷⑨,珠可以御火灾。鱼目岂可混珠⑩,碔砆(wǔfū)⑪焉⑫能乱玉⑬。黄金生于丽水⑭,白银出自朱提(shūshí)⑮。

【注释】
①精英:精华;光华。　②每:常常。　③至宝:最珍贵的宝物。　④乾坤:《周易》中的两个卦(guà)名,乾代表天,坤代表地。　⑤瑞气:吉祥之气。　⑥恒:经常。　⑦奇珍:奇异珍贵之物。　⑧庇:保护;保佑。　⑨嘉谷:古代以粟(小米)为嘉谷,后作为五谷的总称。　⑩鱼目岂可混珠:鱼眼睛怎能冒充珍珠。　⑪碔砆:像玉的石头。　⑫焉:怎么;哪里。　⑬乱玉:指很像玉,让人辨不出真伪。　⑭丽水:即丽江。金沙江流入云南丽水县北,称丽江。　⑮朱提:山名。在今云南昭通市,盛产白银。

【译文】
山川的精华,常常泄露出来而成为最珍贵的宝物;天地间的祥瑞之气,经常凝结为奇异珍贵之物。所以玉足以保佑五谷丰收,珍珠可以防御火灾。鱼眼睛怎么能冒充珍珠,碔砆石怎么能当成玉。丽江出产黄金,朱提盛产白银。

23.2 曰孔方①,曰家兄②,俱③为钱号④;曰青蚨(fú)⑤,曰鹅眼⑥,亦⑦是钱名。可贵者,明月⑧夜光⑨之珠;可珍者,璠玙(fányú)⑩琬琰(wǎnyǎn)⑪之玉。宋人以燕石⑫为玉,什袭⑬缇(tí)巾⑭之中;楚王⑮以璞(pú)玉⑯为石,两刖(yuè)⑰卞和⑱之足。惠王⑲之珠,光能照乘(shèng)⑳;和氏之璧㉑,价重连城㉒。

【注释】

①孔方：钱的谑(xuè)称。因古代铜钱中间有方孔，故称。
②家兄：指金钱。因钱别号孔方兄，故有此称。　③俱：都。
④号：名称。　⑤青蚨：传说中的虫子，据说把它的血涂在钱上，用出去的钱会自己回来。后用来指钱。　⑥鹅眼：即鹅眼钱。古代一种劣质的钱。　⑦亦：也。　⑧明月：指明珠。　⑨夜光：夜光珠，即夜明珠。传说中夜间能放光的宝珠。　⑩璠玙：美玉名。　⑪琬琰：泛指美玉。
⑫燕石：燕山所产的一种类似玉的石头，后比喻不足珍贵之物。　⑬什袭：重重包裹，指郑重珍藏。什：十。　⑭缇巾：橘红色的丝巾。　⑮楚王：指春秋时的楚厉王和楚武王。楚厉王是谁，目前还无法确定。楚武王姓芈(mǐ)，熊氏，名通，杀其兄蚡(fén)冒子而自立。楚厉王有可能即蚡冒子。
⑯璞玉：含玉的石头。　⑰刖：古代砍掉脚的酷刑。
⑱卞和：春秋时楚国人，相传他发现了一块璞玉，把它献给楚王，经加工成宝玉，称为和氏璧。　⑲惠王：即梁惠王。见3.10注⑯。　⑳乘：古代称四匹马拉的车一辆为一乘。
㉑和氏之璧：即和氏璧。　㉒价重连城：形容物品极其珍贵，价值极高。

【译文】

孔方、家兄，都是钱的名称；青蚨、鹅眼，也是钱的别名。极其贵重的，有明月珠和夜光珠；值得珍爱的，有璠玙玉和琬琰玉。有个宋国人把燕山出的一种石头视作玉，把它用橘红色的丝巾层层包裹起来；楚厉王和楚武王把卞和所献的璞玉看作普通的石头，以欺君之罪分别砍掉了他的左脚和右脚。梁惠王的宝珠发出的光能照亮前后的马车，和氏璧价值连城。

23.3 鲛(jiāo)人①泣泪成珠②,宋人削玉为楮(chǔ)③。贤④乃国家之宝,儒⑤为席上之珍。王者聘贤,束帛⑥加璧⑦;真儒抱道⑧,怀瑾(jǐn)握瑜(yú)⑨。雍伯⑩多缘,种玉⑪于蓝田⑫而得美妇;太公⑬奇遇,钓璜(huáng)⑭于渭水⑮而遇文王⑯。

【注释】

①鲛人:神话传说中的人鱼。　②泣泪成珠:哭泣流下的眼泪变成珍珠。　③削玉为楮:把玉雕刻成楮叶。楮:即构树。一种落叶乔木,叶子卵形。　④贤:有品德或才能的人。　⑤儒:信奉儒家学说的人。也泛指读书人。　⑥束帛:捆为一束的五匹帛。古代作为聘问、馈(kuì)赠的礼物。　⑦璧:古代一种珍贵的玉器,扁圆形,中间有孔。　⑧抱道:持守正道。　⑨怀瑾握瑜:比喻有高贵的品德和才能。瑾、瑜:均指美玉。　⑩雍伯:见13.5注③。　⑪种玉:见13.5注②。　⑫蓝田:见13.5注①。　⑬太公:即姜太公。见6.2注①。　⑭钓璜:垂钓而得玉璜,比喻臣遇明主,君得贤相。璜:形状像半个璧的玉器。　⑮渭水:见19.10注⑯。　⑯文王:即周文王。见2.9注⑥。

【译文】

鲛人哭泣流下的眼泪能变成珍珠,有个宋国人把玉雕刻成楮叶的样子。贤人是国家的宝贝,儒者是座席上的珍宝。帝王聘请贤人时,用束帛和璧作为礼物;真正的儒者持守正道,就像拥有瑾瑜美玉一样。杨伯雍富于缘分,在蓝田种下玉后娶到了美丽的妻子;姜太公有奇遇,在渭水钓鱼得到玉璜后遇到了周文王。

23.4　剖腹藏珠①,爱财而不爱命;缠头②作锦③,助舞而更助娇④。孟尝⑤廉洁,克⑥俾(bǐ)⑦合浦还珠⑧;相如⑨忠勇⑩,能使秦廷归璧⑪。玉钗(chāi)⑫作燕飞,汉宫之异⑬事;金钱成蝶(dié)舞,唐库⑭之奇传。广钱固可以通神⑮,营利乃为鬼所笑。

【注释】

①剖腹藏珠:剖开自己的肚子,把珍珠藏进去,比喻过于爱惜财物。　②缠头:古代歌舞艺人表演完毕,客人以罗锦为赠物。后作为赠送妓女财物的通称。　③锦:有彩色花纹图案的丝织品。　④娇:柔美可爱。　⑤孟尝:字伯周,东汉时会稽上虞(今属浙江)人。曾任合浦太守。　⑥克:能够。　⑦俾:使。　⑧合浦还珠:使合浦郡(jùn)重新盛产珍珠。指廉洁的官吏。也比喻人去复归或物归旧主。　⑨相如:即蔺(lìn)相如。见12.2注⑧。　⑩忠勇:忠诚而勇敢。有的本子作"勇忠"。　⑪秦廷归璧:战国时,秦王想用十五座城交换赵国的和氏璧,赵王命蔺相如持璧前往。蔺相如发现秦王并无诚意,便把和氏璧完好无损地送回了赵国。　⑫钗:旧时妇女别在发髻(jì)上用来固定发型的一种首饰。　⑬异:奇异;特别。　⑭唐库:唐朝的府库。　⑮通神:通于神灵。

【译文】

把自己的腹部剖开,把珍珠藏进去,说明爱财胜过爱命;用罗锦作缠头,既助舞兴,更助舞者的娇艳。孟尝为官廉洁,能使合浦重新盛产珍珠;蔺相如忠诚勇敢,能让秦国的朝廷归还和氏璧。玉钗变成燕子飞走,这是发生在汉朝宫廷中的神奇之事;金钱变成蝴(hú)蝶飞舞,这是唐朝府库中发生的奇异传闻。钱多了固然可以通于神灵,缺钱的人想谋利却竟然被鬼讥笑。

23.5 以小致①大,谓之抛砖引玉②;不知所贵,谓之买椟(dú)还珠③。贤否(pǐ)④罹(lí)⑤害,如玉石俱焚⑥;贪婪无厌⑦,虽⑧锱铢(zīzhū)必算⑨。崔烈⑩以钱买官,人皆恶(wù)⑪其铜臭(xiù)⑫;秦嫂⑬不敢视叔,自言畏其多金⑭。熊衮(gǔn)⑮父亡,天乃雨(yù)⑯钱助葬;仲儒⑰家窘(jiǒng)⑱,天乃雨金济贫⑲。

【注释】

①致:招致;招引。　②抛砖引玉:比喻用自己粗浅的意见引出别人高明的意见。　③买椟还珠:比喻舍本逐末,取舍不当。椟:木匣子。　④否:坏;恶。　⑤罹:遭遇;遭受。　⑥玉石俱焚:美玉和石头一起烧毁,比喻好的和坏的同时毁掉。　⑦厌:满足。　⑧虽:即使。　⑨锱铢必算:对很少的钱或很小的事都要计较,多形容过于吝啬(lìnsè)或气量小。锱铢:很少的钱或很小的事情。　⑩崔烈:东汉时北方名士,有文才。官至太尉。汉灵帝时他用钱买官,导致声誉大减。　⑪恶:讨厌。　⑫铜臭:铜钱的气味,用来讥讽对钱过于看重的表现。臭:气味。　⑬秦嫂:苏秦的嫂嫂。秦:指苏秦,字季子,战国时东周洛阳(今河南洛阳)人。学纵横之说,曾任赵、燕、韩、魏、齐、楚六国之相。　⑭多金:指钱多。　⑮熊衮:唐朝人,曾任御史大夫,为官清廉,家无余

财。 ⑯雨:下(雨、雪等)。 ⑰仲儒:即翁仲儒,汉朝人。 ⑱窘:穷困。 ⑲济贫:救济穷苦的人。

【译文】

用小的引来大的,叫作抛砖引玉;不知道哪个更贵重,称为买椟还珠。贤人和恶人同时受害,就像美玉和石头一起烧毁;一个人贪得无厌,即使很少的钱也要计较。崔烈用钱买官,人们都讨厌他身上有铜钱的气味;苏秦的嫂嫂不敢仰视他,自称是因为害怕苏秦钱多。熊衮的父亲去世后无钱下葬,天上就落下钱来帮他;仲儒家里很穷,天上就落下金子来救济他。

23.6　汉杨震①畏四知②而辞金,唐太宗③因惩贪而赐绢④。晋鲁褒⑤作《钱神论》,尝⑥以钱为孔方兄⑦;王夷甫⑧口不言钱,乃谓钱为阿(ē)堵物⑨。然而床头金尽⑩,壮士⑪无颜⑫;囊(náng)⑬内钱空,阮郎羞涩⑭。但匹夫⑮不可怀璧⑯,人生孰⑰不爱财。

【注释】

①杨震:见11.3注⑤。 ②四知:指天知、神知、我知、你知。后用来指人廉洁自守,不接受非义的馈(kuì)赠。 ③唐太宗:见17.11注⑪。 ④绢:一种丝织品,质地薄而坚韧(rèn)。 ⑤鲁褒:字元道,晋时南阳(今属河南)人。著有《钱神论》。 ⑥尝:曾经。 ⑦孔方兄:钱的谑(xuè)称。因古代铜钱中间有方孔,故称。 ⑧王夷甫:即王衍(yǎn),字夷甫。见22.7注①。 ⑨阿堵物:这个东西,指钱。阿堵:六朝时人口语,意为这、这个。 ⑩床头金尽:指

身边的钱财耗尽,陷于贫困境地。 ⑪壮士:豪壮而勇敢的人。 ⑫无颜:羞愧;无脸见人。 ⑬囊:口袋。 ⑭阮郎羞涩:指手头拮(jié)据,缺少钱财。阮郎:指阮孚(fú)。东晋元帝时曾任安东参军,为人豪放不羁(jī),酷爱饮酒。 ⑮匹夫:一个人,泛指普通百姓。 ⑯怀璧:怀里藏着璧,比喻多财招祸或怀才遭忌。璧:古代一种珍贵的玉器,扁圆形,中间有孔。 ⑰孰:谁。

【译文】

汉代的杨震因为害怕"四知"而拒绝收受别人送来的金子,唐太宗为了惩治贪欲而把绢赏赐给长孙顺德。晋代的鲁褒写作了《钱神论》,里面称钱为孔方兄;王夷甫口中从不说钱字,他把钱称为阿堵物。然而一旦身边的钱财用尽,连壮士也会觉得无脸见人;口袋内若没有钱,阮郎也会感到羞愧。但是普通百姓怀中不能藏璧,人生中又有谁不爱财物。

二十四、贫富

【题解】

本节分为五段,主要包含以下二个方面的内容:

1. 把贫和富作为对立的两极,介绍了与之相关的词、成语和典故,其中与贫相关的有"在陈""数奇""地无立锥(zhuī)""室如悬磬(qìng)""家无担石"等,与富相关的有"殷实""贯朽粟陈""田连阡(qiān)陌"等,其中关于贫穷所占的篇幅明显要多于富贵。

2. 列举了历史上一些出了名的"穷人",如司马相如家徒壁立,范冉土灶生蛙,曾子捉襟(jīn)见肘;也列举了历史上一些出了名的富人,如陶朱倚顿资财可与王公匹敌,石崇把蜡烛当柴烧,何曾一顿饭要花费万钱,等等。

3. 说明了作者关于贫富的两个观点:一是"富贵在天",即人的贫富是由上天决定的;二是有着好的德行和名声的人,就不会在意物质财富方面的享受。第一个观点当然属于迷信,第二个观点则是很有道理的。

24.1 命之修①短有数②,人之富贵在天。惟君子③安贫,达人④知命⑤。贯朽粟陈⑥,称羡⑦财多之谓;紫标黄榜⑧,

封记⑨钱库之名。贪爱钱物,谓之钱愚⑩;好置⑪田宅,谓之地癖(pǐ)⑫。

【注释】

①修:长。　②数:天命;定数。　③君子:人格高尚的人。　④达人:通达事理、乐观豁达的人。　⑤命:命运。　⑥贯朽粟陈:形容财粮富足。贯朽:穿钱的绳子朽烂。粟陈:粮仓里的米谷一年一年地堆积。　⑦称羡:称赞羡慕。　⑧紫标黄榜:南朝梁国的临川王萧宏在所聚敛的金钱上所作的标记,钱百万为一堆,用黄榜标记;钱千万为一库,挂紫标标记。　⑨封记:封闭标记。　⑩钱愚:指贪财成癖。　⑪置:购买。　⑫地癖:指兼并土地成性。

【译文】

一个人寿命的长短有其定数,能否获得富贵取决于上天。只有君子能安于贫穷,只有乐观豁达的人能顺从命运的安排。贯朽粟陈,用来称叹财富极多;紫标黄榜,是标记封闭的钱库的名称。贪爱财物的人,称为钱愚;酷好购买田地房屋的人,叫作地癖。

24.2　守钱虏①,讥蓄财而不散②;落魄③夫,谓失业之无依。贫者地无立锥(zhuī)④,富者田连阡(qiān)陌⑤。室如悬磬(qìng)⑥,言其甚窘(jiǒng)⑦;家无担石⑧,谓其极贫。无米曰在陈⑨,守死⑩曰待毙⑪。富足曰殷实⑫,命蹇(jiǎn)⑬曰数奇(jī)⑭。苏⑮涸鲋(héfù)⑯,乃济人之急;呼庚癸⑰,是乞⑱人之粮。

【注释】

①守钱虏:讥讽有钱而吝啬(lìnsè)的人。虏:奴隶;仆役。
②散:分发。　③落魄:穷困失意。　④地无立锥:连极小的一块地方都没有。　⑤田连阡陌:形容田地广阔。阡陌:田地中间纵横交错的小路。　⑥室如悬磬:室中空无所有,比喻一贫如洗。悬磬:即悬罄(qìng),指空无所有。
⑦窘:穷困。　⑧家无担石:指家中贫困,存粮极少。担石:指一担一石之粮食,比喻微少。　⑨在陈:指饥贫困窘的处境。　⑩守死:坚持到死而不改变。　⑪待毙:等待死亡。
⑫殷实:富裕。　⑬命蹇:命运不好。蹇:不顺利。
⑭数奇:命运乖舛(chuǎn),指遭遇不顺当。数:命运。奇:指命运不好。　⑮苏:苏醒。　⑯涸鲋:即涸辙(zhé)之鲋,干涸的车辙中的鲋鱼,比喻处于困境、急待援助的人或物。鲋:古书上指鲫鱼。　⑰呼庚癸:乞求粮食的隐语。庚指西方,主谷;癸指北方,主水。也泛指向人借贷。　⑱乞:向人讨。

【译文】

守钱虏,用来讽刺只知积蓄钱财而不知施舍的人;落魄夫,指的是失去谋生的常业、无依无靠的人。贫穷的人连极小的一块地都没有,富有的人则拥有广阔的田地。室如悬磬,是说一个人非常穷困;家无担石,指的是一个人极其贫穷。没有米叫在陈,等待死亡叫待毙。财富充足叫殷实,命运不好叫数奇。苏涸鲋,是救济他人的急难;呼庚癸,是向别人讨粮食。

24.3　家徒壁立①,司马相如②之贫;炎廖(yǎnyí)③为炊④,秦百里奚(xī)⑤之苦。鹄(hú)形⑥菜色⑦,皆穷民饥饿之形;炊骨⑧爨骸(cuànhái)⑨,谓军中乏粮⑩之惨。饿死留君臣之义,伯夷叔齐⑪;资财⑫敌⑬王公⑭之富,陶朱⑮倚顿⑯。石崇⑰杀妓以侑(yòu)酒⑱,恃⑲富行凶;何曾⑳一食费万钱,奢侈过甚㉑。

【注释】

①家徒壁立:家中只有四面墙壁在那儿立着,形容极其贫穷。
②司马相如:见9.5注⑫。　③庑庐:门闩。　④炊:烧火做饭。　⑤百里奚:春秋时楚国宛(今河南南阳)人。秦穆公知其贤,用五张羊皮从楚国人手中换回,并委以重任。
⑥鹄形:枯瘦的样子。　⑦菜色:指饥民营养不良的脸色。
⑧炊骨:用人骨当柴烧,比喻处境极其艰难。　⑨爨骸:用尸骨烧火做饭。　⑩乏粮:缺粮。　⑪伯夷叔齐:商朝末年孤竹国(在今河北龙南)君的两个儿子,因不愿继承国君之位,一起投奔周国,劝阻周武王伐商。后隐居首阳山,采薇为食,最后饿死。　⑫资财:财物。　⑬敌:相等。
⑭王公:王爵(jué)和公爵,泛指显贵的爵位。　⑮陶朱:即陶朱公。春秋时范蠡(lǐ)离开越王后,到陶地居住,自称朱公。以经商致富,十九年中三次财产达到千金。　⑯倚顿:又作猗(yī)顿。春秋时期的富豪,鲁国人。以经营盐业致富。因发家于猗氏,故名猗顿。　⑰石崇:见18.3注⑥。
⑱侑酒:劝人饮酒。　⑲恃:依赖;倚仗。　⑳何曾:字颖考,陈国阳夏(今河南太康)人。晋武帝代魏后,授太尉。生活奢豪。　㉑过甚:过分。

【译文】

家里空空荡荡,只有直立的四面墙壁,这是司马相如贫穷时的状况;用门闩来烧火做饭,这是秦国的百里奚生活困苦时的情形。鹄形菜色,都是穷苦的百姓饥饿时的样子;炊骨爨骸,指的是军营中缺粮时的惨状。宁可饿死也要守君臣上下秩序的,是伯夷和叔齐;财产像王公贵族一样富有的,是陶朱和倚顿。石崇杀死美女来劝人饮酒,这是倚仗自己富有而行凶;何曾一顿饭要花费一万钱,实在是过于奢侈。

24.4 二月卖新丝,五月粜(tiào)①新谷,真是剜(wān)肉医疮②;三年耕而有一年之食,九年耕而有三年之食,庶(shù)几③遇荒有备。贫士之肠习④藜苋(líxiàn)⑤,富人之口厌⑥膏粱⑦。石崇⑧以蜡代薪(xīn)⑨,王恺(kǎi)⑩以饴(yí)⑪沃釜(fǔ)⑫。

【注释】

①粜:卖出粮食。　②剜肉医疮:把身上的肉挖下来治疗伤口,比喻只顾眼前,用有害的方法来救急。剜:用刀子等挖。疮:伤口。　③庶几:或许;也许。　④习:习惯。　⑤藜苋:藜和苋,泛指粗劣的菜蔬。藜:一年生草本植物,嫩叶可食用。也叫灰菜、灰藋(diào)。苋:苋菜,一年生草本植物,茎叶均可食用。　⑥厌:因过多而失去兴趣。　⑦膏粱:肥肉和细粮,泛指美味的饭菜。膏:肥肉。粱:精美的主食。　⑧石崇:见18.3注⑥。　⑨薪:柴。　⑩王恺:字君夫。有才能,晋时授龙骧(xiāng)将军,加散骑常侍。生活奢侈,曾与石崇斗富。　⑪饴:用米和麦芽为原料制成的糖。　⑫沃釜:洗锅。沃:洗濯(zhuó);清洗。釜:锅。

【译文】

二月把新丝卖了，五月把新谷卖了，这就像挖下身上的肉来治疗伤口一样；耕种三年而存下够吃一年的粮食，耕种九年而存下够吃三年的粮食，这样遇到荒年才可以有准备。穷人的肠子习惯于吃藜和苋菜，富人的口中早就厌烦了肥肉和细粮。石崇把蜡烛当柴烧，王恺用饴糖来洗锅。

24.5 范冉①土灶②生蛙，破甑（zèng）③生尘。曾子④捉襟（jīn）见肘⑤，纳履决踵（zhǒng）⑥，贫不胜言；韦庄⑦数米而炊⑧，称薪（xīn）⑨而爨（cuàn）⑩，俭有可鄙⑪。总之饱德⑫之士，不愿⑬膏粱⑭；闻誉⑮之施，奚（xī）⑯图⑰文绣⑱？

【注释】

①范冉：一作范丹。字史云，东汉时陈留外黄（今河南民权）人。汉桓帝时任命他为莱芜（láiwú）长，因母亲去世，未就职。长期隐居不仕，受到士人尊敬。　②土灶：在地上挖成的灶。　③甑：古代蒸食物用的瓦制炊具。　④曾子：见2.8注⑯。　⑤捉襟见肘：拉一下衣襟就露出胳膊（gēbo）肘儿，形容衣服破烂。　⑥纳履决踵：穿鞋而后跟即破，指生活极为贫困。纳履：穿鞋。决：破。踵：后跟。　⑦韦庄：字端己，唐末京兆杜陵人。善写诗。官至吏部侍郎平章事。　⑧炊：烧火做饭。　⑨薪：柴。　⑩爨：烧火做饭。　⑪可鄙：令人鄙视；让人瞧不起。　⑫饱德：充满高尚的品德。　⑬愿：羡慕。　⑭膏粱：肥肉和细粮，泛指美味的饭菜。膏：肥肉。粱：精美的主食。　⑮闻誉：指到处皆知的好名声。

⑯奚:为什么。　　⑰图:谋划;谋求。　　⑱文绣:刺绣华美的丝织品或衣服。

【译文】

范冉因为经常无米下锅,以致灶中生活着青蛙,锅中积满了灰尘。曾子穿着破烂的衣服,拉一下衣襟就会露出胳膊肘儿,一穿鞋而后跟即破,穷得没法说;韦庄数着米粒煮饭,称好了柴后生火,虽然节俭,但令人鄙视。总之道德高尚的人,不会去羡慕肥肉和细粮;有着众人皆知的好名声的人,怎么会去追求刺绣华美的衣服。

二十五、疾病死丧

【题解】

本节分为十一段,按顺序介绍了与人生病、死亡、埋葬、举行丧礼等有关的词、成语、典故及相关知识。

1. 关于疾病,人们常用偶沾微恙(yàng)、采薪(xīn)之忧来指生病,用贵体违和来询问他人生病,用膏肓(huāng)指病得无法医治。

2. 关于死亡,古人有各种不同的说法,如以将属圹(zhǔkuàng)、将易箦(zé)指人将死;以崩称帝王之死,以薨(hōng)称诸侯之死,以卒指大夫之死,以不禄(lù)指士人之死;称男子死为寿终正寝,称女子死为寿终内寝;等等。

3. 人死后必举行葬礼,古人对葬礼有种种规定,如在所穿的孝服上,根据与死者的关系有斩衰(cuī)、齐(zī)衰、大功、小功等不同形式;在守丧的时间上,根据与死者的关系有三年、一年、九月、五月等的不同;与葬礼相关,又有执绋(fú)、挽歌、明器、哀杖、墓志等诸多名称;甚至连坟墓,也有寿藏、佳城、夜台、窀穸(zhūnxī)等不同的说法。反映了中国古代丧葬文化之丰富。

4. 讲述了几则古人哀痛亲人之死的典型故事,如子羔(gāo)悲亲而泣血,子夏哭子而丧明,王裒(póu)哀父之死、王修哭母之亡等,体现了古人对已故亲人的思念之殷。作者在最后指出,对待死去的亲人固然应该尽哀,但最重要的还是在亲人活着时要尽心侍奉、养育,这是值得我们重视的。

25.1 福寿康宁,固①人之所同欲;死亡疾病,亦人所不能无。惟②智者能调③,达人④自玉⑤。问人病曰贵体违和⑥,自谓疾曰偶沾微恙(yàng)⑦。罹(lí)病⑧者,甚⑨为造化小儿⑩所苦;患疾者,岂⑪是实沈⑫台骀(tái)⑬为灾。

【注释】

①固:固然。　②惟:只是。　③调:调节。　④达人:通达事理、乐观豁达的人。　⑤玉:珍爱;珍重。　⑥违和:婉辞,称别人有病。　⑦偶沾微恙:偶然得了小毛病。恙:病。　⑧罹病:得病。罹:遭遇;遭受。　⑨甚:很。　⑩造化小儿:戏称司命之神。比喻命运。　⑪岂:难道;怎么。　⑫实沈:古代神话称高辛氏的小儿子名实沈,是参宿(shēnxiù)之神。　⑬台骀:传说中的汾水之神。

【译文】

幸福、长寿、健康、安宁,固然是人人都追求的;死亡和疾病,也是每个人无法避免的。只有智者能够自我调节,通达的人会自我珍惜。询问他人疾病就说贵体违和,称自己得了病就说偶沾微恙。生病的人,因为受到司命之神的折磨而备感痛苦;一个人得了病,难道是实沈、台骀造成的灾患?

25.2 病不可为①,曰膏肓(huāng)②;平安无事,曰无恙

（yàng）③。采薪(xīn)之忧④，谦言抱病⑤；河鱼之患⑥，系⑦是腹疾。可以勿药⑧，喜其病安；厥(jué)疾弗瘳(chōu)⑨，言其病笃⑩。

【注释】

①病不可为：指疾病无法医治。　②膏肓：我国古代医学以心尖脂肪为膏，心脏与隔膜之间为肓，认为这两处是药力达不到的地方。　③无恙：没有疾病或忧患。　④采薪之忧：连打柴的劳累也支持不住。薪：柴。　⑤抱病：带着疾病。　⑥河鱼之患：指腹部的病。因鱼烂从腹内开始，故称。　⑦系：是。　⑧勿药：不用服药。　⑨厥疾弗瘳：指疾病无法治愈。厥：其。瘳：病愈。　⑩笃：(病势)重。

【译文】

疾病无法医治，称为膏肓；平安无事，叫作无恙。采薪之忧，是对生病的谦称；河鱼之患，指的是腹部的疾病。可以勿药，是为病情安定而高兴；厥疾弗瘳，是说病情十分严重。

25.3　疟(nüè)①不病②君子③，病君子正为疟耳；卜④所以决疑，既不疑复⑤何卜哉？谢安⑥梦鸡而疾不起⑦，因太岁⑧之在酉⑨；楚王⑩吞蛭(zhì)⑪而疾乃痊(quán)，因厚德之及⑫人。

【注释】

①疟：疟疾，由疟原虫引起的一种急性传染病。　②病：祸害；使……得病。　③君子：指人格高尚的人。　④卜：

二十五、疾病死丧

占卜,用来预测吉凶的一种迷信活动。 ⑤复:又。
⑥谢安:字安石,晋时陈郡(jùn)阳夏(今河南太康)人。孝武帝时任征讨大都督,指挥部将取得淝(féi)水之战的胜利。
⑦不起:病重卧床而死。 ⑧太岁:古代天文学中假设的星名。 ⑨酉:地支的第十位,十二生肖中与鸡相配。
⑩楚王:指楚惠王,名章,楚昭王之子。公元前489年即位。
⑪吞蛭:相传楚惠王吃饭时发现食物中有一条蛭,他怕厨师因此获罪,便不声不响地吞下了蛭,结果他得的病也因此痊愈。蛭:即蚂蟥(mǎhuáng)。 ⑫及:推及。

【译文】

疟疾不会祸害君子,正因为疟疾祸害君子,所以才称之为疟。占卜是用来解决疑问的,既然没有疑问,又为什么要去占卜呢?谢安梦见白鸡而后来一病不起,因为当时太岁星恰好在鸡年;楚王吃饭时不声不响地吞下蛭而疾病得以痊愈,因为他深厚的德泽惠及了别人。

25.4 将属纩(zhǔkuàng)①,将易箦(zé)②,皆言人之将死;作古人③,登鬼箓(lù)④,皆言人之已亡。亲⑤死则丁忧⑥,居丧⑦则读礼⑧。在床谓之尸,在棺谓之柩(jiù)⑨。报丧⑩书曰讣(fù)⑪,慰孝子⑫曰唁(yàn)⑬。往吊⑭曰匍匐(púfú)⑮,庐墓⑯曰倚庐⑰。寝苫(shān)枕块⑱,哀父母之在土;节哀顺变⑲,劝孝子之惜身。

【注释】

①属纩:用新绵置于临死者鼻前,察看是否断气。 ②易箦:

换床垫子,指人病重将死。箦:用竹片芦苇编成的床垫子。
③作古人:即作古,人死的婉辞。　④鬼箓:迷信指阴间死人的名册。箓:簿籍;册子。　⑤亲:父母;父或母。　⑥丁忧:旧时指遭逢父母丧事。父丧称丁父忧、丁外忧,母丧称丁母忧、丁内忧。丁:遭逢。　⑦居丧:守孝。尊亲死后,服满之前,居住在家,断绝娱乐和交际,以示哀思。　⑧读礼:指居丧。古人守丧在家,要求读关于丧祭(jì)的礼书,故称。
⑨柩:内装尸体的棺材。　⑩报丧:把去世的消息通知死者的亲友。丧:有的本子作"孝"。　⑪讣:报丧;报丧的通知。
⑫孝子:指父母亡故后的居丧者。　⑬唁:对遭遇丧事的人或团体表示慰问。　⑭吊:祭奠死者或慰问死者家属。
⑮匍匐:爬行。这里指吊丧时的情形。　⑯庐墓:古人在父母或师长去世后,服丧期间在墓旁搭盖小屋居住,以守护坟墓。
⑰倚庐:古人为父母守丧时住的简陋棚屋。　⑱寝苫枕块:睡在草席上,头枕土块。苫:用草编成的盖东西或垫东西的器物。块:土块。　⑲节哀顺变:抑制哀痛,顺应变故。多用于劝慰死者家属。

【译文】

将属纩,将易箦,都是说人快要死了;作古人,登鬼箓,都是指人已经死亡。父母亲去世称为丁忧,在家守孝称为读礼。躺在床上的死人称为尸,内装尸体的棺材称为柩。报丧的通知书叫作讣,慰问孝子叫作唁。前去吊丧叫作匍匐,在父母或师长的墓旁盖小屋居住以守墓叫作倚庐。"寝苫枕块"即睡在草席上,头枕土块,以哀念父母已埋入土中;"节哀顺变"即抑制哀痛,顺应变故,是劝孝子要爱惜身体。

25.5 男子死曰寿终正寝①,女人死曰寿终内寝②。天子③死曰崩④,诸侯⑤死曰薨(hōng)⑥,大(dà)夫⑦死曰卒⑧,士人⑨死曰不禄(lù)⑩,庶(shù)人⑪死曰死,童子⑫死曰殇(shāng)⑬。自谦父死曰孤子⑭,母死曰哀子⑮,父母俱死曰孤哀子⑯;自言父死曰失怙(hù)⑰,母死曰失恃⑱,父母俱死曰失怙恃⑲。父死何谓考⑳?考者,成也,已成事业也;母死何谓妣(bǐ)㉑?妣者,媲(pì)㉒也,克㉓媲父美也。

【注释】

①寿终正寝:老人在正宅的正室中安然死去,泛指老人在家中安然死去。正寝:正宅的正室。　②内寝:内室,睡眠休息的地方。这里专指妇女的居室。　③天子:指帝王。古人认为他们的权力是上天赋予的,故称。　④崩:古代称帝王死。　⑤诸侯:古代帝王所分封的各国君主。　⑥薨:君主时代称诸侯或大官等死亡。　⑦大夫:古代官职,位于卿之下,士之上。　⑧卒:古代指大夫死亡,后为死亡的通称。　⑨士人:旧时指官吏或较有声望、地位的知识分子。　⑩不禄:指士人死亡,意指不再享受俸(fèng)禄。　⑪庶人:平民;百姓。　⑫童子:儿童;未成年的男子。　⑬殇:未到成年就死去。　⑭孤子:旧时丧父称孤子。　⑮哀子:旧时丧母称哀子。　⑯孤哀子:旧时父母双亡称孤哀子。　⑰失怙:死了父亲。怙:依靠。　⑱失恃:死了母亲。恃:依赖。　⑲失怙恃:死了父母亲。怙恃:父母的代称。　⑳考:指死去的父亲。　㉑妣:指死去的母亲。　㉒媲:比得上。　㉓克:能够。

【译文】

男子死亡叫寿终正寝,女子死亡叫寿终内寝。帝王死亡称为崩,诸侯死亡称为薨,大夫死亡称为卒,士人死亡称为不禄,平民死亡称为死,儿童死亡称为殇。死了父亲的人自我谦称为孤子,死了母亲的人自我谦称为哀子,父母双亡的人自我谦称为孤哀子;死了父亲自称失怙,死了母亲自称失恃,父母双亡自称失怙恃。为什么称死去的父亲为考?因为考是成功的意思,表示事业已经成功;为什么称死去的母亲为妣?妣是比美的意思,表示能与父亲比美。

25.6 百日内①曰泣血②,百日外曰稽颡(qǐsǎng)③。期(jī)年④曰小祥⑤,两期⑥曰大祥⑦。不缉⑧曰斩衰(cuī)⑨,缉之曰齐(zī)衰⑩,论丧之有轻重;九月为大功⑪,五月为小功⑫,言服⑬之有等伦⑭。三月之服曰缌(sī)麻⑮,三年将满曰禫(dàn)礼⑯。

【注释】

①百日内:指父亲或母亲死亡一百天之内。　②泣血:无声痛哭,泪如血涌,形容极度悲伤。　③稽颡:古代的一种跪拜礼,屈膝下拜,以额触地,表示极度虔(qián)诚。　④期年:一周年。　⑤小祥:古时父母丧后周年的祭(jì)礼,祭后可稍改善生活及解除丧服的一部分。　⑥两期:两周年。　⑦大祥:古代父母丧后两周年举行的祭礼。　⑧缉:缝衣服的边。　⑨斩衰:旧时五种丧服中最重的一种。用粗麻布制成,左右和下边不缝,服制三年。儿子及未嫁的女儿为父母、媳妇为公婆、承重孙为祖父母、妻妾为夫,均服斩衰。　⑩齐

衰:旧时五种丧服中的一种。用粗麻布制成,因缉边缝齐,故称。服期分三年、一年、五月、三月不等。　⑪大功:旧时五种丧服中的一种。用熟麻布制成,服期为九个月。　⑫小功:旧时五种丧服中的第四等。用熟麻布制成,服期为五个月。　⑬服:旧时丧礼规定穿戴的丧服。　⑭等伦:等级次序。　⑮缌麻:旧时五种丧服中最轻的一种。用细麻布制成,服期为三个月。　⑯禫礼:除去丧服的祭礼。

【译文】

父母死亡百日之内叫泣血,百日之外叫稽颡。父母死后一周年举行的祭礼称为小祥,两周年举行的祭礼称为大祥。不缝边的丧服叫作斩衰,缝边的丧服叫作齐衰,服斩衰还是齐衰反映了丧事的轻重;穿九个月的丧服称为大功,穿五个月的丧服称为小功,说的是穿丧服有一定的等级次序。穿三个月的丧服叫作缌麻,服丧三年将满时举行的祭祀(sì)称为禫礼。

25.7　孙承祖服①,嫡(dí)孙②杖期③;长子已死,嫡孙承重④。死者之器曰明器⑤,待以神明⑥之道;孝子之杖曰哀杖⑦,为扶哀痛之躯。父之节⑧在外,故杖取乎竹⑨;母之节在内,故杖取乎桐⑩。

【注释】

①孙承祖服:指孙子或孙女为祖父母服丧。　②嫡孙:嫡长子的正妻所生的长子。　③杖期:旧时服丧的一种礼制,指手中拿棒服一年之丧。杖:居丧时拿的棒。期:一年。　④承重:指承受丧祭(jì)的重任。古代礼制规定,如果一个人

和他的父亲都是嫡长子,若父亲先死,则祖父母去世时,这个人就称为承重孙,由他代替父亲为祖父母服丧。　⑤明器:即冥器。专门为随葬而制作的器物,通常用竹、木、陶土或纸制成。　⑥神明:天地间一切神灵的总称。　⑦哀杖:旧时孝子守丧时手中所持的棒。也叫哭丧棒。　⑧节:操守;气节。　⑨取平竹:指用竹子做成。　⑩取平桐:指用桐木制成。

【译文】

孙子辈为祖父母服丧时,嫡孙要手中拿棒服一年之丧;如果祖父母死时嫡长子已死,则嫡孙要代替父亲为祖父母服丧。死者随葬的器物称为明器,对待明器要像对待神明一样;孝子手中拿的棒称为哀杖,用它来支撑孝子哀痛之极的身体。父亲的节操表露在外,所以哀杖用竹子制成;母亲的节操收敛在内,所以哀杖用桐木制成。

25.8　以财物助丧家①谓之赙(fù)②,以车马助丧家谓之赗(fèng)③。以衣殓(liàn)④死者之身谓之襚(suì)⑤,以玉实⑥死者之口谓之琀(hán)⑦。送丧⑧曰执绋(fú)⑨,出柩(jiù)⑩曰驾輀(ér)⑪。吉地⑫曰牛眠地⑬,筑坟曰马鬣(liè)封⑭。墓前石人,原名翁仲⑮;柩前功布⑯,今曰铭旌⑰。

【注释】

①丧家:居丧的人家。　②赙:送给丧家的布帛、钱财等。　③赗:用车马等帮助丧家送葬。　④殓:给死者穿衣入棺。　⑤襚:指吊丧者为死者穿衣。　⑥实:填塞。　⑦琀:古代放在死者口中的玉。　⑧送丧:送葬,送灵柩下葬。

⑨执绋：送葬的人牵着灵车的绳索以助行进，后代指送葬。绋：牵引灵车的绳索。　⑩柩：内装尸体的棺材。　⑪輀：丧车。　⑫吉地：指风水好的墓地。　⑬牛眠地：指吉祥的墓地。　⑭马鬣封：坟墓封土的一种形状。也指坟墓。　⑮翁仲：指铜像或石像。　⑯功布：出丧时引柩所用的布，用三尺白布悬于竿顶而成。　⑰铭旌：灵柩前的旗幡（fān）。

【译文】

送给居丧之家的财物叫作赙，用车马帮助居丧之家送葬叫作赗。给死者穿衣叫作禭，放在死者口中的玉称为琀。送灵柩下葬叫作执绋，送出灵柩叫作驾輀。风水好的墓地称为牛眠地，堆筑坟墓叫作马鬣封。立在墓前的石人，原名叫作翁仲；灵柩前用来引路的功布，现在叫作铭旌。

25.9　挽歌①始于田横②，墓志③创于傅奕④。生坟⑤曰寿藏⑥，死墓曰佳城⑦。坟曰夜台⑧，圹（kuàng）⑨曰窀穸（zhūnxī）⑩。已葬曰瘗（yì）玉⑪，致祭⑫曰束刍（chú）⑬。春祭（jì）曰禴（yuè）⑭，夏祭曰禘（dì）⑮，秋祭曰尝⑯，冬祭曰烝（zhēng）⑰。

【注释】

①挽歌：哀悼死者的歌。　②田横：秦末狄县（今山东高青东南）人。曾自立为齐王。　③墓志：放在墓中刻有死者生平事迹的石刻。也指这种石刻上的文字。　④傅奕：隋末相州邺（yè，今河北临漳〔zhāng〕西南）人。通晓天文历数。唐时任太史令。　⑤生坟：生圹，生前预造的坟墓。　⑥寿

藏:活着时所建的墓圹。 ⑦佳城:喻指墓地。 ⑧夜台:坟墓。也借指阴间。 ⑨圹:墓穴。 ⑩窀穸:墓穴。 ⑪瘗玉:原指把玉埋入坑中,后指埋葬已故的美女或才子。泛指把已故的人埋入土中。 ⑫致祭:指前去祭奠。 ⑬束刍:指祭品。刍:草。 ⑭禴:宗庙四时祭之一,每年春天举行。 ⑮禘:宗庙四时祭之一,每年夏季举行。 ⑯尝:宗庙四时祭之一,每年秋天举行。 ⑰烝:宗庙四时祭之一,每年冬天举行。

【译文】

唱挽歌开始于汉初的田横之死,墓志铭是隋末唐初的傅奕首创的。生前预造的坟墓叫作寿藏,人死后埋葬的坟墓叫作佳城。坟叫作夜台,墓穴叫作窀穸。把死去的人葬入坟墓叫作瘗玉,到丧家祭奠叫作束刍。春天举行的祭祀(sì)称为禴,夏天举行的祭祀称为禘,秋天举行的祭祀称为尝,冬天举行的祭祀称为烝。

25.10　饮杯棬(quān)①而抱痛②,母之口泽③如存;读父书以增伤④,父之手泽⑤未泯⑥。子羔(gāo)⑦悲亲而泣血⑧,子夏⑨哭子而丧明⑩。王裒(póu)⑪哀父之死,门人⑫因废《蓼莪(lù'é)》⑬诗;王修⑭哭母之亡,邻里遂停桑柘(zhè)⑮社⑯。

【注释】

①杯棬:一种木质的饮器,后作为思念亡故的母亲之词。
②抱痛:感到悲痛。抱:心里存有。　③口泽:口中的津液。
④增伤:添加伤感。　⑤手泽:手中的汗,后通称先人或前

辈的遗墨、遗物。　　⑥泯：灭；丧失。　　⑦子羔：即高柴，孔子弟子，姓高，名柴，字子羔，卫国人。守礼，有孝行。以执法公正闻名。　　⑧泣血：无声痛哭，泪如血涌，形容极度悲伤。　　⑨子夏：见18.4注⑧。　　⑩丧明：失明。　　⑪王裒：字伟元，西晋时城阳营陵（今山东潍〔wéi〕坊南）人。博学多能，以孝闻名。　　⑫门人：学生。　　⑬《蓼莪》：《诗经·小雅》中的一篇。　　⑭王修：字叔治，三国时北海营陵（今山东潍坊）人。官至大司农郎中令。以忠贞著名。　　⑮桑柘：桑木与柘木，指农桑之事。　　⑯社：土神，也指祭祀（jìsì）土神的日子、祭礼。

【译文】

用杯子饮水而感到悲痛，因为上面似乎还留存着已故母亲口中的津液；读父亲留下的书而增添伤感，因为上面还存有已故父亲手中的汗液。子羔悲痛母亲去世，泪如血涌；子夏因儿子去世而痛哭，以致双目失明。王裒哀痛父亲去世，他的学生们从此不再读《蓼莪》诗；王修痛哭母亲去世，乡亲们因此在那一天停止了祭祀土神的活动。

25.11　树欲静而风不息，子欲养而亲①不在，皋（gāo）鱼②增感；与其椎（chuí）牛③而祭（jì）墓，不如鸡豚（tún）④之逮（dài）⑤存，曾子⑥兴⑦思。故为人子者，当思木本水源⑧，须重慎终追远⑨。

【注释】

①亲：父母；父或母。　　②皋鱼：春秋时人。　　③椎牛：杀

牛。　④豚:小猪。也泛指猪。　⑤逮:趁。　⑥曾子:见2.8注⑯。　⑦兴:产生。　⑧木本水源:树的根和水的源头,后比喻事物的根源。多指血统关系。本:根。　⑨慎终追远:指为父母居丧,祭祀(sì)祖先,要依礼尽哀,恭敬虔(qián)诚。终:指父母去世。远:指祖先。

【译文】

　　树想静止而风却刮个不停,子女想奉养父母而父母已经去世,皋鱼发出这样的感慨;与其杀牛在父母的墓前祭祀,不如趁父母活着时让他们吃鸡肉和猪肉,曾子产生了这样的想法。所以作为子女,应当思考事物的本源,必须慎重地对待为父母居丧和祭祀祖先的事情。

卷 四

二十六、文事

【题解】

这里的文事,指诗赋文章方面的事情,也包括人的文才即写作诗文的才能。本节分为十二段,主要包含以下三个方面的内容:

1. 列举了中国历史上一些著名的典籍,如《书经》《易经》《礼记》《诗经》《春秋》等五经,它们又名《尚书》《周易》《戴礼》《毛诗》《麟(lín)经》,文中说明了这些别名的来历。

2. 介绍了与文事相关的诸多词、成语和典故,如"推敲""书淫""如椽(chuán)笔""大方家""雕虫小技""七步奇才""青钱万选"等,并说明了它们的含义和用法。

3. 讲述了中国历史上一些著名的文人及其事迹或传说故事,如江淹梦笔生花;扬雄梦吐白凤;韩愈被称为泰山北斗;李白才高,自古诗称李杜;孙绰(chuò)词丽,诗赋掷地作金声;等等。

26.1 多才之士,才储八斗①;博学之儒②,学富五车③。三坟五典④,乃三皇五帝⑤之书;八索九丘⑥,是八泽⑦九州⑧之志⑨。

【注释】

①才储八斗：形容富于文才。　②儒：信奉儒家学说的人。也泛指读书人。　③学富五车：形容读书多，学问大。五车：指五车书。　④三坟五典：简称坟典，是早已失传的先秦时期的古书。后人附会三坟是伏羲、神农、黄帝的图书，五典是少昊（hào）、颛顼（zhuānxū）、高辛、唐、虞的图书。　⑤三皇五帝：指古代传说中的帝王，说法不一。通常称伏羲、燧（suì）人、神农为三皇；或者称天皇、地皇、人皇为三皇。五帝通常指黄帝、颛顼、帝喾（kù）、唐尧、虞舜。　⑥八索九丘：相传为古代书名。一说八索是八卦（guà）之法，九丘是九州之志。　⑦八泽：我国古代指分布在八方的八大水泽。从东北方起，依次是大泽、大渚（zhǔ）、元泽、浩泽、丹泽、泉泽、海泽、寒泽。　⑧九州：传说中我国的上古行政区划，后用作中国的代称。　⑨志：记事的著作。

【译文】

富于才华的人，称为才储八斗；学问渊博的读书人，称他学富五车。《三坟》《五典》，是三皇五帝的图书；《八索》《九丘》，是记载八大水泽和天下九州的著作。

26.2　《书经》①载上古②唐③虞④三代⑤之事，故曰《尚书》；《易经》⑥乃姬（jī）⑦周文王⑧周公⑨所系⑩，故曰《周易》。二戴⑪曾删《礼记》⑫，故曰《戴礼》；二毛⑬曾注《诗经》⑭，故曰《毛诗》。孔子⑮作《春秋》⑯，因获麟（lín）⑰而绝笔，故曰《麟经》。

【注释】

①《书经》：即《尚书》。见21.3注⑲。 ②上古：较早的古代，在我国历史分期上多指夏商周秦汉这个时期。 ③唐：朝代名。传说由尧建立。 ④虞：朝代名。帝舜拥有天下的称号。 ⑤三代：指夏、商、周三个朝代。 ⑥《易经》：成书于西周时期的卜筮(shì)书，由六十四卦(guà)的卦名、卦序、卦辞、爻(yáo)题、爻辞组成。也叫《周易》。 ⑦姬：姓。因周朝君主姓姬，所以也指周朝。 ⑧周文王：见2.9注⑥。 ⑨周公：见8.3注③。 ⑩系：接续。指为六十四卦加上卦爻辞。 ⑪二戴：汉代的戴德和戴圣叔侄俩。戴德删《礼记》为八十五篇，后人称为《大戴礼》；他的侄子戴圣又删为四十九篇，称为《小戴礼》。 ⑫《礼记》：见21.3注⑮。 ⑬二毛：指汉代的毛亨和毛苌(cháng)，两个人都曾传授《诗经》。其中毛亨是鲁国人，称为大毛公；毛苌是赵国人，称为小毛公。 ⑭《诗经》：我国最早的诗歌总集。分《风》《雅》《颂》三部分，保存了从西周初年到春秋中期的三百零五首诗歌作品。编成于春秋时期。 ⑮孔子：见11.1注⑤。 ⑯《春秋》：见1.6注⑫。 ⑰获麟：指春秋时，鲁哀公在西边打猎，获得一只麒(qí)麟。麟：即麒麟，古代传说中一种象征吉祥的动物，形状像鹿，头上有角，全身有鳞甲。

【译文】

《书经》上记载了上古时期唐尧、虞舜和夏商周三代的历史，所以称为《尚书》；《易经》由周代的周文王和周公接续完成，所以称为《周易》。戴德和戴圣曾删定《礼记》，所以《礼记》又称《戴礼》；毛亨和毛苌曾注释《诗经》，所以《诗经》又叫《毛诗》。孔子写作《春秋》,因鲁哀公十四年打猎获得麒麟,孔子认为这意味着他所主张的治国之道无法实行,于是写到这一年后就不再往下写,所以《春秋》又叫《麟经》。

26.3 荣于华衮(gǔn)①,乃《春秋》②一字之褒;严③于斧钺(yuè)④,乃《春秋》一字之贬。缣缃(jiānxiāng)⑤黄卷⑥,总谓经书⑦;雁帛⑧鸾笺(luánjiān)⑨,通称简札(zhá)⑩。锦心绣口⑪,李太白⑫之文章;铁画银钩⑬,王羲之⑭之字法⑮。

【注释】

①华衮:古代王公贵族的多彩礼服,常用来表示极高的荣宠。②《春秋》:见1.6注⑫。　③严:畏惧。　④斧钺:斧和钺,是古代的两种兵器,又用于斩刑。泛指刑罚、杀戮(lù)。⑤缣缃:供书写用的浅黄色细绢,代指书册。　⑥黄卷:书籍。古代用黄檗(bò)染纸以防蠹(dù),故名。　⑦经书:对典范著作及宗教典籍的尊称。　⑧雁帛:指书信。⑨鸾笺:小幅的彩色纸张,借指书信。　⑩简札:书信;文书。　⑪锦心绣口:比喻优美的文思,华丽的词藻(zǎo)。⑫李太白:即李白。唐代诗人。字太白,号青莲居士,祖籍陇(lǒng)西成纪(今甘肃静宁西南)。曾供奉翰林,不久即遭权贵排挤。其诗歌创作达到盛唐诗歌艺术的顶峰。　⑬铁画银钩:形容书法的点画既刚劲,又柔媚。　⑭王羲之:见7.4注㉔。　⑮字法:写字的技法,即书法。

【译文】

得到《春秋》中一个字的褒扬,比穿上王公贵族的多彩礼服还要光荣;遭到《春秋》中一个字的贬斥,比受到斧钺之刑还要可怕。缥缃、黄卷,都是指经书;雁帛、鸾笺,都是对书信的称呼。锦心绣口,用来形容李白的文章写得华丽优美;铁画银钩,用来形容王羲之的书法写得刚劲柔媚。

26.4　雕虫小技①,自谦文学之卑;倚马可待②,羡人作文之速。称人近来进德③,曰士别三日,当刮目相看④;羡人学业精通,曰面壁⑤九年,始有此神悟⑥。五凤楼手⑦,称文字之精奇⑧;七步⑨奇才,羡天才之敏捷。

【注释】

①雕虫小技:比喻微不足道的技能。虫:鸟虫书,古代一种形状像虫鸟的篆书。　②倚马可待:形容文思敏捷,写文章很快。　③进德:增进道德。　④刮目相看:用新的眼光来看待。刮目:指彻底改变眼光。　⑤面壁:佛教指脸对着墙静坐,后指专心于学业。　⑥神悟:指理解力高超出奇。神:比喻机灵颖异,不寻常。　⑦五凤楼手:指写文章的能手。五凤楼:古楼名。建于唐代。　⑧精奇:精彩奇妙。　⑨七步:曹植在七步内作出诗,后比喻文思敏捷。

【译文】

雕虫小技,用来自谦文学是微不足道的本领;倚马可待,用来赞叹别人写文章的速度之快。称赞别人近来道德修养有进步,就说士别三日,当刮目相看;羡慕别人学业精通,就说面壁九年,始有此神悟。五凤楼手,用来称赞文章写得精彩奇妙;七步奇才,是羡慕天才的才思之敏捷。

26.5 誉才高,曰今之班①马②;羡诗工③,曰压倒元④白⑤。汉晁错⑥多智,景帝⑦号为智囊(náng)⑧;高仁裕⑨多诗,时人号为诗窖(jiào)⑩。骚客⑪即是诗人,誉髦(máo)⑫乃称美士⑬。自古诗称李⑭杜⑮,至今字仰⑯钟⑰王⑱。

【注释】

①班:指班固,字孟坚,东汉扶风安陵(今陕西咸阳东北)人。所著《汉书》是我国历史上最早的一部断代史。 ②马:指司马迁,字子长,夏阳(今陕西韩城南)人。西汉时任太史令。所著《史记》是我国历史上第一部纪传体的通史。 ③工:精;巧。 ④元:指元稹(zhěn),字微之,唐代河南(今河南洛阳)人。曾任知制诰(gào)、同平章事。元稹与白居易相知,二人齐名,世称"元白"。 ⑤白:指白居易,字乐天,晚年号香山居士,唐代下邽(guī,今陕西渭南)人。曾任左拾遗、刺史、太子少傅等职。 ⑥晁错:西汉颍(yǐng)川(治今河南禹县)人。汉景帝时任御史大夫,建议削夺诸侯王国的封地,加强中央集权。 ⑦景帝:即汉景帝刘启。见13.4注⑨。 ⑧智囊:指足智多谋的人。 ⑨高仁裕:不知何人。似应指王仁裕,字德辇(niǎn),五代时天水(今属甘肃)人。后汉时官至兵部尚书、太子少保。作有万余首诗。 ⑩诗窖:指富于诗才、作品很多的诗人。也作诗窖子。 ⑪骚客:诗人;文人。 ⑫誉髦:指有名望的英俊之士。 ⑬美士:美好

的人。　⑭李：指李白。见26.3注⑫。　⑮杜：指杜甫，字子美，曾自称少陵野老。唐代人，祖籍襄阳（今属湖北）。因曾被举荐为检校工部员外郎，世称杜工部。宋以后被尊为诗圣。　⑯仰：敬慕；敬佩。　⑰钟：指钟繇（yáo），字元常，颖川长社（今河南长葛东）人。曹丕代汉后任廷尉。明帝时任太傅，人称钟太傅。擅长书法，与晋王羲之并称"钟王"。　⑱王：指王羲之。见7.4注㉔。

【译文】

称赞一个人才华出众，就说"今之班马"即当今的班固与司马迁；美慕一个人诗写得工巧，就说"压倒元白"即超过元稹和白居易。汉代的晁错足智多谋，汉景帝称他为智囊；五代的王仁裕写了很多首诗，当时的人称他为诗窖。骚客就是诗人，誉髦是指有名望的英俊之士。自古以来最有名的诗人是李白和杜甫，迄今为止书法最出众的是钟繇和王羲之。

26.6　白雪阳春①，是难和（hè）②难赓（gēng）③之韵④；青钱万选⑤，乃屡⑥试屡中之文。惊神泣鬼⑦，皆言词赋⑧之雄豪⑨；遏（è）云⑩绕梁⑪，原是歌音⑫之嘹亮⑬。涉猎⑭不精，是多学之弊；咿唔（yīwú）⑮呫（chān）毕⑯，皆读书之声。

【注释】

①白雪阳春：战国时期楚国一种高雅的歌曲，后来泛指高深的、不通俗的文学艺术。通常作"阳春白雪"。　②和：以声音相应；谐调地跟着唱或跟着说。　③赓：继续；接续。　④韵：和谐悦耳的声音。　⑤青钱万选：比喻文才出众，就

像青铜钱,万选万中。青钱:青铜制的钱,是一种质地优良的铜钱。 ⑥屡:多次。 ⑦惊神泣鬼:使鬼神为之震惊哭泣,形容魅力极大或感人极深。 ⑧词赋:即辞赋。汉朝人集屈原等所作的赋称为楚辞,因此后人泛称赋体文学为辞赋。 ⑨雄豪:雄壮豪放。 ⑩遏云:使云停止不前,形容歌声响亮动听。 ⑪绕梁:形容歌声高亢回旋,久久不息。 ⑫歌音:歌声。 ⑬嘹亮:(声音)清晰响亮。 ⑭涉猎:粗略地阅读。 ⑮咿唔:形容读书的声音。 ⑯咕毕:泛指诵读。

【译文】

白雪阳春,指乐曲高雅,很难应和接续;青钱万选,指文章出众,每次考试都能被选中。惊神泣鬼,指的都是辞赋写得雄壮豪放;遏云绕梁,原是指歌声清晰响亮。涉猎不精,是指学得太多而不够专一造成的弊病;咿唔咕毕,都是读书的声音。

26.7 连篇累牍(dú)①,总说多文;寸楮(chǔ)②尺素③,通称简札(zhá)④。以物求文,谓之润笔⑤之资;因文得钱,乃曰稽古⑥之力。文章全美,曰文不加点⑦;文章奇异⑧,曰机杼(zhù)⑨一家。

【注释】

①连篇累牍:形容文字冗(rǒng)长,用过多的篇幅来叙述。牍:古代写字用的木片。 ②寸楮:指信札。楮:木名,树皮可制纸,因此用来指纸。 ③尺素:小幅的绢帛,古人多用来书写。后指书信。 ④简札:书信;文书。 ⑤润笔:用笔

蘸(zhàn)墨水,指请人作诗文书画的酬劳。 ⑥稽古:考察古代之事。 ⑦文不加点:指作文一气呵成,无须修改。 ⑧奇异:奇特,跟寻常的不一样。 ⑨机杼:比喻诗文创作中的新巧构思和布局。

【译文】

连篇累牍,指的是文字冗长,篇幅太多;寸楮、尺素,都是指书信。用钱物来求得诗文,叫作润笔之资;靠文字换来钱财,就说稽古之力。文章写得十分完美,叫作文不加点;文章构思新颖,叫作机杼一家。

26.8 应试无文,谓之曳(yè)白①;书成绣梓(zǐ)②,谓之杀青③。袜线④之才,自谦才短;记问⑤之学,自愧学肤⑥。裁诗⑦曰推敲⑧,旷学⑨曰作辍(chuò)⑩。文章浮薄⑪,何殊⑫月露风云⑬;典籍储藏,皆在兰台⑭石室⑮。

【注释】

①曳白:交白卷。 ②绣梓:制版印刷。梓:印书的雕版。 ③杀青:纸张发明前,古人把文字写在竹简上,为了便于书写和防止虫蛀,先把青竹简上的水分用火烤干,叫作杀青。后来泛指作品已经完成。 ④袜线:织袜子用的线,每一条都是短线,比喻才学短浅。 ⑤记问:指记诵诗书以待他人问难或资谈论。 ⑥学肤:学识肤浅。 ⑦裁诗:作诗。 ⑧推敲:比喻反复斟酌(zhēnzhuó)、琢(zhuó)磨。 ⑨旷学:荒废学业。 ⑩作辍:时作时息,指学习或工作不能坚持。 ⑪浮薄:轻浮,不朴实。 ⑫殊:不同。 ⑬月

露风云:比喻辞藻(zǎo)华美而内容空洞的诗文。月露:月光下的露珠。 ⑭兰台:汉代官内收藏典籍的地方。 ⑮石室:古代藏图书档案的地方。

【译文】

参加考试而交白卷,称为曳白;书写成后付印,叫作杀青。袜线之才,用来谦称自己才学短浅;记问之学,是惭愧自己学识肤浅。琢磨诗句叫作推敲,荒废学业叫作作辍。文章写得轻浮浅薄,与月下之露和风中之云有什么不同;古代把典籍都储藏在兰台和石室。

26.9 秦始皇①无道②,焚书坑儒③;唐太宗④好文,开科取士⑤。花样不同,乃谓文章之异;潦(liáo)草⑥塞责⑦,不求辞语⑧之精。邪说⑨曰异端⑩,又曰左道⑪;读书曰肄(yì)业⑫,又曰藏修⑬。作文曰染翰⑭操觚(gū)⑮,从师⑯曰执经⑰问难⑱。

【注释】

①秦始皇:见2.9注⑩。 ②无道:不行正道;做坏事。 ③焚书坑儒:公元前213年,秦始皇为了巩固统治,焚毁《诗经》《尚书》和诸子百家经典,并于第二年坑杀了460余名儒生方士。这两件事史称焚书坑儒。 ④唐太宗:见17.11注⑪。 ⑤开科取士:指科举考试时,设立各种科目,分科招收人才。 ⑥潦草:草率;不认真。 ⑦塞责:对自己应尽的责任敷衍(fūyǎn)了事。 ⑧辞语:文辞;言辞。 ⑨邪说:荒谬有害的言论。 ⑩异端:自居正统的人或组织称异己的观点、学说或教义。 ⑪左道:邪门旁道,多指非

正统的思想、方术等。　⑫肄业：修习课业。　⑬藏修：指专心学习。　⑭染翰：用笔蘸(zhàn)墨，指作文、绘画等。翰：笔。　⑮操觚：指写作。觚：古代书写用的木板。⑯从师：跟从老师学习。　⑰执经：手执经书，指从师受业。⑱问难：诘(jié)问驳辩。

【译文】

秦始皇不行正道，焚毁《诗经》《尚书》等典籍，坑杀儒生；唐太宗爱好文学，设立各种科目，通过考试招收人才。花样不同，指的是文章风格各异；潦草塞责，指的是写作时不追求文辞的精炼。荒谬有害的言论叫作异端，又叫左道；读书学习叫作肄业，又叫藏修。写文章叫作染翰操觚，跟从老师学习叫作执经问难。

26.10　求作文，曰乞①挥如椽(chuán)笔②；羡高文③，曰才是大方家④。竞尚佳章⑤，曰洛阳纸贵⑥；不嫌问难⑦，曰明镜不疲⑧。称人书架曰邺(yè)架⑨，称人嗜(shì)学⑩曰书淫⑪。白居易⑫生七月，便识"之""无"二字；唐李贺⑬才七岁，作《高轩(xuān)过》一篇。

【注释】

①乞：向人讨。　②如椽笔：像椽子那么大的笔，比喻笔力雄健。　③高文：优秀的诗文。也用作对对方诗文的敬称。④大方家：即大方之家，指见多识广、明晓事理的人。　⑤竞尚佳章：争着推崇好文章。　⑥洛阳纸贵：洛阳城里的纸价格昂贵，指著作流传很广，风行一时。　⑦问难：诘(jié)问驳辩。　⑧明镜不疲：明亮的镜子不会因为不断被照而感到

疲倦,比喻有智慧的人诲人不倦。 ⑨邺架:邺侯的书架,比喻藏书丰富的地方。邺:指唐代的李泌(bì),曾封邺县侯,故又称邺侯。 ⑩嗜学:酷爱学习。 ⑪书淫:旧时称爱书成癖(pǐ)、好学不倦的人。 ⑫白居易:见26.5注⑤。 ⑬李贺:字长吉,唐时昌谷(今河南宜阳)人。曾任太常寺协律郎。长于诗歌,尤其精熟乐府。

【译文】

请求别人为自己写文章,就说乞挥如椽笔;称赞别人优美的诗文,就说才是大方家。人们争相推崇好文章,叫作洛阳纸贵;对别人的诘问驳辩不感到厌烦,叫作明镜不疲。称赞别人的书架中藏书丰富叫作邺架,称赞别人酷爱学习叫作书淫。白居易生下来才七个月,便认识"之""无"两个字;唐代的李贺才7岁,就写出了《高轩过》一诗。

26.11 开卷有益①,宋太宗②之要语③;不学无术④,汉霍光⑤之为人。汉刘向⑥校(jiào)书⑦于天禄(lù)⑧,太乙⑨燃藜(lí)⑩;赵匡胤(yìn)⑪代位于后周⑫,陶谷⑬出诏⑭。江淹⑮梦笔生花⑯,文思⑰大进;扬雄⑱梦吐白凤,词赋⑲愈奇。李守素⑳通姓氏之学,世南㉑名为人物志㉒;虞世南晰㉓古今之理,太宗㉔号为行(xíng)秘书㉕。

【注释】

①开卷有益:只要打开书来看,就会有收获。 ②宋太宗:北宋皇帝。宋太祖赵匡胤之弟。原名匡义,后改光义,即位后改炅(jiǒng)。于公元977年灭北汉,在对辽战争中屡次失败。

③要语：切要精妙的话。　　④不学无术：既没有学问，又没有本领。　　⑤霍光：字子孟，西汉时河东平阳（今山西临汾西南）人。霍去病异母弟。汉昭帝时任大司马大将军。昭帝死后，先迎立刘贺为帝，不久又废刘贺，迎立宣帝。前后执政约二十年。　　⑥刘向：本名更生，字子政，西汉时沛县（今属江苏）人。好儒学，擅长诗赋。汉成帝时任光禄大夫及中垒校尉，曾校阅群书，撰成《别录》，是我国目录学之祖。　　⑦校书：校勘（kān）古籍。　　⑧天禄：即天禄阁。汉代殿阁名，是藏典籍的地方。　　⑨太乙：即太一，天神名。　　⑩燃藜：点燃藜杖，指夜晚读书或勤奋苦读。　　⑪赵匡胤：即宋太祖。见8.4注②。　　⑫后周：五代之一，公元951—960年，郭威所建。　　⑬陶谷：字秀实，本姓唐。宋朝时任礼部尚书，后加刑部、户部二尚书。善隶书，博通经史。　　⑭诏：诏书，皇帝发布的命令。　　⑮江淹：字文通，济阳考城（今河南兰考）人。南朝齐时任御史中丞。梁时任金紫光禄大夫。早年以文章著名，晚年才思衰退。　　⑯梦笔生花：梦见所用之笔头上生花，比喻文人才思大进。　　⑰文思：作文的思路。　　⑱扬雄：字子云，西汉时蜀郡（jùn）成都（今属四川）人。王莽称帝时任大夫。善写辞赋，以文章闻名于世。　　⑲词赋：即辞赋。汉朝人集屈原等所作的赋称为楚辞，因此后人泛称赋体文学为辞赋。　　⑳李守素：赵州（今河北赵县）人。唐太宗时征为文学馆学士。精通谱学，善谈人物。　　㉑世南：即虞世南，字伯施，越州余姚（今属浙江）人。唐时官至秘书监。善进谏（jiàn）。　　㉒人物志：指精通姓氏家谱之学。　　㉓晰：明白；清楚。　　㉔太宗：即唐太宗李世民。见17.11注⑪。　　㉕行秘书：能移动的图书馆。秘书：宫廷秘藏之书。

【译文】

　　开卷有益,这是宋太宗说的精妙切要之语;不学无术,是针对汉代的霍光而言的。汉代的刘向在天禄阁校勘古籍,太乙神人为他点燃藜杖照明;赵匡胤取代后周称帝,陶谷为他撰写诏书。江淹梦见笔头生出花来,从此作文的思路大为长进;扬雄梦见自己吐出白色的凤凰,从此所写的辞赋更加新奇。李守素精通姓氏之学,虞世南称他为人物志;虞世南通晓古今的道理,唐太宗称他为行秘书。

26.12　茹(rú)古含今①,皆言学博;咀(jǔ)英嚼(jué)华②,总曰文新。文望③尊隆④,韩退之⑤若泰山北斗⑥;涵养⑦纯粹⑧,程明道⑨如良玉精金⑩。李白⑪才高,咳唾(tuò)随风生珠玉⑫;孙绰(chuò)⑬词丽,诗赋掷地作金声⑭。

【注释】

①茹古含今:即博古通今,通晓古代和现代的事情。茹:容纳。　②咀英嚼华:指仔细玩味所读文章的精华。　③文望:善于作文的声望。　④尊隆:尊贵崇高。　⑤韩退之:即韩愈。见6.1 注①。　⑥泰山北斗:比喻在某一领域内成就最高的人。　⑦涵养:身心方面的修养。　⑧纯粹:纯正不杂。⑨程明道:即程颢(hào),字伯淳,号明道,河南洛阳人。宋代理学的奠基人之一。与其弟程颐长期在洛阳讲学,被合称为"二程"。　⑩良玉精金:比喻纯洁完美的人或事物。⑪李白:见 26.3 注⑫。　⑫咳唾随风生珠玉:比喻言语不凡或诗文优美。咳唾:对他人言语、诗文的美称。　⑬孙绰:字兴公,晋时太原中都(今山西平遥南)人。曾任散骑常侍、著

作郎。博学,擅长写文章。　⑭掷地作金声:扔在地上会发出悦耳的金石之声,比喻诗文文辞优美,声韵铿锵(kēngqiāng)悦耳。金声:优美悦耳的声音。

【译文】

茹古含今,指的都是学问渊博;咀英嚼华,说的是文章新颖。擅长写文章的声望尊贵崇高,韩愈被誉为泰山北斗;修养纯正不杂,程颢被称赞为良玉精金。李白才华出众,说出的话能随风变成珍珠宝玉;孙绰的辞赋优美,扔在地上能发出金石的悦耳之声。

二十七、科第

【题解】

科第即科举考试。本节分为五段,主要介绍了与科举考试相关的一些词、成语和典故。如鏖(áo)战棘闱(wéi),指参加科考;撤棘,指公布考试结果;释褐(hè)、得隽(jùn),指科举时考中;独占鳌(áo)头,指考中状元;破天荒,指家中初次有人考中;孙山外,指没有考中;赚了英雄,用来安慰他人没有考中;等等。反映了古代科举考试的状况和人们对科举考试的重视。

27.1 士人①入学曰游泮(pàn)②,又曰采芹③;士人登科④曰释褐(hè)⑤,又曰得隽(jùn)⑥。宾兴⑦即大比⑧之年,贤书⑨乃试录⑩之号。鹿鸣宴⑪,款⑫文榜⑬之贤;鹰扬宴⑭,待武科之士。

【注释】

①士人:读书人。　②游泮:明清科举制度指经州县考试录取为生员的人就读于学宫。泮:泮宫,原指西周时诸侯所设的

大学。　③采芹：指入学宫学习。古代学宫中有泮水，入学则可采水中之芹以为菜，故称。　④登科：科举时代指参加考试的人被录取。　⑤释褐：脱去平民衣服，比喻开始任官职。后也指进士及第后任官。褐：用粗布做的衣服，通常为平民所穿。　⑥得隽：得到才德超卓的人，指朝廷得到贤才。隽：通"俊"。　⑦宾兴：科举时代，地方官设宴招待应举之士。也指乡试。　⑧大比：指科举考试。　⑨贤书：指科举考试时考中的名榜。　⑩试录：明清科举考试时，把考中的举子姓名籍贯名次及其文章汇集刊刻成册。　⑪鹿鸣宴：科举时代，乡试后州县长官宴请考中的举子；或放榜次日，宴请主考、执事人员及新举人。因宴请时要诵《诗经·小雅》中的《鹿鸣》，故称。　⑫款：招待。　⑬文榜：指科举考试时文科考中者的名榜。　⑭鹰扬宴：清代科举考试时，武科乡试放榜的次日，宴请监射主考、执事各官以及武举人。鹰扬：武事的代称。

【译文】

读书人进入学宫学习叫游泮，又叫采芹；读书人科举时考中叫作释褐，又叫得隽。宾兴指的是举行科举考试之年，贤书是载录考中之举子的姓名籍贯名次等的册子。鹿鸣宴，是款待文科考试考中的举子的宴会；鹰扬宴，是招待武科考试考中的举子的宴会。

27.2　文章入式①，有朱衣以点头②；经术③既明，取青紫④如拾芥(jiè)⑤。其家初中⑥，谓之破天荒⑦；士人⑧超拔⑨，谓之出头地⑩。中状元⑪，曰独占鳌(áo)头⑫；中解元⑬，曰名魁虎榜⑭。

【注释】

①入式:即中式,指科举考试合格。　②朱衣以点头:指科举考试时考中。　③经术:即经学,以儒家经典为研究对象的学问。　④青紫:指高官显位。因古代公卿的绶(shòu)带为青紫色,故称。　⑤拾芥:拾取草芥,比喻极容易得到。⑥中:指科举时考中。　⑦破天荒:指前所未有或第一次出现。天荒:从未开垦过的土地。　⑧士人:读书人。⑨超拔:出色;超群。　⑩出头地:指超出一般人。⑪状元:科举时代的一种称号,元代以后指殿试一甲(第一等)第一名。　⑫独占鳌头:指第一名或居于首位。　⑬解元:科举考试时乡试第一名。　⑭名魁虎榜:名字位列进士榜的第一名。虎榜:龙虎榜(即进士榜)的简称。

【译文】

科举考试时文章合格,仿佛有朱衣老人在一旁点头;通晓经学,获取高官显位就极其容易。家中初次有人考中,称为破天荒;读书人才智超群,称为出头地。考中状元,叫作独占鳌头;考中解元,叫作名魁虎榜。

27.3　琼林赐宴①,宋太宗②之伊始③;临轩(xuān)④问策⑤,宋神宗⑥之开端。同榜⑦之人,皆是同年⑧;取中之官,谓之座主⑨。应试见遗⑩,谓之龙门点额⑪;进士⑫及第⑬,谓之雁塔题名⑭。

【注释】

①琼林赐宴:在琼林苑设宴。琼林:指琼林苑,宋朝皇家园林,

在汴(biàn)京城西,皇帝曾在此宴请新进士。　　②宋太宗:见26.11注②。　　③伊始:开始。　　④临轩:皇帝不坐正殿而御前殿。因殿前堂陛(bì)之间近檐处两边有槛楯(jiàn shǔn),如车之轩,故称。　　⑤问策:以经义或政事等设问要求解答以考核才能。　　⑥宋神宗:即赵顼(xū)。宋朝皇帝。曾起用王安石为宰相变法。　　⑦同榜:古代科举考试,考中的张榜公布,在同一榜录取的人称同榜。　　⑧同年:古代科举考试时同科考中者的互称。　　⑨座主:唐宋时进士称主考官。　　⑩应试见遗:指科举考试时没有被录取。见:被。　　⑪龙门点额:比喻仕途失意或科举考试时落第。　　⑫进士:科举考试指殿试时考取的人。明清时,举人经会试及格后即可称进士。　　⑬及第:科举考试时考中。因榜上的题名中有甲乙次第,故称。　　⑭雁塔题名:指进士及第。唐代习俗,新科进士在曲江会宴后,常题名于雁塔。雁塔:塔名。在今陕西西安慈恩寺中,也称大雁塔。

【译文】

在琼林苑宴请新进士,这是从宋太宗时开始的;皇帝在前殿主持考试,这是从宋神宗时开始的。名字出现在同一榜中的人,都是同年;主持考试的官员,称为座主。考生在考试时没有考中,叫作龙门点额;考试时考中了进士,称为雁塔题名。

27.4

贺登科①,曰荣膺(yīng)②鹗(è)荐③;入贡院④,曰鏖(áo)战⑤棘闱(wéi)⑥。金殿唱名⑦曰传胪(lú)⑧,乡会⑨放榜曰撤棘⑩。攀仙桂⑪、步青云⑫,皆言荣发⑬;孙山外⑭、红勒帛⑮,总是无名⑯。英雄入吾彀(gòu)⑰,唐太宗⑱喜得佳士⑲;桃李⑳属春官㉑,刘禹锡㉒贺得门生㉓。

【注释】

①登科:科举时代指参加考试的人被录取。　②荣膺:光荣地接受或承当。　③鹗荐:指推荐人才。鹗:大雕。　④贡院:科举时代考试的场所。　⑤鏖战:苦战;激烈地战斗。　⑥棘闱:科举时代考试的场所。因在周围插棘以防作弊、喧哗等,故称。　⑦唱名:殿试后,皇帝呼名召见登第进士。　⑧传胪:殿试结果揭晓时的一种仪式,皇帝至殿宣布,由阁门承接,传于阶下,卫士齐声传名高呼。　⑨乡会:乡试和会试。　⑩撤棘:科举考试放榜后撤去考试场所周边的荆棘。　⑪攀仙桂:比喻科举登第。因唐代称科举考试及第为折桂,故称。　⑫步青云:指科举考试及第或地位突然升高。　⑬荣发:荣耀发达。　⑭孙山外:指科举考试没有考中。孙山:相传是吴地人,曾在科举考试时位列榜上的最后一名。　⑮红勒帛:在试卷上用大朱笔横抹,表示否定或不予录取。　⑯无名:指榜上无名,即科举考试时没有考中。　⑰彀:使劲把弓拉满。　⑱唐太宗:见 17.11 注⑪。　⑲佳士:品行或才学优良的人。　⑳桃李:比喻所栽培的后辈和所教的学生,这里指科举考试及第的人。　㉑春官:古官名。后作为礼部的别称。古代科举考试由礼部主持。　㉒刘禹锡:字梦得,唐代洛阳(今属河南)人。曾任太子宾客,加检校礼部尚书。　㉓门生:科举考试及第者对主考官的自称。

【译文】

祝贺他人科举登第,就说"荣膺鹗荐"即光荣地受到推荐;考生进入考试场所,就说"鏖战棘闱"即在考场中苦战。在宫殿上宣布考中者的姓名叫作传胪，乡试和会试后张榜公布考中者的名单叫撒棘。攀仙桂、步青云，说的都是科举登第后荣耀发达；孙山外、红勒帛，指的都是科举时没有考上。英雄入吾彀，这是唐太宗因选得人才而高兴时说的话；桃李属春官，这是刘禹锡祝贺礼部获得门生。

27.5 薪（xīn）①，采②也，槱（yǒu）③，积也，美④文王⑤作人⑥之诗⑦，故考士谓之薪槱⑧之典；汇，类也，征，进也，是连类⑨同进之象，故进贤⑩谓之汇征⑪之途。赚⑫了英雄⑬，慰人下第⑭；傍人门户⑮，怜士无依。虽然有志者事竟⑯成，伫（zhù）看⑰荣华⑱之日；成丹⑲者火候⑳到，何惜烹炼㉑之功。

【注释】

①薪：柴。　②采：指取来做柴。　③槱：聚积木柴以备燃烧。　④美：称赞；赞美。　⑤文王：即周文王。见2.9注⑥。　⑥作人：指培育人才。　⑦诗：这里指《诗经·大雅·棫（yù）朴》。　⑧薪槱：比喻选拔贤良的人才。　⑨连类：连缀同类事物。　⑩进贤：进荐贤能之士。　⑪汇征：同类事物一起进用，引申指进用贤能的人。　⑫赚：骗；诱骗。　⑬英雄：指才能勇武过人的人。　⑭下第：指参加科举考试没有考上。　⑮傍人门户：依傍于他人的门户，比喻依赖别人，不能自立。　⑯竟：终于。　⑰伫看：行将看到。　⑱荣华：草木开花，形容兴盛或显达。　⑲成丹：炼成金丹。丹：道教术语，分外丹和内丹。外丹用草木金石等为原料，放入炉中烧炼，炼成后服下据说可以长生成

仙。内丹在人体内的丹田中修炼,据说炼成后可以长生成仙。
⑳火候:烧火的火力大小和时间长短。　㉑烹炼:指烧炼丹药。

【译文】

《诗经·大雅·棫朴》一诗中的薪,指的是取来做柴,槱,指的是聚积木柴以备燃烧,这是一首赞美周文王培育人才的诗,所以考试选拔士人称为薪槱之典;《周易·泰卦(guà)》中的汇,是类的意思,征,是前进的意思,这是连缀同类的事物一同前进之象,所以把进荐贤能之士称为汇征之途。科举考试欺骗了天下才能杰出之人,这是用来安慰没有考中的人;依傍他人的门户,这是可怜士人无依无靠。虽然如此,有志向的人终究能取得成功,他们即将看到荣耀显达的一天;炼丹的人只要火候充足,就用不着可惜烧炼丹药时花费的功夫。

二十八、制作

【题解】

　　这里的制作,指中国古代文化制度方面的创造和器物工具的发明等。本节分为五段,主要包含以下两个方面的内容:

　　1. 讲述了中国古代发明创造方面的一些传说,如仓颉(jié)造字,神农尝百草,燧(suì)人氏钻木取火,有巢(cháo)氏构木为巢,尧帝发明围棋,周武王发明象棋,等等。

　　2. 介绍了对中国古代文化作出重要贡献的一些历史名人,如周公制礼作乐,秦始皇造万里长城,萧何制订法律条文,蔡伦造纸,司马光编《资治通鉴》,等等。这些都有确切的历史记载,反映的是真实的历史。

28.1　上古①结绳记事②,仓颉(jié)③制字④代绳。龙马负图⑤,伏羲⑥因画八卦(guà)⑦;洛龟呈瑞⑧,大禹⑨因列九畴⑩。历日⑪是神农⑫所为,甲子⑬乃大挠⑭所作。算数⑮作于隶首⑯,律吕⑰造自伶(líng)伦⑱。

【注释】

①上古：较早的古代，在我国历史分期上多指夏商周秦汉这个时期。　②结绳记事：在绳子上打结来记录事情。是远古人类在文字发明前的一种记事方式。　③仓颉：传说中汉字的创造者。　④制字：指发明文字。　⑤龙马负图：传说伏羲时有龙马从黄河中出来，其身上有八卦状的纹，伏羲仿此纹样而创八卦。龙马：古代传说中龙头马身的神兽。　⑥伏羲：见3.4注①。　⑦八卦：《周易》中由三个爻（yáo）组成的符号，分别是乾（☰）、坤（☷）、震（☳）、艮（gèn，☶）、坎（☵）、离（☲）、巽（xùn，☴）、兑（☱）。　⑧洛龟呈瑞：洛水中的龟显示祥瑞。指大禹时有神龟从洛水中出来，其背上有文字，禹仿此创作了《洪范》"九畴"。　⑨大禹：见1.6注⑩。　⑩九畴：传说中天帝赐给禹治理天下的九类大法。　⑪历日：历书；日历。　⑫神农：我国古代传说中农业和医药的发明者。相传他教人耕种，并亲尝百草，用草药给人治病。　⑬甲子：古代以天干和地支依次相配，可得六十组，因甲是天干之首，子是地支之首，故统称为甲子。用来纪年或计算岁数等。　⑭大挠：黄帝时的史官，相传他始作甲子。　⑮算数：算术。　⑯隶首：黄帝时的史官，传说他始作算数。　⑰律吕：我国古代校正乐律的器具，用竹管制成，共有十二根由长到短依次排列的管，以管的长短来确定音的不同高度。从低音管算起，处于奇数位的六根管叫作"律"，处于偶数位的六根管叫作"吕"，合称"律吕"。　⑱伶伦：黄帝时的乐官，相传是乐律的创造者。

【译文】

上古时期用在绳子上打结的方法来记事，仓颉发明文字后，就用文字取代了结绳记事。伏羲时有龙马从黄河中出来,其背上有八卦状的纹样,伏羲据此创作了八卦;大禹时有神龟从洛水中出来显示祥瑞,龟背上有文字,大禹据此创作了九畴。历书是神农发明的,甲子是大挠创造的。算术由隶首发明,律吕由伶伦创造。

28.2 甲胄(zhòu)①舟②车,系③轩辕(xuānyuán)④之创始;权⑤量⑥衡⑦度⑧,亦轩辕之立规。伏羲氏⑨造网罟(gǔ)⑩,教佃⑪渔⑫以赡(shàn)⑬民用;唐太宗⑭造册籍⑮,编里甲⑯以税田粮⑰。兴贸易,制耒耜(lěisì)⑱,皆由炎帝⑲;造琴⑳瑟(sè)㉑,教嫁娶,乃是伏羲。

【注释】

①甲胄:铠(kǎi)甲和头盔(kuī),也泛指兵器。　②舟:船。　③系:是。　④轩辕:黄帝的名号。因传说他姓公孙,居于轩辕之丘,故称。参见2.1注①。　⑤权:秤锤(chuí)。　⑥量:量器,如升、斗、斛(hú)等。　⑦衡:秤杆。　⑧度:计量长短的标准或工具。　⑨伏羲氏:即伏羲。见3.4注①。　⑩网罟:捕鱼及捕鸟兽的工具。　⑪佃:耕作。　⑫渔:捕鱼。　⑬赡:满足。　⑭唐太宗:见17.11注⑪。　⑮册籍:名册。　⑯里甲:州县统治的基本单位,以一百一十户为一里,十户为一甲。　⑰税田粮:征收农田的租税。　⑱耒耜:古代耕地翻土的农具,耒是上面的柄,耜是下端起土的部分。　⑲炎帝:传说中上古姜姓部落的首领,号烈山氏,与黄帝一起被尊为中华民族的祖先。一说即神农氏,是农业和医药的发明者。　⑳琴:指古琴。琴身为狭长形,木质

音箱。上古为五弦,周时增至七弦。　㉑瑟:古代一种像琴的弦乐器。现在所用的瑟多为二十五根弦。

【译文】

铠甲、头盔、船和车,是轩辕黄帝创造的;秤锤、量器、秤杆和计量长短的标准或工具,也是轩辕黄帝制定确立的。伏羲氏发明了捕鱼及捕鸟兽的网,教导百姓耕种、捕鱼以满足生活需要;唐太宗时开始编造名册,设立里甲来征收农田的租税。创设贸易,制造耒耜的,都是炎帝;制造琴瑟,教人男娶女嫁的,则是伏羲。

28.3 冠①冕(miǎn)②衣裳③,至黄帝④而始备;桑麻⑤蚕绩⑥,自元妃⑦而始兴。神农⑧尝百草,医药⑨有方⑩;后稷(jì)⑪播百谷⑫,粒食⑬攸⑭赖。燧(suì)人氏⑮钻木取火⑯,烹饪(rèn)⑰初兴;有巢(cháo)氏⑱构木为巢⑲,宫室⑳始创。

【注释】

①冠:帽子。　②冕:古代天子、诸侯、卿、大夫所戴的礼帽,后来专指帝王的礼帽。　③衣裳:衣服。古代穿在上身的称衣,穿在下身的称裳。　④黄帝:见2.1注①。　⑤桑麻:桑树和麻。　⑥蚕绩:蚕桑和纺绩。　⑦元妃:即嫘(léi)祖。传说中黄帝的妻子,发明了养蚕。　⑧神农:见28.1注⑫。　⑨医药:医治;治疗。　⑩方:药方。　⑪后稷:见16.3注②。　⑫百谷:谷类的总称。百:指众多。　⑬粒食:泛指粮食。　⑭攸:助词,相当于"所"。　⑮燧人氏:我国古代传说中的帝王,据传他发明钻木取火,并教民

吃熟食。　⑯钻木取火：远古时代的一种取火方法，用钻子钻木，木因摩擦发热而爆出火星。　⑰烹饪：煮熟食物。　⑱有巢氏：见21.1注③。　⑲构木为巢：指在树上用木头搭巢，人住在巢内。　⑳宫室：房屋的通称。

【译文】

帽子衣服，到了黄帝时才开始齐备；种植桑麻，养蚕和纺绩，从元妃时才开始产生。神农氏尝百草，医治病人才开始有药方；后稷播种百谷，人们的粮食才有了依靠。燧人氏钻木取火，人们开始把食物煮熟后吃；有巢氏在树上用木头搭巢，才开始有了房屋。

28.4　夏禹①欲通神祇（qí）②，因铸镛（yōng）钟③于郊庙④；汉明⑤尊崇佛教，始立寺观⑥于中朝⑦。周公⑧作指南车⑨，罗盘⑩是其遗制⑪；钱乐⑫作浑天仪⑬，历家⑭始有所宗⑮。育王⑯得疾，因造无量⑰宝塔；秦政⑱防胡⑲，特筑万里长城。

【注释】

①夏禹：即禹。见1.6注⑩。　②神祇：泛指神。祇：地神。　③镛钟：大钟。　④郊庙：古代帝王祭（jì）天地的郊宫和祭祖先的宗庙。　⑤汉明：即汉明帝刘庄。见4.4注⑳。　⑥寺观：这里指寺庙，僧人居住和修行的地方。　⑦中朝：中原王朝，即中国。　⑧周公：见8.3注③。　⑨指南车：中国古代具有指示方向的机件的车。　⑩罗盘：测定方向的仪器，由有方位刻度的圆盘和装在中间的指南针构成。　⑪遗制：指前代制作物的形式。　⑫钱乐：《宋书·天文志》

作"钱乐之",南朝宋时的太史令。　⑬浑天仪:我国古代观测天体位置的仪器,类似现在的天球仪。　⑭历家:即历数家。专门观测推算历象、研究历法的人。　⑮宗:尊奉;效法。　⑯育王:即阿育王。古印度摩揭陀(tuó)国孔雀王朝国王(公元前268—前232年)。在位期间统一除半岛南端以外的印度全境。立佛教为国教,并广建寺塔。　⑰无量:不可计数。　⑱秦政:即秦始皇嬴(yíng)政。见2.9注⑩。　⑲胡:我国古代称北方和西方的民族。

【译文】

夏禹想与神灵相通,便铸了大钟把它挂在郊庙;汉明帝尊崇佛教,开始在中国建立寺庙。周公制作指南车,罗盘就是根据指南车制作出来的;钱乐制作浑天仪,从此历数家便有了依据。阿育王得了疾病,于是建造了数量极多的宝塔;秦始皇为了防御胡人,专门修筑了万里长城。

28.5 叔孙通①制立朝仪②,魏曹丕③秩序④官品⑤。周公⑥独制礼乐⑦,萧何⑧造立⑨律条⑩。尧帝⑪作围棋,以教丹朱⑫;武王⑬作象棋,以象⑭战斗。文章取士⑮,兴于赵宋⑯;应制⑰以诗,起于李唐⑱。梨园子弟⑲,乃唐明皇⑳作始;《资治通鉴》㉑,乃司马光㉒所编。笔乃蒙恬(tián)㉓所造,纸乃蔡伦㉔所为。凡今人之利用㉕,皆古圣之前民㉖。

【注释】

①叔孙通:秦汉之际薛(今山东滕县东南)人。汉朝建立后,他采古礼和秦代礼仪制度,与诸儒生共定朝廷的礼仪。后升为太

子太傅。 ②朝仪：朝廷的礼仪。 ③曹丕：即魏文帝。三国时魏国的建立者。曹操次子，字子桓，沛国谯(qiáo)县(今安徽亳〔bó〕州)人。 ④秩序：使有条理，不混乱。 ⑤官品：官职的品第等级。 ⑥周公：见8.3注③。 ⑦礼乐：礼节和音乐。古代帝王把它作为使尊卑有序、远近和合的手段。 ⑧萧何：秦末汉初沛县(今属江苏)人。辅佐刘邦建立汉朝，任相国，制定律令制度。 ⑨造：确立；制定。 ⑩律条：法律条文。 ⑪尧帝：见2.9注②。 ⑫丹朱：传说中尧的儿子。 ⑬武王：即周武王。周王朝的建立者。姓姬(jī)，名发。周文王的儿子。 ⑭象：仿效；效法。 ⑮取士：选拔士人。 ⑯赵宋：指宋朝。因皇室姓赵，故称。 ⑰应制：应皇帝之命。 ⑱李唐：指唐朝。因皇室姓李，故称。 ⑲梨园子弟：梨园内学习音乐的子弟，后指戏曲演员。 ⑳唐明皇：即唐玄宗李隆基。见3.3注⑰。 ㉑《资治通鉴》：编年体通史。北宋司马光编著。叙述从战国到五代共一千三百六十二年的历史。目的是供统治者从历代的治乱兴亡中取得鉴戒。 ㉒司马光：见5.10注⑱。 ㉓蒙恬：秦国将领。秦朝建立后，率兵击退匈奴，修筑长城。 ㉔蔡伦：字敬仲，东汉时桂阳(治今湖南郴〔chēn〕州)人。宦(huàn)官。汉和帝时任中常侍、尚方令。改进造纸法，世称"蔡侯纸"。 ㉕利用：有效的工具。 ㉖前民：在民众之前，指创造出来供民众使用。

【译文】

叔孙通制订了朝廷的礼仪，魏文帝曹丕确立了官职的品第等级。周公独自制定了礼乐制度，萧何确立了法律条文。尧帝创造了围棋，来教导儿子丹朱；周武王发明了象棋，来模仿战斗。根据文章的优劣来选拔人才,开始于宋朝;以诗为考试的主要内容,产生于唐朝。梨园子弟,是从唐明皇时开始出现的;《资治通鉴》,是司马光编著的。笔是蒙恬制造出来的,纸是蔡伦发明的。凡是今天人们使用的工具,都是古代的圣人创造发明的。

二十九、技艺

【题解】

　　这里的技艺,指占卜术士、风水师、医生、画家、木工、驾车者、棋手等拥有的本领。本节分为四段,主要介绍了上述行业的代表人物及相关的词、成语和典故等。如著名的医生有扁鹊、孙思邈(miǎo);著名的画家有郑虔(qián)、崔白、张僧繇(yáo),张僧繇画龙点睛,能使龙破壁而去;著名的预测术士有严君平、唐举、郭璞(pú)等,擅长卜卦(guà)的人,被称为今之鬼谷;大工师是木匠的美称,诸葛亮曾制造木牛来为蜀军运粮;等等。作者最后落笔于"然奇技似无益于人,而百艺则有济于用",即主张人们应注重有实用价值的技艺。

29.1　医士①业②岐轩(qíxuān)之术③,称曰国手④;地师⑤习青乌⑥之书,号曰堪舆(yú)⑦。卢医⑧扁鹊⑨,古之名医;郑虔(qián)⑩崔白⑪,古之名画。晋⑫郭璞(pú)⑬得《青囊(náng)经》⑭,故善卜筮(shì)⑮地理⑯;孙思邈(miǎo)⑰得龙宫方⑱,能医虎口龙鳞⑲。

【注释】

①医士:医生。　②业:从事于;以……为业。　③岐轩之术:医术。岐:岐伯,古代名医,相传是黄帝之臣,曾与黄帝论医。轩:轩辕(yuán),指黄帝。　④国手:一国中某项技艺最出众的人。　⑤地师:旧时指看风水的人。　⑥青乌:传说中的古代风水师。　⑦堪舆:即风水,指住宅基地或墓地的形势。堪:指高处。舆:指低处。　⑧卢医:扁鹊的别称。因家在卢国,故称。　⑨扁鹊:战国时名医。姓秦,名越人,字扁鹊,渤海郡(jùn)鄚(mào,今河北任丘)人。首创切脉,以针灸、汤药、按摩等多种方法治病。　⑩郑虔:字弱斋,唐代荥(xíng)阳人。擅长书画。唐玄宗时曾任协律郎。　⑪崔白:字子西,宋代濠(háo)梁(今安徽凤阳)人。其绘画得到宋神宗赞赏,任待诏。　⑫晋:见19.18注⑭。　⑬郭璞:字景纯,东晋时河东闻喜(今属山西)人。博学,好古文奇字,又喜阴阳卜筮之术。东晋初为著作佐郎。　⑭《青囊经》:据传是介绍五行、天文、卜筮之术的书。因装在青囊中,故称。　⑮卜筮:古时预测吉凶,用龟甲称卜,用蓍(shī)草称筮,合称卜筮。　⑯地理:指风水。　⑰孙思邈:唐代京兆华原(今陕西耀县)人。长期在民间行医,著有《备急千金要方》《千金翼方》等,对中医的发展有很大贡献。　⑱龙宫方:传说孙思邈曾救一龙,从而得到龙宫方三十首。　⑲虎口龙鳞:据传孙思邈曾为一只老虎取出口中误食的金钗(chāi),为一条龙医治鳞上的伤。

【译文】

医生从事岐伯和黄帝传下来的医术,其中的优秀者称为国手;风水师学习青乌传下来的书,被称为堪舆家。卢医扁鹊,是古代的名医；郑虔和崔白，是古代的名画家。晋代的郭璞获得《青囊经》，所以擅长卜筮和看风水；孙思邈得到龙宫方，能治疗虎口和龙鳞部位的疾病。

29.2 善卜①者，是君平②、詹(zhān)尹③之流④；善相⑤者，即唐举⑥、子卿⑦之亚⑧。推命⑨之人即星士⑩，绘图之士曰丹青⑪。大风鉴⑫，相士⑬之称；大工师⑭，木匠之誉。若王良⑮、若造父⑯，皆善御⑰之人；东方朔(shuò)⑱、淳于髡(kūn)⑲，系⑳滑稽㉑之辈㉒。

【注释】

①卜：占卜，用来预测吉凶的一种迷信活动。　②君平：即严君平，名遵(或尊)，字君平，西汉蜀郡(jùn，治今四川成都)人。汉成帝时曾在成都市卜筮(shì)。精通《老子》和《庄子》。③詹尹：即郑詹尹。战国时楚国的卜筮之官。　④流：品类；等级。　⑤相：一种迷信，指用观察面貌、形体等来推测人的祸福命运。　⑥唐举：战国时梁国人，擅长相术。　⑦子卿：即姑布子卿，姓姑布，字子卿，春秋时赵国相士。　⑧亚：同类。　⑨推命：推算命运，即算命。　⑩星士：根据人的生辰八字来推算命运的术士。　⑪丹青：丹砂和青臒(huò)，可作颜料，用来指画工或画师。　⑫风鉴：指以谈相论命为职业的人。　⑬相士：以谈相论命为职业的人。　⑭工师：工匠。　⑮王良：春秋时晋国人，善御马。　⑯造父：西周时人，善御马，传说曾把骏马献给周穆王。　⑰御：驾驭车马。　⑱东方朔：见17.5注⑫。　⑲淳于髡：战国时

齐国人。博闻强记,擅长辩论。齐威王时任大夫。　　⑳系:是。　　㉑滑稽:指能言善辩,言辞流利。后多指言语、动作或事态令人发笑。　　㉒辈:某一范围或类型的人。

【译文】

擅长占卜的,是严君平、郑詹尹一类的人;擅长相人的,是唐举、姑布子卿那样的人。算命的人叫作星士,绘画的人称为丹青。大风鉴,是对相士的称呼;大工师,是对木匠的美称。王良、造父,都是擅长驾驭车马的人;东方朔、淳于髡,都是幽默滑稽之人。

29.3

称善卜卦(guà)①者,曰今之鬼谷②;称善记怪者,曰古之董狐③。称诹(zōu)日④之人曰太史⑤,称书算⑥之人曰掌文⑦。掷骰(tóu)⑧者,喝雉(zhì)呼卢⑨;善射者,穿杨贯虱(shī)⑩。樗蒲(chūpú)⑪之戏,乃云双陆⑫;橘(jú)中之乐⑬,是说围棋⑭。

【注释】

①卜卦:占卜卦象以确定吉凶。　　②鬼谷:即鬼谷子,战国时楚国人。纵横家之祖,传说是苏秦、张仪之师。　　③董狐:春秋时晋国史官。因写史不避权贵,以事实为依据,被孔子称为"古之良史"。　　④诹日:选择吉日。　　⑤太史:官名。西周、春秋时负责记载史事、编写史书、起草文书,兼管国家典籍和天文历法等。汉代掌管天时星历。魏晋以后专掌历法。　　⑥书算:所指待考。　　⑦掌文:掌管文书。　　⑧骰:骰子,一种游戏或赌博用具,通常呈小立方体,六个面上有数目不同的小凹坑,代表自一至六的六个数字。　　⑨喝雉

呼卢：指赌博。古代赌博时，用木制的骰子五枚，每枚两面，一面涂黑，画牛犊(dú)；一面涂白，画雉。掷下去五枚都呈黑的为卢，为最佳；其次四黑一白的为雉。赌博时为了求胜，往往边掷边喊。也作呼卢喝雉。 ⑩穿杨贯虱：形容技艺高超。穿杨：养由基射箭能百步穿杨。贯虱：纪昌射箭能射穿虱子的心脏。 ⑪樗蒲：古代的一种博戏。 ⑫双陆：古代的一种博戏，由棋盘、棋子、骰子三部分组成。 ⑬橘中之乐：指象棋游戏。 ⑭围棋：似应作"象棋"。

【译文】

擅长卜卦的人，称他为今之鬼谷；擅长记载怪异之事的人，称他为古之董狐。专门从事选择吉日的人称为太史，专门从事书算的人称为掌文。掷骰子博戏的人，常常喝雉呼卢；擅长射箭的人，能够穿杨贯虱。樗蒲之戏，也叫双陆；橘中之乐，说的是围棋。

29.4 陈平①作傀儡(kuǐlěi)②，解汉高③白登之围④；孔明⑤造木牛⑥，辅刘备⑦运粮之计。公输子⑧削木鸢(yuān)⑨，飞天至三日而不下；张僧繇(yáo)⑩画壁龙，点睛则雷电而飞腾。然奇技⑪似无益于人，而百艺⑫则有济⑬于用。

【注释】

①陈平：见20.6注⑨。 ②傀儡：用土木制成的偶像。 ③汉高：即汉高祖刘邦。见5.7注③。 ④白登之围：公元前200年，匈奴大军围攻晋阳(今山西太原)，刘邦率三十万大军迎战，被围困于平城白登山(在今山西大同东北)，达七日之久。后用陈平的计策，厚赂匈奴冒顿(mòdú)单于(chányú)

的皇后,才得突围。　　⑤孔明:即诸葛亮。见5.7注⑬。　　⑥木牛:即木牛流马,古代一种运输工具。相传是诸葛亮发明的。　　⑦刘备:三国时蜀汉的建立者。字玄德,涿郡(zhuō jùn)涿县(今河北涿州)人。　　⑧公输子:即公输般。我国古代著名的工匠。姓公输,名般(也作班、盘),春秋时鲁国人。又称鲁班。曾创造攻城的云梯和刨、钻、锯等工具,历代木工尊他为祖师。　　⑨木鸢:相传古人用木头制成的像鸟的飞行器。鸢:老鹰。　　⑩张僧繇:南朝梁画家。吴郡(治今江苏苏州)人。历任右军将军、吴兴太守。擅长人物故事画及宗教画。相传他曾在墙上画龙,画成点睛后龙破壁飞去。　　⑪奇技:指过于奇特而无益的技艺。　　⑫百艺:各种技艺。　　⑬济:帮助。

【译文】

陈平制作傀儡,解除了汉高祖刘邦在白登山被围的困境;孔明制造木牛流马,辅助刘备运送粮食。公输般用木削成鸟状的飞行器,在天上飞了三天都不下来;张僧繇在墙壁上画龙,给龙点睛后雷电大作,龙破壁飞腾而去。然而过分奇特的技艺对人似乎并没有什么用处,而各种实用的工艺则能给人们的生活提供帮助。

三十、讼狱

【题解】

讼狱即与打官司、犯罪等有关的事情。本节分为五段，主要包含以下两个方面的内容：

1. 介绍了与打官司、犯罪等有关的词、成语和典故，如"囹圄（língyǔ）""狴犴（bì'àn）""五刑""作奸犯科""桁（háng）杨雨润""鼠牙雀角之争"等，并说明了它们的含义和用法。

2. 讲述了一些历史名人对待罪犯或诉讼案件的故事，如夏禹见到罪犯而自责，唐太宗放死刑犯回家过年，何易于宽大待民，卢奂断案如神，等等。最后指出：面对乱世，应该以刑罚为重；在太平盛世，则应注重德教。可谓对历史经验的深刻总结。

30.1 世人惟不平则鸣①，圣人②以无讼为贵。上有恤刑③之主④，桁（háng）杨⑤雨润⑥；下无冤枉之民，肺石⑦风清⑧。虽囹圄（língyǔ）⑨便是福堂⑩，而画地亦可为狱⑪。

【注释】

①不平则鸣：对不公平的事情表示不满的呼声。　　②圣人：

有极高品德和智慧的人。　　③恤刑：慎用刑法。恤：慎重。　　④主：君主。　　⑤桁杨：加在脚上或颈上的刑具，也泛指刑具。　　⑥雨润：指受到统治者恩德的滋润。　　⑦肺石：古代设于朝廷门外的赤色石头，民众有不平之事，可击此石鸣冤。因石头形状像肺，故名。　　⑧风清：指社会清平。　　⑨囹圄：监狱。　　⑩福堂：福德聚集的地方。　　⑪画地亦可为狱：在地上画一个圆圈，让罪犯站在圈中以示惩罚，也可以当作监狱。相传是上古时刑罚宽缓的一种表现。

【译文】

人们在遇到不公平的事情时便会发出表示不满的呼声，圣人以社会上没有诉讼之事为治理的目标。在上有对用刑极其慎重的君主，连罪犯身上的刑具都能感受到恩泽；在下面没有受到冤枉的百姓，连用来鸣冤的肺石都能享受到社会清平的好处。在这种情况下，监狱就成了福德聚集的地方，连在地上画一个圆圈都可以当作监狱。

30.2　与人构讼①，曰鼠牙雀角②之争；罪人诉冤，有抢地吁天③之惨。狴犴（bì'àn）④猛犬而能守，故狱门画狴犴之形；棘⑤木外刺而里直，故听讼⑥在棘木之下。乡亭⑦之系⑧有岸⑨，朝廷之系有狱，谁敢作奸犯科⑩？死者不可复生，刑者不可复续，上当原情⑪定罪。

【注释】

①构讼：造成诉讼。　　②鼠牙雀角：指强暴者侵凌造成争讼。　　③抢地吁天：用头撞地，口呼苍天，形容极其悲痛。抢：冲；撞。吁：呼喊。　　④狴犴：传说中的兽名。外形似虎，有威力，旧

时把它的形象刻画在狱门上。后用来代指监狱。　⑤棘：即酸枣树，枝上有刺。　⑥听讼：听理诉讼；审案。　⑦乡亭：古代地方基层组织，汉制十里为一亭，十亭为一乡。　⑧系：拘禁。　⑨岸：通"犴"，指监狱。　⑩作奸犯科：为非作歹，触犯法令。奸：坏事。科：法令。　⑪原情：推究实情。原：推究。

【译文】

与别人打官司，称为鼠牙雀角之争；犯人诉说冤情时，常常用头撞地，口呼苍天，情形极其悲惨。狴犴是一种善于守护的猛犬，所以监狱的门上画着狴犴的形象；棘木外面有刺而内里很直，所以常常在棘木下审理案件。乡亭用"岸"即监狱拘禁罪犯，朝廷用狱拘禁罪犯，谁还敢为非作歹，触犯法令？死了的人不能再生，受刑砍掉的部位不能再续上，在上的官员应当推究实情来定罪。

30.3 囹圄（língyǔ）①是周②狱，羑（yǒu）里③是商④牢。桎梏（zhìgù）⑤之设，乃拘罪人之具；缧绁（léixiè）⑥之中，岂无贤者之冤？两争不放，谓之鹬（yù）蚌（bàng）相持⑦；无辜⑧牵连，谓之池鱼⑨受害。请公入瓮⑩，周兴⑪自作其孽（niè）⑫；下车泣罪⑬，夏禹⑭深痛其民。

【注释】

①囹圄：监狱。　②周：朝代名。公元前1046—前256年，姬（jī）发所建。　③羑里：古地名。故址在今河南汤阴北。商纣（zhòu）王曾把周文王拘禁于此地。　④商：朝代名。公元前1600—前1046年，成汤所建。　⑤桎梏：脚镣和手

铐。　　⑥缧绁:捆绑犯人的绳索,借指监狱。　　⑦鹬蚌相持:蚌张开壳晒太阳,鹬去啄(zhuó)它,结果被蚌壳钳(qián)住了嘴,双方互不相让。比喻双方争持不下。持:对抗。⑧辜:罪。　　⑨池鱼:比喻无辜受害者。　　⑩请公入瓮:比喻拿某人整治别人的法子来整治他自己。　　⑪周兴:雍州长安(今陕西西安)人。官至司刑少卿、秋官侍郎。武则天时掌管刑狱,与来俊臣一起陷害无辜。　　⑫自作其孽:指自己做坏事,将来会受报应。　　⑬泣罪:指因哀怜罪人而哭泣。⑭夏禹:即大禹。见1.6注⑩。

【译文】

囹圄是周朝设置的监狱,羑里是商代的牢房。脚镣和手铐,是拘禁犯人的工具;监狱之中,难道没有受冤屈的贤人?双方争持不下,叫作鹬蚌相持;无辜受到牵连,叫作池鱼受害。请公入瓮,指的是周兴自作自受;下车泣罪,指的是大禹为百姓犯罪而深感痛心。

30.4　好讼①曰健讼②,累及③曰株连④。为人解讼⑤,谓之释纷⑥;被人栽冤⑦,谓之嫁祸⑧。徒配⑨曰城旦⑩,遣戍⑪是问军⑫。三尺⑬乃朝廷之法,三木⑭是罪人之刑。古之五刑⑮,墨⑯、劓(yì)⑰、剕(fèi)⑱、宫⑲、大辟(pì)⑳;今之律例㉑,笞(chī)㉒、杖㉓、死罪、徒㉔、流㉕。

【注释】

①好讼:喜欢打官司。　　②健讼:爱好打官司。　　③累及:连累到。有的本子作"挂告"。　　④株连:指一个人有罪而牵连多人。　　⑤解讼:解除诉讼。　　⑥释纷:消除纷争。

⑦栽冤：指诬陷。　⑧嫁祸：把灾祸、罪名等转移到他人身上。　⑨徒配：徒刑或流刑。徒刑指强制罪犯在某一场所劳动，流刑指把罪犯流放到某地。　⑩城旦：古代一种筑城四年的劳役，后用来指流放或徒刑。　⑪遣戍：旧时指把罪犯放逐到边地戍守。　⑫问军：充军，古代的一种刑罚。　⑬三尺：即三尺法，指法律。古代把法律写在三尺长的竹简上，故称。　⑭三木：古代加在犯人颈、手、足上的三种刑具。　⑮五刑：五种轻重不同的刑法。　⑯墨：用刀刺面，再染上黑色。　⑰劓：割掉鼻子。　⑱剕：砍掉脚。　⑲宫：阉(yān)割男子生殖器或破坏妇女的生殖机能。　⑳大辟：指死刑。　㉑律例：法律条文及其成例。　㉒笞：用鞭、杖或竹板子抽打。　㉓杖：用大荆条或大竹板捶(chuí)击犯人的背、臀或腿部。　㉔徒：徒刑。　㉕流：流刑。

【译文】

喜欢打官司叫作健讼，受到牵连叫作株连。替别人解除诉讼，叫作释纷；被别人栽赃诬陷，叫作嫁祸。徒刑或流刑叫作城旦，把罪犯放逐到边地戍守称为问军。三尺是指朝廷的法律，三木是指加在犯人身上的三种刑具。古代的五刑，包括脸上刺字、割鼻子、砍脚、阉割生殖器、处死；现在惩治罪犯的刑律，包括用鞭子抽、用板子打、处死、强制劳动、流放。

30.5　上古①时削木为吏②，今日之淳风③安④在？唐太宗⑤纵囚归狱⑥，古人之诚信可嘉⑦。花落讼庭⑧闲，草生囹圄(língyǔ)⑨静，歌何易⑩治民之简；吏⑪从冰上立，人在镜中行，颂卢奂⑫折狱⑬之清。可见治乱之药石⑭，刑罚为重；兴平⑮之粱肉⑯,德教⑰为先。

【注释】

①上古:较早的古代,在我国历史分期上多指夏商周秦汉这个时期。　②削木为吏:把木头刻成狱吏的形状。所指待考。一说是上古时的一种做法,把木头刻成狱吏的形状放到犯人家里,犯人就会抱着它自动去公堂受审。　③淳风:敦厚质朴的风气。　④安:哪里。　⑤唐太宗:见17.11注⑪。　⑥纵囚归狱:暂时释放的罪犯在规定的期限内自动回到监狱。纵:释放。　⑦可嘉:值得赞扬或褒奖。　⑧讼庭:讼堂;公堂。　⑨囹圄:监狱。　⑩何易:指何易于。唐时任益昌县令,关心民众疾苦,监狱中三年无囚犯。　⑪吏:旧时官府中的小官或差役。　⑫卢奂:唐时滑州灵昌(今河南滑县)人。曾任中书舍人、御史中丞、陕州刺史。以清白廉洁闻名。　⑬折狱:判案;断狱。　⑭药石:药剂和砭(biān)石,泛指药物。这里指手段、方法。　⑮兴平:昌盛太平。　⑯粱肉:以粱为饭,以肉为菜,指精美的食物。　⑰德教:道德教化。

【译文】

上古时期把木头刻为狱吏,罪犯就会听从,这种淳厚质朴的风气现在去哪里了呢?唐太宗让囚犯暂时回家,这些囚犯都按时回到监狱,古人的这种诚信值得赞许。开败的花落在无人打官司的公堂间,杂草在寂静的监狱旁生长,这是用来歌颂何易于治民宽厚简便;官吏像站在冰上一样清洁,诉冤人的冤屈像在镜子里一样明白,这是歌颂卢奂断案时能明察一切。因此,治理乱世的有效方法,是要重视刑罚;太平盛世时的治理之道,是要重视道德教化。

三十一、释道鬼神

【题解】

本节分为九段,讲述了佛教、道教及鬼神等宗教信仰方面的知识,主要包含以下三个方面的内容:

1. 介绍了与佛教有关的一些词、成语和典故,如和南是和尚的拜礼,空桑子是和尚的自称,香积厨指僧人的厨房,明心见性是佛教的修炼目标。文中还讲述了若干佛教传奇故事,如佛图澄咒(zhòu)莲生钵(bō),达摩凭借一根芦苇渡江,道生法师说法能使顽石点头,等等。

2. 介绍了与道教有关的一些词、成语和典故,如稽(qǐ)首是道士的拜礼,步虚声指道士诵经的声音,仙麟脯(línfǔ)是仙人的食物,辟(bì)谷绝粒是道士的修炼方法。文中还讲述了若干道教神仙故事,如葛仙翁吐饭成蜂,吴猛画江成路,麻姑掷米成珠,张虚靖(jìng)与鸡犬一起飞升成仙,等等。

3. 讲述了有关鬼神的一些传说,如韩擒虎和寇准死后成为阎罗王,神荼(shēnshū)郁垒(lǜ)是专门吃鬼的神,造成干旱的鬼称为旱魃(bá),等等。这当然都属于迷信故事。

本节有一个明显的特点,就是常常把佛教和道教并举,以显示两者的异同,如"曰圆寂、曰荼毗(túpí),皆言和尚之死;曰羽化、曰尸解,悉言道士之亡","藏世界于一粟,佛法何其大;贮乾坤于一壶,道法何其玄"。这无疑有助于读者对佛道两家思想的理解。

31.1 如来①释迦(jiā)②,即是牟(móu)尼③,原系成佛④之祖;老聃(dān)李耳⑤,即是道君⑥,乃为道教⑦之宗⑧。鹫(jiù)岭⑨祇(qí)园⑩,皆属佛国⑪;交梨火枣⑫,尽是仙丹⑬。沙门⑭称释,始于晋⑮道安⑯;中国有佛,始于汉明帝⑰。

【注释】

①如来:释迦牟尼的十种称号之一,意即从如实之道而来,开创并揭示真理的人。　②释迦:佛教创始人释迦牟尼的简称。姓乔达摩,名悉达多,是中印度迦毗(pí)罗国王净饭王的长子。释迦牟尼是佛教徒对他的尊称,意为释迦族的圣人。③牟尼:梵语音译,意为寂静。多指释迦牟尼。　④佛:佛教徒称修行圆满的人。　⑤老聃李耳:指老子。见16.3注⑯。　⑥道君:道教所称的仙尊。　⑦道教:我国土生土长的宗教,形成于东汉末年。奉老子为教主,以长生不死、得道成仙为宗旨。有天师道、全真道等主要派别。　⑧宗:被众人尊奉的人物。　⑨鹫岭:指灵鹫山,在古印度摩揭陀(tuó)国王舍城东北。因山中多鹫(雕的别名),或说山顶似鹫,故称。相传释迦牟尼曾在此居住和说法多年,因此代称佛地。　⑩祇园:印度佛教圣地之一。　⑪佛国:佛所居之地。指天竺(zhú),即古印度。　⑫交梨火枣:道教称神仙所食的仙药。　⑬仙丹:仙人服用的灵丹。　⑭沙门:指佛教徒。也作"桑门"。梵语音译,意为勤修善法,止息恶行。

⑮晋:见 19.18 注⑭。　⑯道安:东晋、前秦时僧人。本姓卫,常山扶柳(今河北冀州西)人。12 岁出家受戒,著译很多,对当时的佛教作出许多贡献。　⑰汉明帝:见 4.4 注⑳。

【译文】

释迦牟尼又称如来佛,是佛教的祖师;道君李耳又叫老聃,是道教的教主。鹫岭、祇园,都在佛国之中;交梨、火枣,都是灵丹仙药。佛教徒一律姓释,始于东晋时的道安;佛教传入中国,始于东汉明帝时期。

31.2 笺铿(jiānkēng)①即是彭祖②,八百高年;许逊③原宰④旌阳⑤,一家超举⑤。波罗⑥犹云彼岸⑦,紫府⑧即是仙宫⑨。曰上方⑩、曰梵刹⑪,总是佛场⑫;曰真宇⑬、曰蕊(ruǐ)珠⑭,皆称仙境。伊蒲馔(púzhuàn)⑮可以斋僧⑯,青精饭⑰亦堪⑱供佛。香积厨⑲僧家所备,仙麟⑳脯(línfǔ)㉑仙子㉒所餐㉓。

【注释】

①笺铿:相传是古代的长寿者,活了 800 岁。一说即彭祖,一说是老子。　②彭祖:相传古代的长寿者,活了 800 岁。一说即笺铿,尧把他封在彭城,因其道可祖(效法),故称彭祖。　③许逊:东晋道士。字敬之,汝南(今属河南)人。曾任旌阳(今湖北枝江北)县令。后弃官周游江湖。传说于公元 374 年在南昌西山举家拔宅飞升。也叫许真君或许旌阳。　④宰:主宰;治理。　⑤超举:远远飞升。举:起飞。　⑥波罗:梵语"波罗蜜"的省称。意为到彼岸,即从此岸(生死岸)度人到彼岸(涅槃〔nièpán〕、寂灭)。　⑦彼岸:佛教指超脱生死

的境界。　⑧紫府:道教称仙人居住的地方。　⑨仙宫:仙人居住的宫室。　⑩上方:指佛寺。　⑪梵刹:泛指佛寺。　⑫佛场:佛教寺庙。　⑬真宇:道观。　⑭蕊珠:即蕊珠宫,道教经典中所说的仙宫。　⑮伊蒲馔:布施给僧道的饭食。　⑯斋僧:施舍饭食给僧人。　⑰青精饭:民俗立夏吃的乌米饭。相传为道家太极真人首制,吃了可以延年。后来佛教徒也常在农历四月八日用此饭供佛。青精:植物名,一名天烛,又称墨饭草。　⑱堪:能;可以。　⑲香积厨:僧家的厨房。　⑳麟:麒(qí)麟。见 16.3 注⑩。　㉑脯:肉干。　㉒仙子:仙人,神话传说中长生不老、有种种神通的人。　㉓餐:吃(饭);进食。

【译文】

　　篯铿就是彭祖,高寿达 800 岁;许逊曾经是旌阳县令,后来全家一起飞升成仙。波罗指的是到达超脱生死的境界,紫府指的是仙人居住的宫室。上方、梵刹,都是指佛教寺庙;真宇、蕊珠,都是指仙境。伊蒲馔可以布施给僧人吃,青精饭也可以用来供佛。香积厨是僧人做饭的地方,仙麒麟做的肉干是仙人的食物。

31.3　佛图澄①显神通②,咒(zhòu)③莲生钵(bō)④;葛仙翁⑤作戏术⑥,吐饭成蜂。达摩⑦一苇渡江⑧,栾巴⑨噀(xùn)酒⑩灭火。吴猛⑪画江成路⑫,麻姑⑬掷米成珠。飞锡⑭挂锡⑮,谓僧人之行止⑯;导引⑰胎息⑱,谓道士之修持⑲。

【注释】

　　①佛图澄:天竺(zhú,今印度)人。从小学道,精通玄术。晋时

来到洛阳,后得到石勒的宠信。石勒称帝后,授他大和尚尊号,是石赵政权的重要谋臣。　②神通:原是佛教用语,指神秘莫测、无所不能的力量,后指神奇高超的本领。　③咒:道士、方士等作法时念口诀。　④莲生钵:从钵头中生出莲花。⑤葛仙翁:即葛玄,字孝先,三国吴琅玡(lángyá)人。传说从左慈得《九丹金液仙经》,修炼成仙。世称葛仙公,又称太极仙翁。　⑥戏术:即戏法,一种传统杂技。今多称魔术。⑦达摩:即菩(pú)提达摩。据称是天竺人,本名菩提多罗。于梁武帝时来到中国。后在嵩山少林寺修炼,面壁九年而成佛。被奉为中华禅(chán)宗的初祖。　⑧一苇渡江:传说达摩折下一根芦苇,乘着它渡过长江。　⑨栾巴:字叔元,东汉魏郡(jùn)内黄(治今河南内黄西北)人,一说蜀郡(治今四川成都)人。曾任黄门令、桂阳太守、豫章太守等。传说他通晓道术。　⑩噀酒:把含在口中的酒喷出。　⑪吴猛:晋时豫章(今江西南昌)人。善于卜筮(shì),以孝闻名。⑫画江成路:传说吴猛用扇子在江上画出一条路,借以过江。⑬麻姑:中国古代神话传说中的女仙。据传是建昌人,曾在牟(mù)州东南的姑余山修道。能掷米成珠,曾三次看到东海成为桑田。　⑭飞锡:指僧人云游四方。锡:指锡杖,僧人所持的禅杖。　⑮挂锡:指云游四方的僧人投宿寺院。因投宿时把锡杖挂在僧堂,故称。　⑯行止:行踪。　⑰导引:古代的一种养生方法,在意念的引导下,调整呼吸,按照一定的顺序运动身体,以达到强身健体等目的。　⑱胎息:道家的一种修炼方法,指不用口鼻呼吸,与胎儿在母腹中的呼吸方法相似。　⑲修持:修身守道。

【译文】

　　佛图澄显示自己的神通，口念咒语，可使钵中生出莲花；葛仙翁变戏法，可使口中吐出的饭变化成蜂。达摩凭借一根芦苇渡过长江；栾巴喷出口中的酒，可灭远方的火。吴猛用扇子画江，可使江面出现道路；麻姑把米撒在地上，这些米都变成了珍珠。飞锡、挂锡，指的是僧人的行踪；导引、胎息，是道士修炼的方法。

31.4　和尚①拜礼②曰和南③，道士④拜礼曰稽（qǐ）首⑤。曰圆寂⑥、曰荼毗（túpí）⑦，皆言和尚之死；曰羽化⑧、曰尸解⑨，悉⑩言道士之亡。女道曰巫⑪，男道曰觋（xí）⑫，自古攸分⑬；男僧⑭曰僧，女僧曰尼⑮，从来有别。羽客⑯、黄冠⑰，皆称道士；上人⑱、比丘⑲，并美僧人。

【注释】

①和尚：信奉佛教并出家修行的男子。　②拜礼：行拜谢或致敬之礼。　③和南：佛教称稽首、敬礼。　④道士：道教徒。　⑤稽首：道士所行的一种礼节，举一手至胸前，再低头。　⑥圆寂：称僧尼死亡。梵语音译，意即诸德圆满、诸恶寂灭，达到佛教修养的理想目的。　⑦荼毗：梵语音译，指僧人死后把尸体火化。　⑧羽化：道教指飞升成仙。也作为道教徒死亡的婉辞。　⑨尸解：指道教徒留下形骸（hái）而成仙。　⑩悉：全；都。　⑪巫：以装神弄鬼、谎称能替人消病免灾为职业的人。　⑫觋：男性巫师。　⑬攸分：有分别。　⑭僧：出家修行的男性佛教徒。通称和尚。　⑮尼：出家修行的女性佛教徒。　⑯羽客：指神仙或方士。

⑰黄冠：道士戴的帽子，也借指道士。　⑱上人：对僧人的尊称。　⑲比丘：梵语音译，指已受具足戒的男性。俗称和尚。

【译文】

和尚行的礼称为和南，道士行的礼称为稽首。圆寂、荼毗，都是指和尚死亡；羽化、尸解，都是称道士死亡。女性巫师称为巫，男性巫师称为觋，自古以来就有区分；男性佛教徒称为僧，女性佛教徒称为尼，一直有这样的区别。羽客、黄冠，都用来称道士；上人、比丘，都是僧人的美称。

31.5　檀越①、檀那②，僧家称施主③；烧丹④、炼汞⑤，道士学神仙⑥。和尚自谦，谓之空桑子⑦；道士诵经，谓之步虚声⑧。菩（pú）者普也，萨（sà）者济⑨也，尊称神祇（qí）⑩，故有菩萨⑪之誉；水行龙力大，陆行象力大，负荷⑫佛法⑬，故有龙象⑭之称。

【注释】

①檀越：梵语音译，意为施主。　②檀那：梵语音译，意为施主。　③施主：僧人对布施者的敬称。　④烧丹：炼丹，道教徒用朱砂炼药。　⑤炼汞：道教徒烧炼水银，以制丹药。　⑥神仙：神话传说中的人物，也是道教信仰的人物，神通广大，变化无穷，可以长生不老。　⑦空桑子：指僧人或佛门。　⑧步虚声：道士唱经礼赞的声音。　⑨济：救助。　⑩神祇：泛指神。祇：地神。　⑪菩萨：梵语音译词"菩提萨埵（duǒ）"的简称。原是释迦（jiā）牟（móu）尼修行尚未成佛时的称号。通常用来称崇拜的神像。　⑫负荷：

背负承载。　　⑬佛法:佛教的教义。　　⑭龙象:龙与象,佛教用来比喻诸阿罗汉中修行勇猛有最大能力者。

【译文】

檀越、檀那,都是僧人对布施者的敬称;烧丹、炼汞,是道士修炼成仙的方法。空桑子是和尚自谦的说法,步虚声指道士诵经的声音。菩是普遍的意思,萨是救助的意思,作为对神的尊称,所以有菩萨的美称;水生动物中龙的力气最大,陆地动物中象的力气最大,龙和象最适合背负承载佛法,所以把阿罗汉中修行勇猛有最大能力者称为龙象。

31.6　儒家①谓之世②,释家③谓之劫④,道家⑤谓之尘⑥,俱谓俗缘⑦之未脱;儒家曰精一⑧,释家曰三昧⑨,道家曰贞一⑩,总言奥义⑪之无穷。达摩⑫死后,手携只(zhī)履⑬西⑭归;王乔⑮朝君,舄(xì)⑯化双凫(fú)⑰下降。

【注释】

①儒家:先秦时期产生的一个思想流派,以孔子为代表,重视个人的道德修养,主张以道德为主要的治国手段。儒家思想在汉代以后成为我国封建社会占主导地位的统治思想。　　②世:一说指人世,一说指三十年。　　③释家:指佛教。　　④劫:佛教指天地从形成到毁灭为一劫。　　⑤道家:先秦时期以老子、庄子为代表的思想派别。主张道是万物的根源,人们的一切行为都要符合道的特性。　　⑥尘:道家称一世即三十年为一尘。一说指世俗。　　⑦俗缘:指尘世之事。　　⑧精一:指道德修养精粹纯一。　　⑨三昧:梵文音译,指屏除杂念,

心不散乱,专注一境。　⑩贞一:守正专一。　⑪奥义:精深的义理。　⑫达摩:见31.3注⑦。　⑬履:鞋。⑭西:指西天,即西方极乐世界。　⑮王乔:据传是东汉明帝时河东(郡〔jùn〕治今山西夏县北)人,曾任叶县令。有神术。⑯舄:古代一种底上垫有木板的鞋。也泛指鞋。　⑰凫:野鸭。

【译文】

儒家称为世俗,佛家称为劫数,道家称为尘俗,指的都是不能从尘世之事中解脱出来;儒家称为精粹纯一,佛家称为专注一境,道家称为守正专一,说的都是蕴含无穷精深的义理。达摩死后,手里提着一只鞋前往西天;王乔朝拜君主,脚上穿的鞋变成两只野鸭从空中落下来。

31.7　辟(bì)谷①绝粒②,神仙③能服气④炼形⑤;不灭不生⑥,释氏⑦惟明心见性⑧。梁⑨高僧谈经入妙,可使岩石点头⑩、天花坠地⑪;张虚靖(jìng)⑫炼丹⑬既成,能令龙虎并伏、鸡犬俱升。

【注释】

①辟谷:道教的一种修炼方法,指不吃五谷,但要吃一些药物,并兼做导引等功夫。　②绝粒:即辟谷。　③神仙:见31.5注⑥。　④服气:道教的一种修炼方法,也叫吐纳,即吐故纳新,通过调节呼吸来养生。　⑤炼形:道家指修炼自身的形体。　⑥不灭不生:既不灭亡,也不产生,指超脱生死的境界。　⑦释氏:指佛教。　⑧明心见性:指排除世

俗杂念,彻悟迷失了的本性。　　⑨梁:朝代名。南朝之一,公元502—557年,萧衍(yǎn)所建。　　⑩岩石点头:据传晋代的道生法师在虎丘山对一堆石头讲佛经,石头们都点头信服。后形容道理讲得透彻,能使不易感化的人信服。　　⑪天花坠地:原指佛祖说法,感动天神,诸天落下各色香花。据传梁武帝时云光法师讲经,也引得天花坠地。　　⑫张虚靖:待考。　　⑬炼丹:指道教徒用朱砂等炼制希望服后能长生不老的丹药。

【译文】

辟谷绝粒,指道教徒通过吐故纳新来修炼形体;不灭不生,是佛教徒排除杂念、彻悟本性后达到的境界。梁代的高僧说经说到精妙之处,可以使顽石点头,天上落下各色香花;张虚靖炼丹成功后,能降龙伏虎,连家中的鸡犬都跟着一起升天。

31.8　藏世界于一粟①,佛法②何其大;贮乾坤③于一壶,道法④何其玄⑤。妄诞⑥之言,载鬼一车⑦;高明⑧之家,鬼瞰(kàn)其室⑨。《无鬼论》,作于晋⑩之阮瞻⑪;《搜神记》⑫,撰⑬于晋之干宝⑭。

【注释】

①藏世界于一粟:广大的世界可藏于小小的一粒粟中,比喻佛教的教义极其精妙。　　②佛法:佛教的教义。　　③乾坤:《周易》中的两个卦(guà)名,乾代表天,坤代表地。　　④道法:道教的法术。　　⑤玄:深奥。　　⑥妄诞:荒诞不经。　　⑦载鬼一车:一辆满载着鬼怪的车,比喻十分荒唐。语出《周

易·睽(kuí)》。　⑧高明:指显贵者。　⑨鬼瞰其室:指鬼神窥望富贵显达的人家,将祸害其满盈之志。瞰:窥视。　⑩晋:见 19.18 注⑭。　⑪阮瞻:字千里,晋时陈留尉氏(今属河南)人。曾任太子舍人。性清虚寡欲,持无鬼神论。　⑫《搜神记》:志怪小说集。东晋干宝撰。系从《法苑珠林》《太平御览》等书辑录而成。所记多为神怪灵异故事。原本三十卷,今存二十卷。　⑬撰:写作。　⑭干宝:字令升,东晋时新蔡(今属河南)人。博览群书,好阴阳术数。曾任始平太守、散骑常侍等。

【译文】

把广袤(mào)的世界藏入小小一粟,佛法是多么的广大;把天地贮入一把小壶之中,道家的法术是多么的玄妙。说有一辆载满了鬼怪的车,这是荒诞不经的话;富贵显达的人家,连鬼神都会去窥望。《无鬼论》,是晋时的阮瞻所作;《搜神记》,是晋时的干宝所编。

31.9　颜子渊①、卜子夏②,死为地下修文郎③;韩擒虎④、寇莱(lái)公⑤,死作阴司⑥阎罗王⑦。至若⑧土谷之神曰社稷(jì)⑨,干旱之鬼曰旱魃(bá)⑩。魑魅(chīmèi)魍魉(wǎngliǎng)⑪,山川之祟(suì)⑫;神荼(shēnshū)郁垒(lǜ)⑬,啖(dàn)⑭鬼之神。仕途⑮偃蹇(yǎnjiǎn)⑯,鬼神亦为之揶揄(yéyú)⑰;心地光明,吉神自为之呵护⑱。

【注释】

①颜子渊:即颜渊。孔子最得意的弟子,姓颜,名回,字子渊,鲁国人。以有德行著称。　②卜子夏:见 18.4 注⑧。

③修文郎:阴曹掌著作之官。　④韩擒虎:字子通,河南东垣(yuán,今河南新安)人。隋初任上柱国、凉州总管等。　⑤寇莱公:即寇准。见21.4注②。　⑥阴司:阴间,迷信指人死后灵魂所到之处。　⑦阎罗王:即阎罗,佛教称管地狱的神。　⑧至若:连词,表示另提一事,相当于"至于"。　⑨社稷:土神和谷神,后用来作国家的代称。社:土神。稷:谷神。　⑩旱魃:传说中引起旱灾的怪物。　⑪魑魅魍魉:害人的鬼怪的统称。魑魅:古代指能害人的山泽之神怪。魍魉:古代传说中的山川精怪。　⑫祟:鬼神的祸害。　⑬神荼郁垒:上古传说能制伏恶鬼的两位神人,后世作为门神。　⑭啖:吃。　⑮仕途:做官之路。　⑯偃蹇:困顿。　⑰揶揄:嘲笑;讥讽。　⑱呵护:爱护;保护。

【译文】

颜渊、子夏,死后在阴间担任修文郎;韩擒虎、寇准,死后在地狱为阎罗王。土神和谷神称为社稷,引起干旱的鬼称为旱魃。魑魅魍魉,是山川中害人的精怪;神荼郁垒,是能吃鬼的神灵。做官之路不顺,连鬼神也会加以嘲讽;内心光明磊落,吉祥之神自然会前来保护。

三十二、鸟兽

【题解】

本节分为二十二段,是《幼学琼林》中篇幅较长的一节,主要包含以下三个方面的内容:

1. 介绍了各种动物的名称或别称等,如羊称为柔毛、长髯(rán)主簿,豕(shǐ)称为刚鬣(liè)、乌喙(huì)将军,雁称为阳鸟,鸡称为德禽,麟(lín)凤龟龙称为四灵,犬豕与鸡称为三物,等等。

2. 介绍了与动物相关的大量词、成语和典故,如"鲸吞""猬(wèi)集""辽东豕""井底蛙""执牛耳""画蛇添足""黔(qián)驴之技""爱屋及乌"等。因此,本节虽名为"鸟兽",但真正用于介绍鸟兽的名称、形状、特性等的篇幅很少,大量的篇幅都是用来介绍其中含有动物名称的词语的含义和用法。

3. 讲述了一些历史人物与动物之间的某种关系,如诸葛亮和庞士元被称为伏龙凤雏(chú),王猛与桓温扪虱(ménshī)而谈,李克用被称为独眼龙,陈彭年被讥为九尾狐,赵高指鹿为马,等等。

32.1 麟(lín)①为毛虫②之长,虎乃兽中之王。麟凤③龟龙,谓之四灵④;犬豕(shǐ)⑤与鸡,谓之三物⑥。骡骍

（lù'ěr）⑦、骅骝（huáliú）⑧，良马之号；太牢⑨、大武⑩，乃牛之称。羊曰柔毛⑪，又曰长髯（rán）主簿⑫；豕名刚鬣（liè）⑬，又曰乌喙（huì）将军⑭。

【注释】

①麟：麒（qí）麟。见16.3注⑩。　②毛虫：兽类。　③凤：凤凰，古代传说中一种象征祥瑞的鸟，据称是百鸟之王，身上有美丽的五色羽毛。又说雄的叫凤，雌的叫凰。　④四灵：四种灵异的动物。　⑤豕：猪。　⑥三物：三种动物。　⑦骓䮗：良马名。周穆王八骏之一。　⑧骅骝：周穆王八骏之一。泛指骏马。　⑨太牢：古代祭祀（jìsì）时，牛、羊、猪三牲具备称为太牢。有时也专指牛。　⑩大武：牛的别称。　⑪柔毛：古代祭祀所用的羊的别称。　⑫长髯主簿：羊的别称。因羊有胡子，故称。髯：胡须。主簿：负责文书簿籍的官员。　⑬刚鬣：指猪。鬣：某些兽类颈上的长毛。　⑭乌喙将军：猪的别称。猪的嘴尖，故称。乌喙：形容嘴尖。

【译文】

麒麟是兽类中的尊长，老虎是百兽之王。麒麟、凤凰、龟和龙，称为四灵；狗、猪和鸡，称为三物。骓䮗、骅骝，是良马的名称；太牢、大武，是牛的别名。羊叫柔毛，又叫长髯主簿；猪叫刚鬣，又叫乌喙将军。

32.2　鹅名舒雁①，鸭号家凫（fú）②。鸡有五德③，故称之曰德禽④；雁性随阳，因名之曰阳鸟⑤。家狸⑥、乌圆⑦，乃猫之誉；韩卢⑧、楚犷（guǎng）⑨，皆犬之名。麒麟（qílín）⑩、驺(zōu)虞⑪,皆好仁⑫之兽;螟螣(míngtè)⑬、蟊(máo)贼⑭,皆害苗之虫。

【注释】

①舒雁:鹅的别称。因鹅行动舒缓,故称。雁:一种外形略像鹅的鸟。　②凫:野鸭。　③五德:五种品质或特征。　④德禽:指鸡。因旧说鸡有五德,故称。　⑤阳鸟:鸿雁一类的候鸟。因这类鸟阴历九月向南飞,正月向北飞,喜欢阳光充足而温暖的地方,故称。　⑥狸:狸猫,一种外形像家猫的动物。性凶猛。也叫山猫、豹猫或狸子。有的本子作"豹"。⑦乌圆:猫的别称。　⑧韩卢:战国时韩国的良犬。后泛指良犬。　⑨楚犷:战国时楚国的良犬。后泛指良犬。⑩麒麟:见16.3注⑩。　⑪驺虞:传说中的义兽名。⑫仁:对人友爱,有同情心。　⑬螟螣:两种吃苗的害虫。螟:一种蛀食稻心的害虫。螣:一种吃苗叶的害虫。　⑭蟊贼:吃禾苗的两种害虫。蟊:吃苗根的害虫。贼:一种专食苗节的害虫。

【译文】

鹅叫作舒雁,鸭叫作家凫。鸡有五种品德,所以称鸡为德禽;雁属阳性,所以称它为阳鸟。家狸、乌圆,都是猫的美称;韩卢、楚犷,都是良犬的名称。麒麟、驺虞,都是爱好仁义的兽;螟螣、蟊贼,都是吃苗的害虫。

32.3 无肠公子①,螃蟹(pángxiè)之名;绿衣使者②,鹦鹉(yīngwǔ)③之号。狐假虎威④,谓借势而为恶;养虎贻

（yí）患⑤，谓留祸之在身。犹豫⑥多疑，喻人之不决；狼狈相倚⑦，比人之颠连⑧。胜负未分，不知鹿死谁手⑨；基业⑩易主⑪，正如燕入他家⑫。

【注释】

①无肠公子：螃蟹的别名。　②绿衣使者：鹦鹉的代称。③鹦鹉：鸟，头部圆，羽毛美丽，上喙（huì）大，呈钩状，舌圆而柔软，能模仿人说话的声音。　④狐假虎威：比喻假借别人的威势来欺压或吓唬他人。假：借；借用。　⑤养虎贻患：比喻纵容恶人，给自己留下后患。贻：遗留。　⑥犹豫：迟疑不决。　⑦狼狈相倚：狼和狈互相依靠，形容困苦或受窘（jiǒng）的样子。狈：传说中的一种兽，前腿特别短，走路时要趴在狼身上，否则就不能行动。　⑧颠连：困苦。　⑨不知鹿死谁手：指不知道谁能获胜。古人常用鹿来比喻天下，故有此说。　⑩基业：产业。　⑪易主：更换主人。⑫燕入他家：比喻世事变迁，产业落入他人之手。

【译文】

无肠公子，是螃蟹的别名；绿衣使者，是鹦鹉的代称。狐假虎威，指借助别人的势力作恶；养虎贻患，指给自己留下祸患。犹豫多疑，比喻人迟疑不决；狼狈相倚，比喻人困苦不堪。还未分出胜负，就说不知鹿死谁手；产业更换了主人，正好比燕入他家。

32.4　雁①到南方，先至为主，后至为宾；雉（zhì）②名陈宝③，得雄则王，得雌则霸。刻鹄（hú）类鹜（wù）④，为学初成;画虎类犬⑤,弄巧反拙⑥。美恶不称⑦,谓之狗尾续貂（diāo）⑧;贪图⑨不足,谓之蛇欲吞象。

【注释】

①雁:鸟,外形略像鹅,羽毛褐(hè)色,善于游泳和飞行。是候鸟。　②雄:野鸡。　③陈宝:古代传说中的神名。　④刻鹄类鹜:比喻仿效虽不逼真,但还相似。鹄:天鹅。鹜:鸭子。　⑤画虎类犬:比喻模仿得不到家,反而弄得不伦不类。　⑥弄巧反拙:本来想取巧,结果反而把事情办坏了。拙:笨拙;迟钝。　⑦称:符合;适合。　⑧狗尾续貂:比喻用不好的东西接到好的东西后面,显得好坏不相称。貂:哺乳动物,身体细长,嘴尖,四肢短,尾巴长。　⑨贪图:极力希望得到某种好处。

【译文】

大雁飞到南方,先到的为主人,后到的为宾客;名叫陈宝的野鸡,得到雄的就能称王,得到雌的就能称霸。雕刻天鹅而雕成鸭子的样子,说明学习初步取得了成绩;画虎画成了狗的形状,这就叫弄巧反拙。好的东西和坏的东西放在一起不相称,叫作狗尾续貂;过分追求某种东西而没有知足的时候,就叫作蛇欲吞象。

32.5　祸去祸又至,曰前门拒①虎,后门进狼;除凶不畏凶,曰不入虎穴,焉得虎子②。鄙③众趋利④,曰群蚁附膻（shān）⑤;谦己爱儿,曰老牛舐犊（shìdú）⑥。无中生有⑦,曰画蛇添足⑧;进退两难⑨,曰羝（dī）羊触藩（fān）⑩。

【注释】

①拒:抵御。　②不入虎穴,焉得虎子:不进入老虎洞,怎么能捉到小老虎,比喻不冒风险就无法取得成功。焉:怎么;哪里。虎子:小老虎。　③鄙:轻视;看不起。　④趋利:追求利益。趋:追求。　⑤群蚁附膻:比喻人追逐其所好。膻:像羊肉或羊身上的气味。　⑥老牛舐犊:比喻父母疼爱子女。舐:舔(tiǎn)。犊:小牛。　⑦无中生有:把没有的东西说成有,指凭空捏造。这里指加上本来没有的东西。⑧画蛇添足:蛇本来没有足,添足属于多余,比喻多此一举,弄巧成拙。　⑨进退两难:进也不好,退也不好,形容处于困难的境地。　⑩羝羊触藩:公羊角挂在篱笆(líba)上,比喻进退两难。羝羊:公羊。藩:篱笆。

【译文】

一个祸患刚去,另一个祸患又来,叫作前门拒虎,后门进狼;想除去恶人就要不怕恶人,称为不入虎穴,焉得虎子。鄙视众人追逐利益,就说群蚁附膻;谦称自己爱护孩子,叫作老牛舐犊。本来没有的东西硬把它加上,叫作画蛇添足;前进和后退都有困难,叫作羝羊触藩。

32.6　杯中蛇影①,自起猜疑②;塞翁失马③,难分祸福。龙驹(jū)凤雏(chú)④,晋⑤闵(mǐn)鸿⑥夸吴中陆士龙⑦之异;伏龙⑧凤雏,司马徽⑨称孔明⑩庞士元⑪之奇。

【注释】

①杯中蛇影:杯子中有蛇的影子,比喻疑神疑鬼,自己吓唬自

己。　②猜疑：没有根据地怀疑。　③塞翁失马：住在边塞上的一个老头丢了马，由此产生了一系列的祸福转化，比喻好事和坏事不是绝对的，在一定条件下坏事可变为好事。　④龙驹凤雏：比喻英俊聪颖的少年。驹：幼小的兽。雏：幼禽。　⑤晋：见19.18注⑭。　⑥闵鸿：三国时人，曾在吴国任尚书。　⑦陆士龙：即陆云，字士龙，晋时吴郡(jùn)华亭(今上海松江西)人。曾任浚(xùn)仪令，赏罚严明。博学有才气，与兄陆机齐名，时称"二陆"。　⑧伏龙：潜伏着的龙，比喻隐居待时的贤者。　⑨司马徽：字德操，东汉末颍(yǐng)川阳翟(dí，今河南禹州)人。善于知人，曾把诸葛亮、庞统推荐给刘备。　⑩孔明：见5.7注⑬。　⑪庞士元：即庞统。见18.4注⑬。

【译文】

杯中蛇影，指自己没有根据地怀疑；塞翁失马，指有的事情很难说是祸是福。龙驹凤雏，是晋代的闵鸿夸奖吴郡人陆士龙才能出众；伏龙凤雏，是司马徽称赞诸葛亮和庞统智慧过人。

32.7　吕后①断戚夫人②手足，号曰人彘(zhì)③；胡人④腌(yān)契丹王⑤尸骸(hái)，谓之帝羓(bā)⑥。人之狠恶⑦，同于梼杌(táowù)⑧；人之凶暴，类于穷奇⑨。王猛⑩见桓温⑪，扪虱(ménshī)而谈⑫当世之务⑬；宁戚⑭遇齐桓⑮，扣角⑯而取卿相⑰之荣。

【注释】

①吕后：名雉(zhì)，字娥姁(éxǔ)，秦末汉初单(shàn)父(今

山东单县)人。汉高祖皇后。其子惠帝即位及死后,她实际掌握朝政。杀戚夫人及其子赵王如意。　②戚夫人:秦汉之际定陶人。汉高祖刘邦的妃子,一称戚姬(jī),受宠幸。曾与吕后争立太子。　③人彘:汉高祖死后,吕后把戚夫人砍去四肢,挖眼熏(xūn)耳,灌下哑药,扔到厕所里,称为人彘。　④胡人:古代指北方和西方的民族。这里指契丹人。　⑤契丹王:这里指耶律德光,即辽太宗。字德谨,小名尧骨。辽太祖次子。太祖时为大元帅,勋望卓著。继位后东征西讨,国势大盛。公元947年,改国号为辽。　⑥帝羓:耶(yē)律德光死后,契丹人用盐腌制其尸体,称为帝羓。羓:腌肉。　⑦狠恶:凶狠恶毒。　⑧梼杌:古代传说中的凶兽。外形像虎,人面虎足,尾长一丈八尺。　⑨穷奇:传说中的一种怪兽。形状像虎,长着翅膀,吃人时先吃头。　⑩王猛:字景略,晋时北海剧县(今山东寿光南)人。博学,好兵书,有谋略。得前秦王苻(fú)坚器重,使前秦国力日益强大。曾任丞相、都督中外诸军事。　⑪桓温:见16.2注⑬。　⑫扪虱而谈:一面手摸虱子,一面谈论,形容放达不羁(jī),侃(kǎn)侃雄谈。扪:摸。　⑬务:事业。　⑭宁戚:春秋时卫国人。齐桓公时拜为上卿。　⑮齐桓:即齐桓公,名小白。在位时,重用管仲、鲍叔牙等人,改革内政,国势日强。是春秋时第一个霸主。　⑯扣角:敲打牛角。扣:敲击。　⑰卿相:执政的大臣。

【译文】

吕后砍掉戚夫人的手脚,把她称为人彘;契丹人把辽太宗的尸体腌起来,称之为帝羓。有的人凶狠恶毒,与梼杌相同;有的人凶恶残暴,与穷奇类似。王猛拜见桓温,一边手摸虱子,一边与他谈论当时天下的事务;宁戚碰到齐桓公,敲打牛角唱歌,从而获得卿相的高位。

32.8 楚王^①式^②怒蛙^③，以昆虫之敢死；丙吉^④问牛喘，恐阴阳^⑤之失时^⑥。以十人而制千虎，比^⑦言事之难胜^⑧；走^⑨韩卢^⑩而搏^⑪蹇(jiǎn)^⑫兔，喻言敌之易摧。兄弟似鹡鸰(jílíng)^⑬之相亲，夫妇如鸾(luán)^⑭凤^⑮之配偶^⑯。

【注释】

①楚王：应作"越王"，指越王勾践。春秋时越国君主。曾被吴国打败。后卧薪(xīn)尝胆，刻苦图强，终于灭吴复仇。②式：通"轼(shì)"，古代设在车厢前供立乘的人手扶的横木。这里指伏在横木上致敬。　③怒蛙：肚子鼓胀起来的蛙。因好像发怒的样子，故称。　④丙吉：字少卿，西汉鲁国（今山东曲阜〔fù〕）人。曾任丞相。为人宽厚。　⑤阴阳：指寒暑季节。　⑥失时：指不当其时。　⑦比：比喻。⑧胜：能够承担或承受。　⑨走：跑；奔跑。　⑩韩卢：战国时韩国的良犬。泛指良犬。　⑪搏：捕捉。　⑫蹇：跛(bǒ)；瘸(qué)腿。　⑬鹡鸰：鸟，体小，尾巴较长，生活在水边，以昆虫和小鱼等为食。　⑭鸾：传说中凤凰一类的鸟。⑮凤：见32.1注③。　⑯配偶：婚配。

【译文】

越王勾践伏在车轼上向鼓着肚子的蛙表示致敬，是因为它不怕死；丙吉询问牛为什么喘个不停，是恐怕气候阴阳失调。用十个人去制伏一千只老虎，比喻事情难以成功；用奔跑速度极快的良犬韩卢去捕捉跛脚的兔子，比喻敌人极易战胜。兄弟之间应像鹡鸰那样互相爱护，夫妻之间应像鸾凤那样协调配合。

32.9 有势莫能为,曰虽鞭之长,不及①马腹;制②小不用大,曰割鸡之小,焉③用牛刀④。鸟食母者曰枭(xiāo)⑤,兽食父者曰獍(jìng)⑥。苛政猛于虎⑦,壮士气如虹⑧。

【注释】

①及:到;达到。 ②制:制裁;制服。 ③焉:怎么;哪里。 ④牛刀:宰牛的刀。 ⑤枭:猫头鹰一类的鸟。旧传枭吃自己的母亲,故常用来比喻恶人。 ⑥獍:传说中一种像虎豹的恶兽,会吃自己的父母亲。 ⑦苛政猛于虎:苛虐的政治比老虎还要凶猛。苛政:指繁重的赋税、苛刻的法令。 ⑧壮士气如虹:指壮士的气势雄壮,仿佛天上的长虹一样。

【译文】

有势力却不能发挥作用,就说鞭子虽长,却不应该打到马的腹部;制服小的东西用不着大动干戈,叫作宰杀小小的鸡,干吗要用杀牛的刀呢。会吃自己母亲的鸟叫作枭,会吃自己父亲的兽叫作獍。苛虐的政治比老虎还要凶猛,壮士的气势像天上的长虹一样雄壮。

32.10 腰缠十万贯①,骑鹤上扬州②,谓仙人③而兼富贵;盲人骑瞎马,夜半临深池,是险语④之逼人⑤闻。黔(qián)驴之技⑥,技止此耳;鼯(wú)鼠之技⑦,技亦穷⑧乎。

【注释】

①贯:古代铜钱用绳穿,一千个铜钱为一贯。 ②扬州:设置于汉代,历代治所屡有变更。今江苏扬州市是其旧治。 ③仙人:神话传说中长生不老、有种种神通的人。 ④险

语:聋人听闻的话。 ⑤逼人:给人以威胁。 ⑥黔驴之技:黔地的驴的本领,比喻有限的一点本领。黔:贵州省的别称。 ⑦鼯鼠之技:比喻浅薄的才能。鼯鼠:外形像松鼠,生活在高山树林中。尾长,前后肢之间有宽大的薄膜,能借此在树间滑翔。 ⑧穷:不足;缺陷。

【译文】

腰里缠着十万贯钱,乘着鹤去扬州当官,这是指既当神仙又享有富贵;盲人骑着一匹瞎马,半夜来到深池的旁边,这是聋人听闻的话给人造成的伤害。黔驴之技,指只有有限的一点本领;鼯鼠之技,指技能存在明显的不足。

32.11 强兼并①者曰鲸吞②,为小贼者曰狗盗③。养恶人如养虎,当饱其肉④,不饱则噬(shì)⑤;养恶人如养鹰,饥之⑥则附,饱之则扬⑦。随珠弹雀⑧,谓得少而失多;投鼠忌器⑨,恐因甲而害乙。

【注释】

①兼并:并吞别国的领土或别人的产业。 ②鲸吞:像鲸一样吞食,形容大量侵占。 ③狗盗:伪装成狗进行偷盗,泛指窃贼。 ④饱其肉:指给它喂饱肉。 ⑤噬:咬;吃。 ⑥饥之:指让它饿着。 ⑦扬:飞起;飞走。 ⑧随珠弹雀:用随侯的珠子去弹雀,比喻处理事情轻重失当,得不偿失。随珠:传说中随侯所得的宝珠。随:有的本子作"隋"。 ⑨投鼠忌器:想打老鼠又怕打坏了它旁边的器物,比喻想打击坏人又有所顾忌。

【译文】

用强力并吞别国的领土或别人的产业叫作鲸吞,小偷小摸的人称为狗盗。豢(huàn)养恶人就像养老虎一样,一定要让它吃饱肉,否则它就会咬人;豢养恶人又如同养鹰一样,让它饿着它就来归附,让它吃饱它就会飞走。随珠弹雀,指得到的少而失去的多;投鼠忌器,指怕因为甲而伤害到乙。

32.12 事多曰猬(wèi)集①,利小曰蝇头②。心惑似狐疑③,人喜如雀跃④。爱屋及乌⑤,谓因此而惜彼;轻鸡爱鹜(wù)⑥,谓舍此而图他。唆(suō)⑦恶为非⑧,曰教猱(náo)升木⑨;受恩不报,曰得鱼忘筌(quán)⑩。

【注释】

①猬集:像刺猬的硬刺那样聚在一起,形容事情繁多。猬:刺猬。　②蝇头:苍蝇的头,形容东西非常小。　③狐疑:多疑,不能决断。因传说狐性多疑,故称。　④雀跃:像雀一样跳跃,形容十分高兴的样子。　⑤爱屋及乌:因为爱一个人而连带喜欢这个人所住的屋上的乌鸦,比喻因爱一个人而连带喜爱跟他有关系的人或物。　⑥轻鸡爱鹜:轻视家鸡而爱野鸭。鹜:鸭子。　⑦唆:怂恿(sǒngyǒng)。　⑧为非:做坏事。　⑨教猱升木:教猴子爬树,比喻教唆坏人作恶。猱:猴子。　⑩得鱼忘筌:捕到鱼后就忘了捕鱼的竹器,比喻达到目的,就忘记了借以达到目的的手段。筌:捕鱼用的竹器。

【译文】

事情繁多叫作猬集,利益很小叫作蝇头。心中疑惑就像多疑的狐狸一样,人十分高兴时就像雀一样跳跃。爱屋及乌,指的是因为爱这个而怜惜与之有关的东西;轻鸡爱鹜,指的是舍弃这个而追求别的东西。教唆恶人做坏事,叫作教猱升木;接受别人的恩惠而不报答,叫作得鱼忘筌。

32.13 倚势害人,真似城狐社鼠①;空存无用,何殊②陶犬瓦鸡③。势弱难敌,谓之螳(táng)臂当辙(zhé)④;人生易死,乃曰蜉蝣(fúyóu)⑤在世。小难制⑥大,如越鸡难伏鹄(hú)卵⑦;贱反轻贵,似鹢(xué)鸠⑧反笑大鹏⑨。

【注释】

①城狐社鼠:城墙上的狐狸,土地庙里的老鼠,比喻仗势作恶的人。社:祭祀(jìsì)土神的地方。 ②殊:不同。 ③陶犬瓦鸡:用陶做的犬,用瓦做的鸡,比喻没有用的东西。 ④螳臂当辙:螳螂(láng)用臂阻挡车轮前进,比喻不自量力。当:阻挡。辙:车轮碾(niǎn)过的痕迹;有的本子作"辕(yuán)"。 ⑤蜉蝣:虫名。幼虫生活在水中,成虫褐(hè)绿色,有四翅,生存时间极短。 ⑥制:制裁;制服。 ⑦越鸡难伏鹄卵:小鸡难以孵(fū)化天鹅蛋,比喻力量太小,无法胜任。越鸡:小鸡。伏:通"孵"。鹄:天鹅。 ⑧鹢鸠:即斑鸠,一种外形像鸽子的鸟。 ⑨鹏:古代传说中一种巨大无比的鸟。

【译文】

倚仗势力害人,就像"城狐社鼠"即城墙上的狐狸和土地庙里的老鼠一样；虽然存在却一点用处都没有，这与"陶犬瓦鸡"即陶做的狗和瓦做的鸡有什么不同。力量太弱，难以取胜，叫作螳臂当辙；人生短暂，死亡很快就来临，就说蜉蝣在世。小的东西难以制服大的东西，就像小鸡很难孵化天鹅蛋一样；卑贱的东西反而轻视高贵的东西，好比斑鸠讥笑大鹏一样。

32.14 小人①不知君子②之心，曰燕雀焉知鸿鹄（hú）志③；君子不受小人之侮，曰虎豹岂受犬羊欺。跖（zhí）犬吠（fèi）尧④，吠非其主；鸠居鹊巢（cháo）⑤，安享其成⑥。缘木求鱼⑦，极言难得；按图索骥（jì）⑧，甚言失真。

【注释】

①小人：古代指地位低的人，也指人格卑鄙的人。　②君子：指人格高尚的人。　③燕雀焉知鸿鹄志：比喻庸俗的人不能理解志向远大者的抱负。鸿鹄：天鹅。　④跖犬吠尧：盗跖的狗向尧狂叫，比喻人臣各为其主。跖：相传是古代农民起义的领袖，也叫盗跖。吠：狗叫。尧：见2.9注②。　⑤鸠居鹊巢：原比喻女子出嫁，住在丈夫家里。后比喻强占别人的房屋、土地、妻室等。鸠：外形像鸽子的一类鸟。　⑥安享其成：自己不出力而享受别人劳动的成果。　⑦缘木求鱼：爬到树上去找鱼，比喻方向、方法不对，肯定达不到目的。缘：沿着；顺着。　⑧按图索骥：按照图像寻求骏马，比喻拘泥于死规矩，不知变通。骥：好马；骏马。

【译文】

普通人不能理解有远大志向者的追求，叫作燕雀焉知鸿鹄志；

人格高尚的人不愿忍受人格卑鄙之人的欺侮，叫作虎豹岂受犬羊欺。盗跖的狗向尧狂叫，是因为尧不是它的主人；鸠占据了喜鹊的巢，比喻没有出力而享受别人劳动的成果。缘木求鱼，指根本不可能达到目的；按图索骥，指完全不顾事物的本来面目。

32.15 恶人借势，曰如虎负嵎(yú)①；穷人无归②，曰如鱼失水。九尾狐③，讥陈彭年④素性⑤谄(chǎn)而又奸；独眼龙⑥，夸李克用⑦一目眇(miǎo)⑧而有勇。指鹿为马⑨，秦⑩赵高⑪之欺主；叱(chì)石成羊⑫，黄初平⑬之得仙。

【注释】

①负嵎：依仗险要的地势。负：依仗。嵎：山势曲折险峻的地方。　②无归：无所归依。　③九尾狐：九条尾巴的狐狸，喻指奸诈善媚的人。　④陈彭年：字永年，抚州南城（今属江西）人。宋真宗时曾任参知政事。　⑤素性：本性。　⑥独眼龙：瞎了一只眼的人，有敬畏或诙(huī)谐的意思。　⑦李克用：沙陀(tuó)族首领，唐僖(xī)宗时参与镇压黄巢(cháo)起义。长期割据今山西大部地区，唐昭宗时封晋王。　⑧眇：眼睛失明。　⑨指鹿为马：故意把鹿说成是马，比喻颠倒是非。　⑩秦：见3.10注③。　⑪赵高：秦朝时宦(huàn)官，秦始皇时任中车府令，与李斯合谋拥立胡亥为皇帝。后任郎中令，控制朝政。诬杀李斯后，任中丞相。不久又杀秦二世。　⑫叱石成羊：对着石头大喝一声，石头变成了羊。　⑬黄初平：也作皇初平，据传为丹溪（在今浙江义乌境内）人，跟随道士学道而成仙。

【译文】

恶人依仗势力,叫作如虎负嵎;穷人无所归依,叫作如鱼失水。九尾狐,是讽刺陈彭年本性谄媚而奸诈;独眼龙,是夸赞李克用瞎了一只眼睛而勇敢无比。指鹿为马,是秦朝的赵高欺罔(wǎng)君主;叱石成羊,是黄初平成仙后显示的神通。

32.16 卞庄①勇能擒两虎,高骈(pián)②一矢贯双雕③。司马懿(yì)④畏蜀⑤如虎,诸葛亮⑥辅汉⑦如龙。鹪鹩(jiāoliáo)⑧巢(cháo)林⑨,不过一枝;鼹(yǎn)鼠⑩饮河⑪,不过满腹。

【注释】

①卞庄:即卞庄子,春秋时鲁国大夫。食邑(yì)于卞,谥(shì)庄。　②高骈:字千里,唐时幽州(今北京西南)人。唐僖(xī)宗时任淮南节度、诸道行营马都统等职。　③一矢贯双雕:一箭射中两只雕。矢:箭。贯:射中;穿过。雕:一种大型猛禽。　④司马懿:字仲达,河内温县(今属河南)人。曹操时任丞相主簿。魏文帝时任抚远将军、录尚书事。魏明帝时任大都督,领兵伐蜀。后发动政变,自任丞相,独揽曹魏大权。⑤蜀:蜀汉,三国之一,公元221—263年,刘备所建。　⑥诸葛亮:见5.7注⑬。　⑦汉:指蜀汉。　⑧鹪鹩:鸟,身体小,羽毛赤褐(hè)色,尾羽较短。所筑的巢很精巧,故又叫巧妇鸟。　⑨巢林:在林中筑巢。　⑩鼹鼠:哺乳动物,外形像鼠,毛黑褐色,嘴尖,眼小,前肢发达,趾有利爪,适于掘土。生活在土中。　⑪饮河:在河中饮水。

【译文】

　　下庄十分勇敢，能一个人擒杀两只老虎；高骈箭术高明，可以一箭射下两只雕。司马懿害怕蜀军，就像害怕老虎一样；诸葛亮人称卧龙，忠心辅佐蜀汉。鹪鹩在林中筑巢，只要一根树枝就够了；鼹鼠在河中饮水，只要喝饱就行了。

32.17　弃人甚易，曰孤雏(chú)腐鼠[1]；文名[2]共仰[3]，曰起凤腾蛟(jiāo)[4]。为公乎，为私乎，惠帝[5]问虾蟆(háma)[6]；欲左左[7]，欲右右，汤[8]德及禽兽[9]。鱼游于釜(fǔ)[10]中，虽生不久；燕巢(cháo)[11]于幕上，栖身不安。妄自称奇，谓之辽东豕(shǐ)[12]；其见甚小，譬(pì)如井底蛙[13]。

【注释】

①孤雏腐鼠：比喻微不足道的人或物。雏：幼小的鸟。　②文名：善于写文章的名声。　③仰：敬慕；敬佩。　④起凤腾蛟：比喻才华焕发。　⑤惠帝：即晋惠帝司马衷，字正度，公元290年即位。性痴呆，朝政由他人把持。　⑥虾蟆：即蛤(há)蟆。青蛙和蟾蜍(chánchú)的统称。　⑦欲左左：指动物想从网的左边逃脱的就往左走。　⑧汤：见2.9注⑫。　⑨德及禽兽：指人的恩德惠及禽兽。　⑩釜：锅。　⑪巢：筑巢；栖息。　⑫辽东豕：比喻少见多怪，自命不凡。豕：猪。　⑬井底蛙：井底的蛙只能看见井口那么大的一块天，比喻见识狭小的人。

【译文】

　　要抛弃一个人极其容易，就说孤雏腐鼠；善于写文章的名声人人敬慕,就说起凤腾蛟。为公还是为私,这是晋惠帝问手下蛤蟆的叫声是什么意思;让动物想从网的左边跑就往左,想从网的右边跑就往右,这是商汤的恩德惠及禽兽。鱼在锅中游动,生命很快就会终结;燕子在帐幕上筑巢,栖身不会安稳。不切实际地自以为奇特,称之为辽东豕;见识极其狭小,好比井底之蛙。

32.18
父恶子贤,谓是犁牛之子①;父谦子拙②,谓是豚(tún)犬之儿③。出④人群而独异⑤,如鹤立鸡群⑥;非配偶以⑦相从,如雉(zhì)求牡匹⑧。天上石麟(lín)⑨,夸小儿之迈众⑩;人中骐骥(qíjì)⑪,比君子⑫之超凡⑬。

【注释】

①犁牛之子:比喻恶劣的父亲却生了贤明的儿子。犁牛:杂色牛,比喻恶劣的父亲。　②拙:笨拙;迟钝。　③豚犬之儿:谦称自己的儿子。豚:小猪,也泛指猪。　④出:超出;超过。　⑤独异:与众不同。　⑥鹤立鸡群:鹤站在鸡群之中,显得高大出众,比喻一个人的才能或仪表出众。　⑦以:而。　⑧雉求牡匹:野鸡去求与公兽相配,比喻违背物性。雉:野鸡。牡:这里指雄性的兽。匹:相配。　⑨石麟:即石麒(qí)麟,对幼儿的美称。麟:麒麟,见16.3注⑩。　⑩迈众:超出众人。迈:超越;超出。　⑪骐骥:骏马。　⑫君子:指地位高的人或人格高尚的人。　⑬超凡:超过凡俗。

【译文】

父亲恶劣而儿子贤明,就说是犁牛之子;父亲谦称自己的儿子笨拙,就说是豚犬之儿。超出人群而与众不同,就好比鹤立鸡群;不是自己的配偶而去与之相配,就好比"雉求牡匹"即野鸡去求与公兽相配。天上石麟,是夸奖小孩超出众人;人中骐骥,是比喻君子超过凡俗。

32.19 怡(yí)①堂燕雀,不知后灾;瓮里醯(xī)鸡②,安③有广见。马牛襟裾(jīnjū)④,骂人不识礼仪⑤;沐猴而冠⑥,笑人见⑦不恢宏⑧。羊质虎皮⑨,讥其有文⑩无实;守株待兔⑪,言其守拙⑫无能。恶人如虎生翼⑬,势必择人而食;志士⑭如鹰在笼(lóng),自是凌霄(xiāo)⑮有志。

【注释】

①怡:喜悦;快乐。　②醯鸡:即蠛蠓(mièměng)。一种比蚊子小的昆虫,古人以为是酒醋上的白霉变成。　③安:怎么;哪里。　④襟裾:衣的前襟或后襟。也借指衣裳。　⑤礼仪:礼节和仪式。　⑥沐猴而冠:猕(mí)猴戴上帽子,装成人的样子,比喻装扮得像个人物,实际上根本不够格。沐猴:猕猴,猴的一种。冠:戴帽子。　⑦见:见识;见解。　⑧恢宏:广阔;广大。　⑨羊质虎皮:本质上是羊而披着老虎的皮,比喻外强内弱,虚有其表。　⑩文:指外表,表现形式。　⑪守株待兔:守在树桩旁等待撞死的兔子,比喻死守狭隘的经验,不知变通。株:露在地面上的树桩。　⑫守拙:安于愚拙。　⑬翼:翅膀。　⑭志士:有远大志向的人。　⑮凌霄:直上云霄,多形容志向崇高或意气高超。

【译文】

燕雀在堂中安享快乐,不知道火灾即将发生;瓮里的醯鸡,怎么可能有广博的见识。马牛襟裾,用来骂人不知礼仪;沐猴而冠,用来讥笑别人见识不够广阔。羊质虎皮,讽刺一个人徒有外表,没有实质内容;守株待兔,是指一个人安于愚拙,没有能力。恶人如果像老虎生上翅膀,一定会去人群中挑人吃;有远大志向的人像笼中的雄鹰,自然会期待着直冲云霄的时候。

32.20 鲋(fù)鱼①困涸辙(hézhé)②,难待西江水,比人之甚窘(jiǒng);蛟(jiāo)龙③得云雨,终非池中物④,比人大有为。执牛耳⑤,为人主盟⑥;附骥(jì)尾⑦,望人引带⑧。

【注释】

①鲋鱼:古书上指鲫鱼。 ②涸辙:地上留下的干涸的车轮印。 ③蛟龙:古代传说中能引发洪水的龙。 ④池中物:比喻蛰(zhé)居无为的人。 ⑤执牛耳:指主持盟会的人。后用于称人在某方面居于领导地位。 ⑥主盟:主持会盟。盟:会盟,指古代诸侯相会结盟。 ⑦附骥尾:蚊蝇附在马的尾巴上,可以远行千里,比喻依附先辈或名人之后而成名。骥:好马。 ⑧引带:带引;带领。

【译文】

鲋鱼因在干涸的车辙内,难以等到引西江水来救它,用来比喻人的处境十分窘迫;蛟龙得到云雨之助,终究不是水池中碌(lù)碌无为之物,这是比喻一个人大有作为。执牛耳,指主持会盟;附骥尾,指希望得到别人的提携。

32.21 鸿雁①哀鸣,比小民之失所②;狡兔三窟③,诮(qiào)④贪人之巧营⑤。风马牛,势不相及⑥;常山蛇⑦,首尾相应⑧。百足之虫⑨,死而不僵⑩,以其扶之者众;千岁之龟,死而留甲,因其卜⑪之则灵。

【注释】

①鸿雁:鸟,嘴扁平,腿短,羽毛紫褐(hè)色,腹部白色。也叫大雁。　②失所:失去安身的地方。　③狡兔三窟:狡猾的兔子有三个窝,比喻藏身的地方多,便于避祸。　④诮:讽刺;讥讽。　⑤巧营:善于经营。　⑥风马牛,势不相及:比喻两者毫无关系。风:雌雄相引诱。及:牵连。　⑦常山蛇:指恒山中的蛇。常山:即恒山,在今山西浑源南,是五岳中的北岳。　⑧首尾相应:头和尾互相呼应。　⑨百足之虫:马陆的别名。体长一寸多,体稍扁,由许多环节构成,各节有足一至二对,即使中间断成两截,头尾仍能各自行走。　⑩僵:仆倒。　⑪卜:占卜,用来预测吉凶的一种迷信活动。

【译文】

鸿雁哀鸣,比喻民众失去了安身的地方;狡兔三窟,讽刺贪婪之人善于经营。让马和牛互相引诱,肯定不会结合到一起;常山的蛇,头和尾互相呼应。马陆这种虫子,死后身体不会仆倒,因为有众多的腿支撑着它;寿达千年的龟,死后人们会把它的甲留下来,因为用它来占卜会很灵验。

32.22 大丈夫宁为鸡口,毋为牛后①;士君子②岂甘雌伏③,定要雄飞④。毋⑤局促⑥如辕(yuán)下驹(jū)⑦,毋委靡（mǐ）⁸如牛马走⁹。猩猩⁰能言，不离走兽⑪；鹦鹉（yīngwǔ）⑫能言，不离飞鸟。人惟有礼⑬，庶（shù）⑭可免相鼠之刺⑮；若徒⑯能言，夫何异禽兽之心。

【注释】

①宁为鸡口，毋为牛后：宁可做鸡的嘴，不愿做牛的肛门，比喻宁愿在小地方做首领，不愿在大地方听人支配。毋：不要。牛后：牛的肛门。　②士君子：泛指读书人。　③雌伏：比喻屈居下位，无所作为。　④雄飞：比喻奋发有为。　⑤毋：不要。　⑥局促：狭小。　⑦辕下驹：指车辕下不习惯驾车的幼马，也比喻见识少、器局不大的人。辕：车前驾牲口用的直木。驹：小马。　⑧委靡：颓（tuí）唐；不振作。也作"萎（wěi）靡"。　⑨牛马走：像牛马一样奔波劳碌（lù）。　⑩猩猩：哺乳动物，外形略像人，头尖，吻部突出，前肢长，无尾巴。　⑪走兽：泛指兽类。　⑫鹦鹉：见32.3注③。　⑬礼：我国古代制定的行为准则及道德规范。　⑭庶：差不多；或许。　⑮相鼠之刺：指讽刺人没有礼貌。相鼠：一说指黄鼠，一说指看那老鼠。　⑯徒：只。

【译文】

大丈夫宁愿做鸡的嘴，不愿做牛的肛门；读书人怎么能甘心屈居下位，一定要奋发有为。不要像车辕下的幼马那样器局狭小，不要像奔波劳碌的牛马那样萎靡不振。猩猩虽然能说话，但仍属于兽类；鹦鹉虽然能说话，但仍属于鸟类。人只有懂得礼仪，才能避免不如"相鼠"的讽刺；如果人只是能说话，那么他的心与禽兽又有什么区别。

三十三、花木

【题解】

本节分为九段,主要包含以下四个方面的内容:

1. 介绍了植物的各种别称和雅号,如玉版是笋的别名,蹲鸱(chī)是芋的别名,木樨(xī)是桂的别名,莲被称为花中君子,海棠被称为花内神仙,牡丹被称为国色天香,兰被称为王者之香,等等。既体现了古人给事物取名的智慧,又寄托了人们的某种情怀。

2. 介绍了与植物相关的大量词、成语和典故,如"献芹""余桃""芒刺在背""姜桂之性""煮豆燃萁(qí)"等,并说明了它们的含义和用法。

3. 讲述了一些历史名人与植物之间某种关系的故事,如周成王剪桐叶封弟,齐景公以二桃杀三士,孟浩然踏雪寻梅,欧阳修母亲画荻(dí)教子,等等。

4. 讲述了与植物有关的一些传说或神话故事,如仙界的蟠(pán)桃三千年一开花、三千年一结果,吴刚在月宫中砍伐桂树,屈轶(yì)草能指示奸佞(nìng)之人,董元素能让远在江陵的柑橘(jú)来到长安,等等。

33.1 植物非一,故有万卉(huì)①之名;谷②种甚多,故有百谷③之号。如茨(cí)④如梁⑤,谓禾稼⑥之蕃(fán)⑦;惟夭⑧惟乔⑨,谓草木之茂。莲⑩乃花中君子,海棠⑪花内神仙。国色天香⑫,乃牡丹⑬之富贵;冰肌玉骨⑭,乃梅萼(è)⑮之清奇⑯。

【注释】

①卉:草的总称。也泛指草木。　②谷:粮食作物的总称。　③百谷:谷类的总称。百:指众多。　④茨:茅屋的顶盖。　⑤梁:一说指车梁,一说指桥梁。　⑥禾稼:谷类作物的统称。　⑦蕃:茂盛。　⑧夭:草木茂盛的样子。　⑨乔:高。　⑩莲:多年生草本植物,生在浅水中,地下茎叫藕(ǒu),叶子叫荷叶,花大,有香气,可供观赏。也叫荷、芙蕖(fú qú)、芙蓉(róng)等。　⑪海棠:落叶乔木,叶子椭圆形或卵形,春季开花。果实也叫海棠,球形,味酸甜。　⑫国色天香:本指牡丹花的香气和色泽非同凡俗,后多用来形容女子的美丽。国色:指牡丹花。　⑬牡丹:落叶灌木,羽状复叶,小叶卵形或长椭圆形。花也叫牡丹,大而美丽,是著名的观赏植物。　⑭冰肌玉骨:形容女性的皮肤光润、晶莹。也用来形容梅花的纯洁脱俗。　⑮梅萼:即梅花。萼:花萼,包在花瓣(bàn)外面的一圈绿色小片。　⑯清奇:清秀不凡。

【译文】

植物的种类繁多,所以有万卉的说法;谷物的种类很多,所以有百谷的名称。如茨如梁,指的是谷类作物十分茂密;惟夭惟乔,指的是草木生长十分茂盛。莲被称为花中君子,海棠被称为花内神仙。国色天香,是指牡丹花富贵无比;冰肌玉骨,指的是梅花清奇脱俗。

33.2 兰①为王者之香②,菊③同隐逸④之士。竹称君子⑤,松号大夫⑥。萱(xuān)草⑦可忘忧,屈轶(yì)⑧能指佞(nìng)⑨。箢筜(yúndāng)⑩,竹之别号;木樨(xī)⑪,桂⑫之别名。明日黄花⑬,过时之物;岁寒⑭松柏,有节⑮之称。

【注释】

①兰:兰花,多年生草本植物,叶子丛生,长条形。春季开花,气味芳香,可供观赏。 ②王者之香:兰花的别称。王者:指同类中特出而无与伦比者。 ③菊:菊花,多年生草本植物,叶子卵形,边缘有缺刻或锯齿。秋季开花,花也叫菊花。是观赏植物。 ④隐逸:隐居;隐遁。 ⑤君子:指人格高尚的人。 ⑥大夫:古代官职,位于卿之下,士之上。 ⑦萱草:多年生草本植物,叶子细长,开橙红色或黄红色的花,可供观赏。 ⑧屈轶:也叫屈轶草、屈草,传说中一种能指识佞人的草。 ⑨佞:善于用花言巧语奉承人。 ⑩箢筜:一种竹子,皮薄、节长而竿高。 ⑪木樨:常绿灌木或小乔木,叶子椭圆形,花簇(cù)生于叶腋(yè),香气浓郁,通称桂花。 ⑫桂:指桂花树,也叫木樨。 ⑬明日黄花:九月九日重阳节后第二天的菊花,比喻失去应时作用的事物。明日:指重阳节后的第二天。黄花:指菊花。 ⑭岁寒:一年的严寒时节。 ⑮节:操守;气节。

【译文】

兰花被称为王者之香,菊被称为隐逸之士。竹被称为君子,松被称为大夫。萱草可以使人忘掉忧愁,屈轶草能指识佞人。箮箖,是竹子的别称;木樨,是桂花树的别称。明日黄花,指的是过时的东西;严寒季节的松柏,指的是有操守气节。

33.3 樗栎(chūlì)①乃无用之散材②,梗楠(piánnán)③胜④大任之良木。玉版⑤,笋之异号;蹲鸱(chī)⑥,芋⑦之别名。瓜田李下⑧,事避嫌疑;秋菊春桃⑨,时来迟早。南枝先⑩,北枝后,庾(yǔ)岭⑪之梅;朔(shuò)⑫而生,望⑬而落,尧⑭阶蓂荚(míngjiá)⑮。

【注释】

①樗栎:樗树和栎树,是《庄子》中所说的两种不成材的树,后用来比喻才能低下。樗:一种落叶乔木,即臭椿。栎:乔木或灌木,叶子有锯齿或分裂,结球形坚果。 ②散材:因无用而得以享天年的树木,也比喻不为世所用的人。 ③梗楠:黄梗木与楠木,都是优质木材,比喻栋梁之材。梗:木名,质地坚密,是优质建材。楠:楠木,常绿乔木,木材十分珍贵。 ④胜:能够承担或承受。 ⑤玉版:竹笋的别名。 ⑥蹲鸱:指芋。因芋的形状像蹲伏的猫头鹰,故称。鸱:猫头鹰的一种。 ⑦芋:多年生草本植物,叶子略呈卵形,有长柄。地下块茎椭圆形或卵形,可食用。通称芋头。也叫芋艿(nǎi)。 ⑧瓜田李下:瓜田旁和李树下,比喻容易引起嫌疑的场合。 ⑨秋菊春桃:菊花在秋天开,桃花在春天开,指事物有其各自

的特性。　⑩先：这里指先开花。　⑪庾岭：即大庾岭。五岭之一。在今江西大余、广东南雄交界处。　⑫朔：农历每月初一时,地球上看不到月光,这种月相叫朔。　⑬望：农历每月十五日(有时是十六日或十七日),太阳从西方落下去的时候,月亮正好从东方升起,地球上看见圆形的月亮,这种月相叫望。　⑭尧：见2.9注②。　⑮蓂荚：古代传说中的一种瑞草。每月从初一至十五,每天结一荚;从十六至月底,每日落一荚。从荚数的多少,便可知道日期。

【译文】

臭椿和栎树是没有多大用处的树木,黄槭木和楠木是能派大用场的优良树木。玉版,是竹笋的别名;蹲鸱,是芋头的别名。瓜田李下,指做事要避嫌疑;秋菊春桃,指开花的时间有先有后。南边的枝条先开花,北边的枝条后开花,指的是大庾岭的梅花;每月初一开始结荚,每月十五开始落荚,指的是帝尧阶前的蓂荚草。

33.4　苾刍(bìchú)①背阴向阳,比僧人之有德;木槿(jǐn)②朝(zhāo)③开暮落,比荣华④之不长。芒刺在背⑤,言恐惧不安;薰莸(xūnyóu)⑥异气⑦,犹贤否(pǐ)⑧有别。桃李不言,下自成蹊(xī)⑨;道旁苦李,为人所弃。

【注释】

①苾刍：草名。多枝蔓(màn),枝条柔软,有香味,常面向太阳,可治疗疼痛。后作为佛教僧人的总称。　②木槿：落叶灌木或小乔木,叶子卵形,掌状分裂。夏季开花,花也叫木槿,可供观赏。花期极短,早上开晚上落。　③朝：早晨。

④荣华:草木开花,形容兴盛或显达。　⑤芒刺在背:像芒和刺扎在背上一样,形容内心惶恐,坐立不安。芒:多年生草本植物,叶子狭长,叶端尖刺状。　⑥薰莸:香草和臭草,比喻善恶、贤愚、好坏等。　⑦气:有的本子作"器"。
⑧否:坏;恶。　⑨桃李不言,下自成蹊:桃树和李树不会说话,但它们的花和果实会把人吸引过来,从而在树下踩出小路来。比喻为人诚挚(zhì),自然会吸引别人。蹊:小路。

【译文】

苁蓉总是面向太阳,比喻僧人有德行;木槿花早晨开放,晚上凋(diāo)落,比喻荣华富贵不会长久。芒刺在背,指心中恐惧不安;香草和臭草气味不同,好比贤明和奸邪存在区别。桃树和李树不会说话,但桃李树下自然会被人们踩出小路;生长在路旁的苦李子,没有人会去摘它。

33.5　老人娶少妇,曰枯杨生稊(tí)①;国家进多贤,曰拔茅连茹(rú)②。蒲(pú)柳之姿③,未秋先槁;姜桂④之性,愈老愈辛⑤。王者之兵,势如破竹⑥;七雄⑦之国,地若瓜分⑧。苻(fú)坚⑨望阵,疑草木皆是晋兵;索靖(jìng)⑩知亡,叹铜驼会在荆棘⑪。

【注释】

①枯杨生稊:枯槁的杨树长出新芽,比喻老年男子娶少妻。稊:通"荑(tí)",指植物的嫩芽。　②拔茅连茹:拔起茅草的根,连带拔起了同类植物的根,比喻同道者相互引进。茹:根茎。　③蒲柳之姿:像蒲柳一样的资质,用来谦称自己身

体早衰或地位低下。蒲柳：即水杨，一种入秋就凋（diāo）零的树木。　　④姜桂：生姜和肉桂，常比喻人的本性刚直。⑤辛：辣。　　⑥势如破竹：比喻节节胜利，没有任何阻碍。⑦七雄：指战国时期的秦、楚、齐、魏、赵、韩、燕七个大国。⑧瓜分：像切瓜那样进行分割或分配。　　⑨苻坚：见6.4注⑦。　　⑩索靖：字幼安，敦煌（今属甘肃）人。晋惠帝时，为散骑常侍、后将军。善草书，博通经史。　　⑪铜驼会在荆棘：洛阳宫门前的铜骆驼会出现在荆棘丛中，指变乱后残破的景象。

【译文】

老年男子娶少妇为妻，叫作"枯杨生稊"即枯槁的杨树长出新芽；国家重用众多的贤人，叫作"拔茅连茹"即拔起茅草的根，连带拔起了同类植物的根。像蒲柳一样的资质，未到秋天就先枯槁了；像生姜和肉桂那样的本性，越老越辛辣。帝王的军队，攻打敌人势如破竹；战国时期的七个大国，瓜分了整个天下。前秦王苻坚瞭望东晋军队的阵地，怀疑山上的草木都是晋兵；索靖预知西晋将亡，叹惜洛阳宫门前的铜骆驼将会出现在荆棘丛中。

33.6　王祐（yòu）①知子必贵，手植三槐；窦（dòu）钧②五子齐荣③，人称五桂④。钼鏖（chúní）⑤触槐，不忍贼⑥民之主；越王⑦尝蓼（liǎo）⑧，必欲复吴⑨之仇。修⑩母画荻（dí）⑪以教子，谁不称贤；廉颇⑫负荆以请罪⑬，善能悔过⑭。弥子瑕⑮常恃宠，将余桃以啖（dàn）⑯君；秦⑰商鞅（yāng）⑱欲行令，使徙⑲木以立信。

【注释】

①王祐：大名莘(shēn，今山东莘县)人，宋太祖、宋太宗时的名臣。　②窦钧：即窦禹钧，五代时期渔阳人。因家住燕山，又叫窦燕山。　③五子齐荣：指窦禹钧的五个儿子相继科举及第，名声远扬。　④桂：指桂籍，科举考试登第者的名籍。　⑤钮麑：春秋晋灵公时的力士，曾被晋灵公派去刺杀赵盾。　⑥贼：杀害。　⑦越王：指越王勾践。见20.6注⑲。　⑧蓼：一年生或多年生草本植物，开淡红色或白色小花。　⑨吴：指吴国，周朝诸侯国名。在今江苏南部和浙江北部，后来扩展到淮河下游一带。　⑩修：指欧阳修。见6.1注③。　⑪画荻：指欧阳修的母亲用荻管画地写字，教他读书。荻：多年生草本植物，形状像芦苇，叶子长形，开紫色花。　⑫廉颇：见6.1注⑦。　⑬负荆以请罪：廉颇背着荆条去蔺(lìn)相如门前请罪，指诚恳地向对方认错赔礼。　⑭悔过：悔恨自己的过错。　⑮弥子瑕：春秋时卫灵公的幸臣。　⑯啖：给人吃。　⑰秦：见2.1注㉙。　⑱商鞅：见2.9注⑬。　⑲徙：搬走。

【译文】

王祐知道自己的儿子定能显贵，在院子里亲自种下了三棵槐树；窦禹钧的五个儿子先后科举及第，人们称之为五桂。钮麑撞槐树自杀，是因为不忍心杀害为民做主的好官；越王勾践口尝辣蓼，一心想着要向吴王复仇。欧阳修的母亲用荻管画地写字，教他读书，人人都称她是贤母；廉颇向蔺相如负荆请罪，说明他善于悔恨自己的过错。弥子瑕倚仗卫灵公的宠幸，把自己咬过的桃子给卫灵公吃；秦国的商鞅想实施新的法令，让老百姓搬走木头予以奖励以树立威信。

33.7 王戎①卖李钻核②,不胜③鄙吝(lìn)④;成王⑤剪桐封弟⑥,因无戏言。齐景公⑦以二桃杀三士⑧,杨再思⑨谓莲花似六郎⑩。倒啖(dàn)⑪蔗(zhè),渐入佳境⑫;蒸哀梨⑬,大失本真⑭。煮豆燃萁(qí)⑮,比兄残⑯弟;砍竹遮笋,弃旧怜新⑰。

【注释】

①王戎:字濬(jùn)冲,魏晋时琅玡(lángyá)临沂(yí,今山东临沂北)人。历任荆州刺史、中书令、司徒等职。是著名的"竹林七贤"之一。　②卖李钻核:指卖李子时把核钻透,以防止别人用它来作种子。　③不胜:非常;十分。　④鄙吝:过分爱惜钱财。　⑤成王:指周成王,名诵,周武王姬(jī)发之子。刚即位时年幼,由叔父周公旦摄政。　⑥剪桐封弟:指周成王把桐树叶剪成珪(guī)的形状封弟弟叔虞,后来听从周公的建议,把叔虞封于晋。　⑦齐景公:春秋时齐国国君。名杵(chǔ)臼,公元前458年即位。　⑧二桃杀三士:齐景公的臣子公孙接、田开疆、古冶子三人以勇力闻名,齐国宰相晏婴准备除掉这三个人,请齐景公把两个桃子赐给这三个人,结果三个人为争桃而死。　⑨杨再思:唐时郑州原武(今河南原阳)人。唐中宗时由户部尚书迁至尚书左仆射(yè)。为人巧佞(nìng),善于奉迎。　⑩六郎:指张昌宗,定州义封(今河北安国)人。武则天时任云麾(huī)将军、行左千牛中郎将,备受武则天宠爱,大臣们都称他为"六郎"。　⑪啖:吃。　⑫渐入佳境:见19.16注⑤。　⑬哀梨:即哀家梨,指汉代秣(mò)陵人哀仲家的梨,据说个头大而味美,入口即

化。　⑭本真：天性；本性。　⑮煮豆燃萁：点燃豆萁来煮豆，比喻骨肉相残。萁：豆子的秸(jiē)秆。　⑯残：损害；伤害。　⑰弃旧怜新：丢弃旧人，爱惜新人，比喻不专一。

【译文】

王戎卖李子时把李核钻透，实在是过于吝啬(sè)；周成王戏把桐叶剪成珪封给自己的弟弟叔虞，后来只好把叔虞封到晋，因为君主没有开玩笑的话。齐景公利用两个桃子杀死了三位勇士，杨再思说莲花像张昌宗。从末梢往根部吃甘蔗，比喻渐入佳境；把哀家梨蒸后再吃，就失去了其原有的美味。燃烧豆的秸秆来煮豆子，比喻兄长残害弟弟；把竹子砍下来遮护竹笋，比喻喜新厌旧。

33.8　元素①致江陵②之柑③，吴刚④伐月中之桂。捐资济⑤贫，当效尧夫⑥之助麦；以物申⑦敬，聊⑧效野人⑨之献芹⑩。冒雨剪韭，郭林宗⑪款友情殷⑫；踏雪寻梅⑬，孟浩然⑭自娱兴雅。商太戊⑮能修德，祥桑⑯自死；寇莱(lái)公⑰有深仁⑱，枯竹复生。

【注释】

①元素：指董元素。唐宣宗时的术士。　②江陵：地名。汉置江陵县，唐时升荆州为江陵府，治所在今江陵(属湖北省)。　③柑：常绿灌木或小乔木。果实也叫柑，扁圆形，果肉多汁，味甜。　④吴刚：神话传说中的仙人名，因学仙时犯有过失，被罚砍月中的桂树。　⑤济：救助。　⑥尧夫：即范纯仁，字尧夫，范仲淹的次子。宋哲宗时任吏部尚书、同知枢密院事。宋徽宗时为观文殿大学士。　⑦申：表明；表达。

⑧聊：姑且；暂且。　⑨野人：村野之人；农夫。　⑩献芹：把水芹献给别人。芹：水芹，一种多年生水生宿根草本植物。　⑪郭林宗：即郭太（也作"泰"），字林宗，太原界休（今山西介休）人。博学有才，有弟子数千。　⑫殷：深厚；深切。　⑬踏雪寻梅：指文人雅士借助美景激发诗兴。　⑭孟浩然：唐代诗人。襄州襄阳（今属湖北）人。曾任荆州从事。其诗擅长写景。　⑮商太戊：商朝君主，在位时使商朝复兴。　⑯祥桑：妖桑，预示凶兆的桑树。　⑰寇莱公：即寇准。见21.4注②。　⑱仁：对人友爱，有同情心。

【译文】

董元素能让远在江陵的柑橘（jú）来到眼前，吴刚在不停地砍着月宫中的桂花树。捐献资财救助贫困，应当仿效范纯仁用整船的麦子帮助他人；用物品来表示敬意，可姑且仿效那个农夫把水芹献给别人。冒着大雨到菜地里去剪韭菜招待客人，这是郭林宗款待朋友情意真挚；踏着积雪去寻找梅花，这是孟浩然自我娱乐兴趣高雅。商王太戊能重视自身的道德修养，预示凶险的桑树很快就死了；寇准有深厚的仁德，竟使干枯的竹子重新生长。

33.9　王母①蟠（pán）桃②，三千年开花，三千年结子，故人借以祝寿诞③；上古大椿④，八千岁为春，八千岁为秋，故人托以比严君⑤。去稂莠（lángyǒu）⑥，正以植⑦嘉禾⑧；沃⑨枝叶，不如培根本⑩。世路⑪之蓁芜（zhēnwú）⑫当剔（tī）⑬，人心之茅塞⑭须开。

【注释】

①王母:即西王母,神话传说中的女神。　②蟠桃:古代神话中的仙桃。　③寿诞:生日的美称。　④大椿:古代传说中一种寿命很长的大树,后喻指长寿,也代指父亲。　⑤严君:指父亲。　⑥稂莠:对庄稼有害无益的草,比喻无用有害的人或物。　⑦植:扶植。　⑧嘉禾:生长茁壮的禾稻。　⑨沃:光泽柔润的样子。　⑩根本:植物的根干。　⑪世路:人世间的道路;人生道路。　⑫蓁芜:杂乱丛生的草木。　⑬剔:去除。　⑭茅塞:被茅草堵塞,比喻人的思路堵塞。

【译文】

　　王母的蟠桃,三千年开一次花,三千年才结果实,所以人们借用它的名来祝寿;上古时期有一种大椿树,以八千年为春季,八千年为秋季,所以人们用它借指父亲。除去对庄稼有害无益的杂草,正是为了使禾稻茁壮生长;要使枝叶光泽柔润,最好的办法是培植根干。人生道路上的各种障碍应当去除,人们心中堵塞不通的地方需要打开。

图书在版编目（CIP）数据

幼学琼林/冯国超译注.——北京：华夏出版社，2017.2（2019.11重印）

（华夏国学经典全本全注全译丛书）

ISBN 978-7-5080-9106-8

Ⅰ.①幼… Ⅱ.①冯… Ⅲ.①古汉语–启蒙读物②《幼学琼林》–译文③《幼学琼林》–注释 Ⅳ.①H194.1

中国版本图书馆CIP数据核字（2016）第305839号

幼学琼林

译 注 者	冯国超
责任编辑	黄　欣
出版发行	华夏出版社
经　　销	新华书店
印　　刷	三河市少明印务有限公司
装　　订	三河市少明印务有限公司
版　　次	2017年 2月北京第 1版 2019年11月北京第 3次印刷
开　　本	880mm×1230mm　1/32
印　　张	11
字　　数	266千字
定　　价	22.00元

华夏出版社　地址：北京市东直门外香河园北里4号　邮编：100028
网址：www.HXPH.com.cn　电话：（010）64618981
若发现本版图书有印装质量问题，请与我社营销中心联系调换。